ERP 认证系列实验教材

ERP财务管理系统实验教程

◎ 何平 张礼萍 主编　　◎ 赵丽伟 蔡娟 赵景芬 副主编

人民邮电出版社

北　京

图书在版编目（CIP）数据

ERP财务管理系统实验教程 / 何平，张礼萍主编. --
北京 ： 人民邮电出版社，2015.4
ERP认证系列实验教材
ISBN 978-7-115-38421-8

Ⅰ. ①E… Ⅱ. ①何… ②张… Ⅲ. ①财务软件－教材
Ⅳ. ①F232

中国版本图书馆CIP数据核字(2015)第038787号

内 容 提 要

本书以用友 ERP-U8（V8.72）为蓝本，从初学者的角度，以简明、通俗的语言，通过模拟"深圳市成越实业有限公司"一个正常的财务周期日常业务，讲解了这些日常业务在用友 ERP-U8（V8.72）软件系统中实现的全过程。

本书共分 8 章，第 1 章讲解使用用友的系统管理进行建账、建操作员、为操作员赋予权限；第 2 章讲解了如何建立基础档案；第 3 章讲解了固定资产管理系统的使用；第 4 章讲解应收款管理系统的使用；第 5 章讲解应付款管理系统的使用；第 6 章讲解了薪资管理系统的使用；第 7 章讲解了总账系统的使用；第 8 章讲解了用友 UFO 报表系统的使用。

全书既适用于使用用友 ERP-U8（V8.72）软件的财务人员，也适用于开设财务会计课程的各类院校学校师生作为教材使用。

◆ 主　编　何　平　张礼萍

　　副主编　赵丽伟　蔡　娟　赵景芬

　　责任编辑　刘　琦

　　责任印制　焦志炜

◆ 人民邮电出版社出版发行　　北京市丰台区成寿寺路 11 号
　邮编　100164　电子邮件　315@ptpress.com.cn
　网址　http://www.ptpress.com.cn
　北京鑫正大印刷有限公司印刷

◆ 开本：787×1092　1/16
　印张：14　　　　　　　　　　2015 年 4 月第 1 版
　字数：330 千字　　　　　　　2015 年 4 月北京第 1 次印刷

定价：39.80 元（附光盘）

读者服务热线：(010)81055256　印装质量热线：(010)81055316
反盗版热线：(010)81055315
广告经营许可证：京崇工商广字第 0021 号

前 言 Forward

用友 ERP-U8（V8.72）版本软件是用友公司非常重要的一代 ERP 软件系统。作者在多年从事用友软件培训、实施以及教学工作中，总结了学习者在使用用友软件时的一些关键点和操作技巧，并结合目前教育教学的最新要求，整理撰写了本书的内容。

全书根据业务完整性分成各独立的章节，并考虑到学习进度和课时安排将每一章节又分成独立的实验小段，同时结合大量的图例与说明来讲解日常业务的实现步骤和方法。讲解过程配以模拟的财务案例（模拟"深圳市成越实业有限公司"日常业务）数据讲解说明，让读者能够快速、有效地掌握用友软件的使用，并理解其功能要实现的意图。

本书有以下三个特点。

（1）内容精编，适合初学者。本书作者有多年用友软件的培训、实施以及教学经历，熟悉初学者在学习用友软件时的难点及需求。在用友软件中有数据传递和参数设置时对其他功能有影响的地方都做出了详细的说明和注解，帮助读者能够更快、更全面地掌握用友软件。

（2）分段讲解，实操性强。本书作者在充分调研教学需求和学习者学习要求的基础上，创造性地根据软件应用先后顺序和学习进度分段进行了实验课时讲解，更利于读者学习理解和练习安排。

（3）配套资源丰富。本书配套用友 ERP-U8（V8.72）演示版安装程序，并结合书中所讲内容同步配有相关的演示账套数据（模拟"深圳市成越实业有限公司"日常业务）供读者学习使用。

本书光盘中附赠用友 ERP-U8（V8.72）演示版安装程序，希望读者在使用本书时边学边练，以便真正地掌握软件的操作方法；光盘中还带有用友软件的 999 演示账套数据。

本书由何平、张礼萍任主编，赵丽伟、蔡娟、赵景芬任副主编，参加本书编写的还有何亮、龚中华、田勇、丁亮、许云楷、田敏、胡吉佳、胡洁、段然、陈静、冯华、李晨亮、王天明等。

感谢用友公司对本书出版给予的大力支持！感谢正在使用着用友软件并不断提出自己对应用用友软件的理解和学习心得的朋友！由于作者水平有限，书中难免存在缺点或不足，恳请读者批评指正！

编者

2014 年 12 月

目 录 Contents

第3章　固定资产管理系统 / 42

第8章 UFO报表 / 190

第1章 系统管理

概述

用友 U8（V8.72）由财务、业务、生产管理等系统组成，各个系统之间数据相互联系、资料共享。

系统管理是用友 U8 的管理平台，可以完成账套的建立、修改、删除和备份、建立用户、划分角色、分配权限、备份账套等操作。系统管理的使用对象为企业的信息管理人员（即系统管理软件中的用户"admin"）和账套主管。

系统管理对各个模块和资料进行统一管理和维护，其主要功能如下。

（1）对账套进行统一管理，主要包括建立账套、修改账套、引入和输出账套。

（2）对用户及其功能权限实行统一管理，设立统一的安全机制，包括用户和角色的权限设置。

（3）设置自动备份计划，系统根据这些设置定期自动备份。

（4）对年度账进行统一管理，包括建立、引入、输出年度账，结转上年资料和清空年度资料。

（5）记录工作日志。

（6）实时监控各客户端电脑的用友使用。

第一次使用系统管理，要以系统管理员（admin）身份注册进入系统管理，设置角色（如销售总监、采购文员等）和用户（如张三、李四等），然后建立新账套，之后再为角色和用户设置权限。

在需要时，为了数据安全，需要账套进行备份（设置自动备份方式或手工备份方式）。

可以以账套主管（一个具有指定账套主管权限的用户）的身份注册，对账套信息进行修改和年度账的结转等操作。

教学建议

建议本章讲授 2 课时，上机实验 2 课时。

实验 | 系统管理

实验准备

电脑已安装好用友 ERP-U8（V8.72）系统，将系统日期修改为"2010-1-1"。

实验要求

通过学习系统管理，了解如何通过系统管理新建角色、用户，如何新建账套，并且为角色、用户授权，学习如何备份账套和恢复账套。

实验资料

表 1-1   用户表

编　　号	用 户 名	权　　　　　限
CY001	陈静	所有权限，主要负责单据审核和账套管理
CY002	何陈钰	基础资料、总账、应收账款、应付账款、固定资产管理、薪资
CY009	何玉琪	出纳

账套基本信息

- 企业名称：深圳市成越实业有限公司
- 单位地址：深圳市宝安区文汇路 19 号
- 法人代表：仁渴
- 邮政编码：518000
- 电话：0755-12345678
- 传真：0755-12345678
- 税号：12345678901234X
- 本位币：人民币

实验指导

1.1　进入系统管理

打开"开始"菜单，选择"所有程序\用友 EPR-U872\系统服务\系统管理"命令，弹出"系统管理"窗口，如图 1-1 所示。

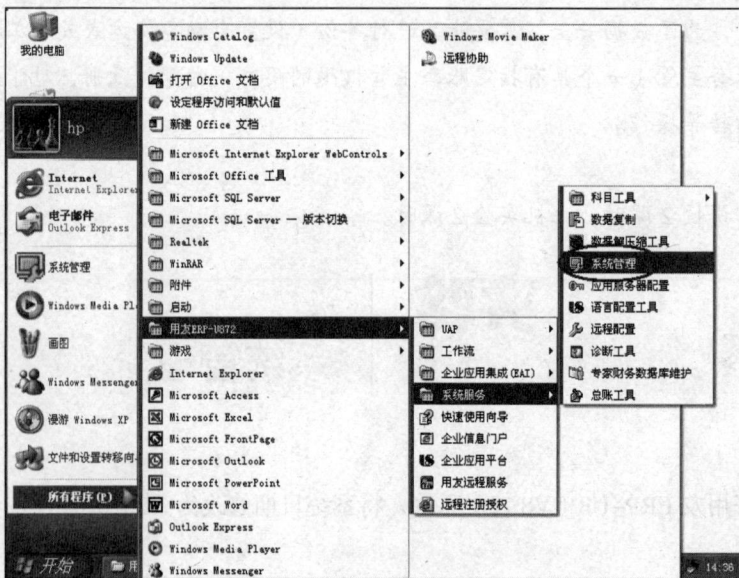

图 1-1

在"系统管理"窗口中，单击"系统"菜单，选择"注册"功能，系统会弹出"登录"窗口，如图1-2所示。

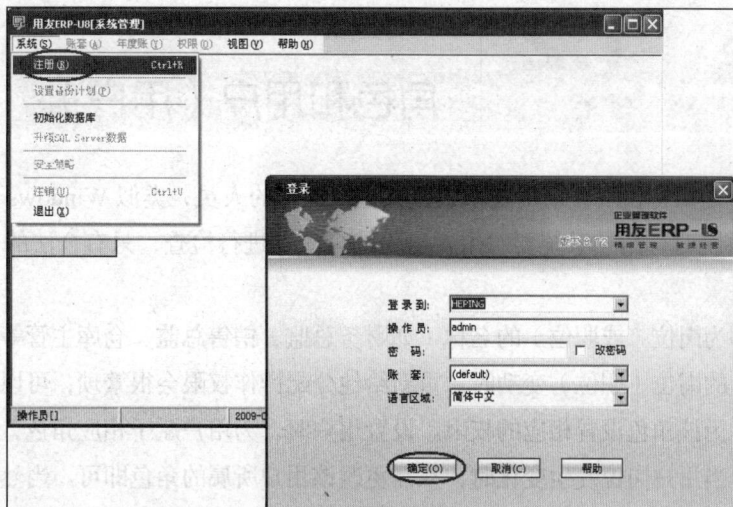

图1-2

此时可以根据需要选择不同的注册方式，以系统管理员（admin）身份或账套主管（在已经存在账套的情况下）身份进行注册。系统管理员和账套主管的功能是有区别的，如表1-2所示。

表1-2　　　　　　　　　　　　　　系统管理员和账套主管的区别

	系统管理员（admin）	账套主管
系统	（1）设置 SQL Server 口令 （2）设置备份计划（可进行年度账或账套备份） （3）升级 SQL Server 数据库 （4）注销功能 （5）设置安全策略	（1）注销功能 （2）设置年度账备份计划
账套	建立、引入和输出账套，但无法修改账套信息	修改所管的账套信息
年度账	无	可清空、引入、输出年度账
用户及其权限	设置账套主管，增加或注销角色和用户，修改角色或用户权限	改变角色或用户权限
视图	（1）能刷新，阅读系统和上机日志 （2）清除异常任务，清除选定任务、清除所有任务、清退站点、清除单据锁定、刷新阅读上机日志	

系统管理员（admin）负责整个用友系统的总体控制和维护，管理该系统中的所有账套。系统管理员可以建立、引入和输出账套，设置用户、角色及其权限，进行备份计划设置，监控系统运行过程以及清除异常任务等。系统管理员的名称是用友系统默认并固定的（用户名为 admin，初始密码默认为空，可修改）。

账套主管是系统管理员在建立账套过程中指定的管理该套账的主管。账套主管负责账套的维护，主要包括对账套进行修改，对所选年度内的账套进行管理（包括账套的创建、清空、引入、输出以及各子系统的年末结转），以及设置该账套用户权限。

账套主管可以登录企业应用平台对有权限的账套进行业务操作，但系统管理员不能对账套业务进行操作。

1.2 | 角色和用户（用户）

用户（用户）是指有权限登录用友系统，并进行操作的人员，类似 Windows 的登录用户。每次注册登录用友系统时，用友系统要对用户身份的合法性进行检查，只有合法的用户才能登录用友系统。

角色可以理解为岗位（或职位）的名称（如财务总监、销售总监、仓库主管等）。

职员（用户）的岗位（职位）变动时，重新给他分配操作权限会很繁琐，可以在系统中设置不同岗位角色，然后为该角色设置相应的权限。设置用户时，为用户赋予相应角色，用户就自动继承了该角色的权限，当用户岗位发生变化时，只需更改该用户所属的角色即可。当然，也可以独立给该用户赋予权限。用户可以不归属于任何角色。

建立新账时，需要整理统计使用用友软件的人员和岗位角色，以便随时调整，角色和用户一旦在作账过程中被引用，就不能删除。

提示
- 用户和角色设置不分先后顺序，用户可以根据自己的需要先后设置。但对于自动传递权限来说，应该首先设定角色，然后分配权限，最后进行用户的设置。这样在设置用户的时候，如果选择其归属某个角色，则用户将自动具有该角色的权限。
- 一个角色可以拥有多个用户，一个用户也可以分属于多个不同的角色。
- 若角色已经设置过，系统则会将所有的角色名称自动显示在角色设置中的所属角色名称的列表中。用户自动拥有所属角色所拥有的所有权限，同时可以额外增加角色中没有包含的权限。
- 若修改了用户的所属角色，则该用户对应的权限也跟着角色的改变而相应地改变。
- 所有新增用户默认都属于"普通用户"角色。
- 只有系统管理员有权限进行本功能的设置。

提示
用户和角色设置不分先后顺序，可以根据需要设置。如果需要使用自动传递权限功能，则应该首先设定角色，然后为该角色分配权限，最后再设置用户（用户）。在设置用户的时候指定其归属某角色，用户就会自动具有该角色的权限。

提示
一个角色可以赋予多个用户，一个用户也可以拥有多个不同的角色。只有系统管理员才可以增加、删除、修改用户和角色。

（1）在"系统管理"窗口中单击"系统"菜单下的"注册"项，弹出系统管理注册窗口，在用

户处输入 admin（首次登录时密码为空），在账套选择处单击下拉箭头，选择[default]，单击"确定"按钮注册进入系统管理，如图 1-3 所示。

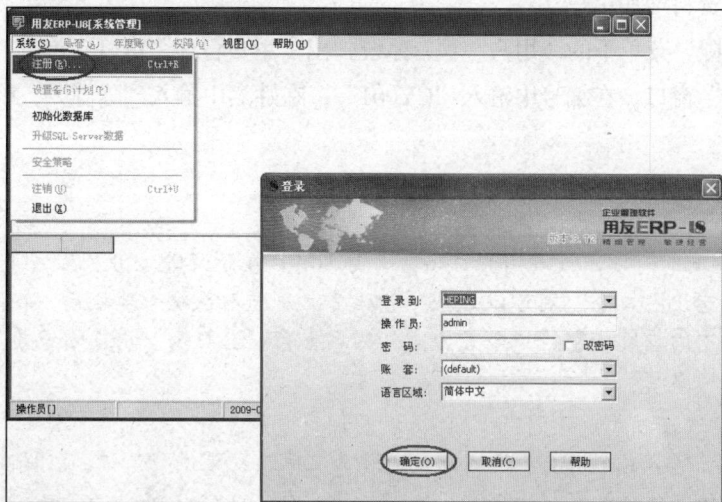

图 1-3

> **注** 如果进行角色、用户、新建账套、备份或导入账套的操作时，则需要以用友系统的系统管理员身份进行注册，默认的系统管理员名称为 admin，初始密码为空。为了保证系统安全，系统管理员应及时修改并牢记密码。勾选"改密码"项，单击"确定"按钮之后，系统会提示系统管理员录入新的密码。

（2）在系统弹出的窗口中单击"权限"菜单下的"角色"项，系统弹出"角色管理"窗口，如图 1-4 所示。单击"增加"按钮，系统弹出"增加角色"窗口，在角色编号中输入"yskj"，在角色名称中输入"应收款会计"，单击"增加"按钮保存设置并新增角色。

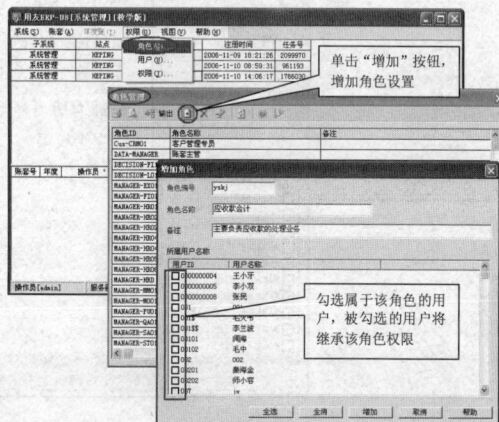

图 1-4

（3）在"所属用户名称"选项中，系统列出了当前系统中存在的用户名称，可勾选属于该角色的用户并为此用户赋予该角色权限。

（4）单击"增加"按钮保存新增的角色设置，此时会重新弹出"增加角色"窗口再增加角色。单击"退出"按钮可以退出新增角色窗口。

参照本节实验资料增加用户。

（1）单击"权限"菜单下的"用户"项，系统弹出"用户管理"窗口，单击"增加"按钮，系统弹出"增加用户"窗口，在编号中输入"CY001"，在姓名中输入"陈静"，单击"增加"按钮保存并增加新用户。

（2）接着录入其他用户资料，如图1-5所示。

提示	● 此时可以不设置用户口令，而由各用户在登录进入用友系统时再自行设置。如果用户忘记了口令，则可以让系统管理员注册进入系统管理之后，在此直接删除该用户口令中的内容，即将口令置为空，然后重新设置口令。用友系统为了安全起见，口令字符均以"*"显示。 ● 认证方式：用友U8软件提供多种的用户身份认证方式，其中"用户+口令"方式为最普通方式。用友系统还可以通过第三方系统来进行认证，以提高安全性。（为了练习方便，建议大家都选择"用户+口令"方式。） ● 默认语言：指该用户在登录用友时，系统默认的语言（简体中文、繁体中文、英文）。

（3）在"用户管理"窗口中，可以查看到已经存在的用户信息，如图1-5所示，单击鼠标左键选择需要修改的用户，然后单击"修改"按钮可以修改用户信息。

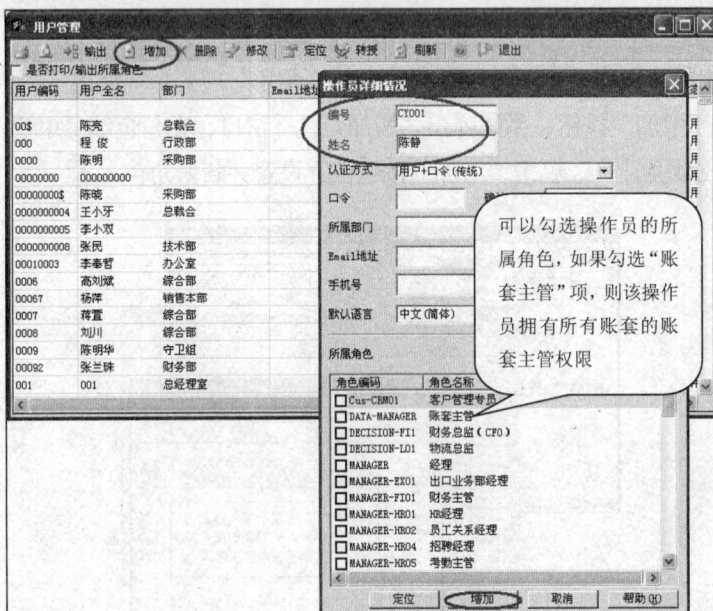

图1-5

提示	可以勾选用户的所属角色，如果勾选"账套主管"项，则该用户拥有所有账套的账套主管权限。注意，是所有账套，这也是快速为用户设置为账套主管的功能之一。

（4）如果要停止该用户使用用友软件（如该职员辞职），则可以在修改用户信息对话框中，单击"注销当前用户"按钮。被注销的用户在需要使用时，仍然可以在修改用户对话框中单击"启用当前用户"按钮启用该用户，如图 1-6 所示。

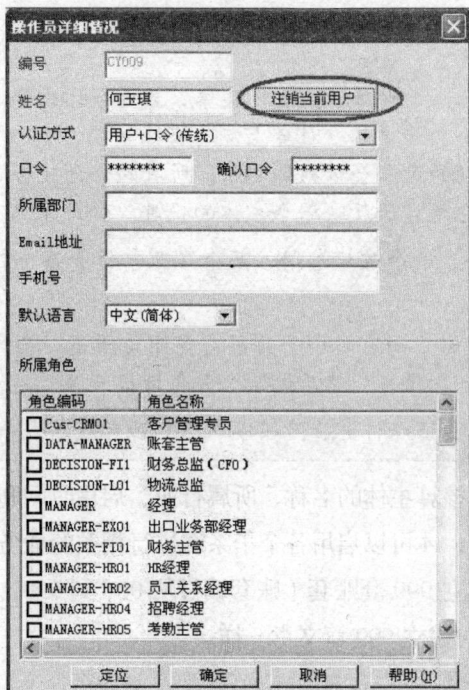

图 1-6

（5）在"用户管理"窗口中，单击"转授"按钮可以将指定用户的权限转授给指定的用户，如图 1-7 所示。

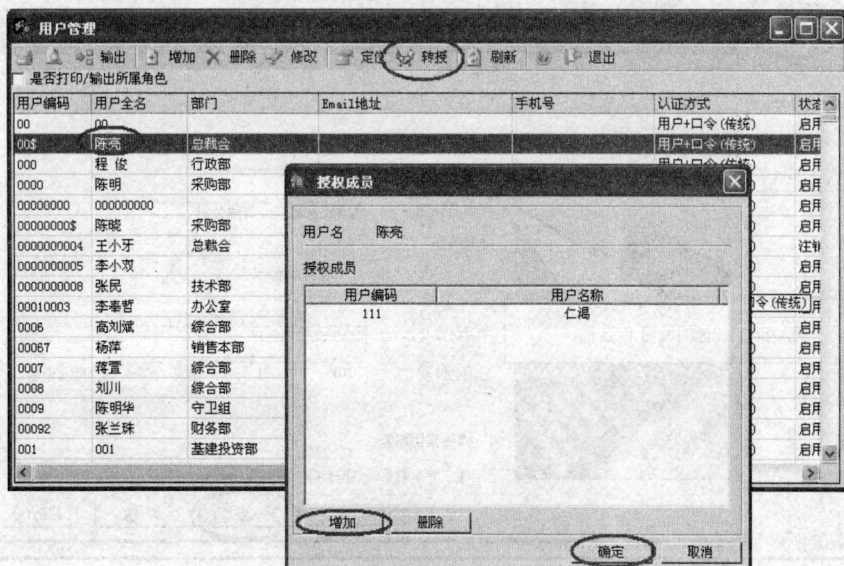

图 1-7

1.3 建立新账套

建立新账套，即将会计的核算主体的名称、所属行业、启用时间和编码规则等信息设置到系统中，称为建账。建账完成之后，才可以启用各个子系统进行相关的业务处理。

用友 V8.72 中一共可以建立 999 套账套（账套编号从 001 到 999，账套编号不能重复），这就好似在 WORD 系统中可以同时建立 999 篇文章一样。

参照本节实验资料新建账套。

（1）在"系统管理"窗口中，以系统管理员（admin）身份注册，然后单击"账套"菜单下的"建立"选项，系统弹出"创建账套"窗口，如图 1-8 所示。

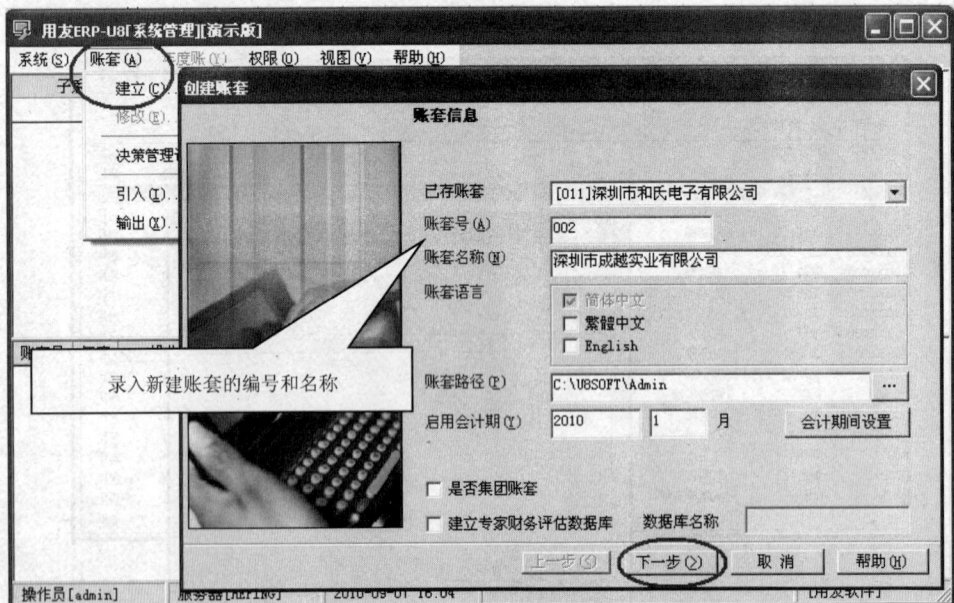

图 1-8

○ 已存账套：为了避免重复建账，系统在此列出已存在的账套供浏览参考，不能输入或修改。

○ 账套号：新建账套的编号，也称为"账套代码"，为 3 位数字，即 001～999 之间，并且不能与已存在的账套号重复。在此输入"002"。

○ 账套名称：新建账套的名称。其作用是标识新账套，在显示和打印账簿或报表时都会使用。输入"深圳市成越实业有限公司"。

○ 账套路径：新建账套的保存路径（最好用系统默认路径，以便日后资料出错时维护）。系统不支持网络路径，在此选择"C:\U8SOFT\Admin"。

○ 启用会计期：套账的启用时间。便于确定应用系统的起点，确保证、账、表资料的连续性。启用会计期一旦设定就不能更改（建议年初启用），在此设置为 2010 年 1 月。

会计知识：会计期间

会计期间（Accounting Periodicity）是将会计主体的持续经营活动按特定的时间量度分为均等的时间段落。新《企业会计准则——基本准则》第七条规定："企业应当划分会计期间、分期结算账目和编制财务会计报告。会计期间分为年度和中期。中期是指短于一个完整的会计年度的报告期间。"这就是对"会计分期前提"的规定和要求。

会计期间的划分是正确计算收入、费用和损益的前提。只有进行会计期间划分，才会产生上期、本期、下期等不同会计期间的区别，才能分别计算各会计期间的收入、费用和损益等。

会计期间分为以下 4 种。

1. 年度会计期间：又称为会计年度。按年度编制的财务会计报表也称为年报。我国的《会计法》规定，年度会计期间是从公历的 1 月 1 日到 12 月 31 日。

2. 半年度会计期间：我国的《会计法》规定，半年度会计期间是从公历的 1 月 1 日到 6 月 30 日，按半年度会计期间编制的财务会计报告称为中期报告，或称为中报。

3. 季度会计期间：即按一年中的四个季度划分的会计期间。按季度编制的财务会计报告称为季报。

4. 月度会计期间：即按公历每个月份都为一个月度会计期间，也是最常见的会计期间。按月度会计期间编制的财务会计报告称为月报。

提示　　　　企业的实际核算期间可能和正常的自然日期不一致，会计期间设置就可用来解决此问题。系统根据"启用会计期"的设置，自动将启用月份以前的日期标识为不可修改；而将启用月份以后的日期（仅限于各月的截止日期，至于各月的初始日期则随上月截止日期的变动而变动）标识为可以修改。用户可以任意设置。如本企业由于需要，每月 25 日结账，那么可以在"会计日历-建账"界面双击可修改日期部分（灰色部分），在显示的会计日历上输入每月结账日期，系统自动将下月的开始日期设置为上月截止日期+1（26 日），每个月都以此类推，年末 12 月份仍然以 12 月 31 日为截止日期。设置完成后，企业每月 25 日为结账日，25 日以后的业务记入下个月。每月的结账日期可以单独设置，但其开始日期为上一个截止日期的下一天。

（2）单击"下一步"按钮，结果如图 1-9 所示。输入单位信息，单位信息用于记录本次新建账套的单位基本信息，在此输入"深圳市成越实业有限公司"，单位简称处输入"成越实业"。

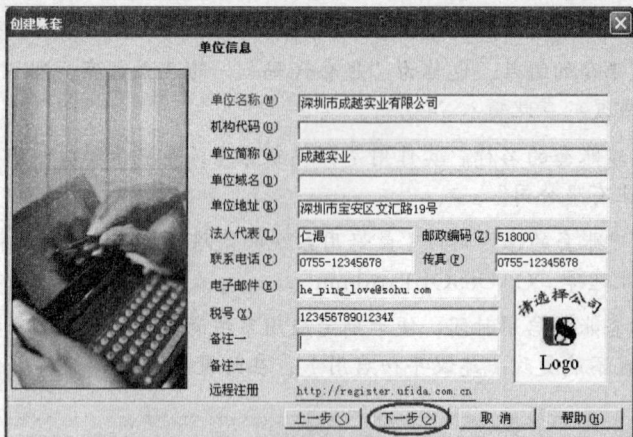

图 1-9

　　双击 Logo 框可修改公司 Logo。公司 Logo 可以用于在进行业务单据打印格式设置时，设置到单据的页眉或页脚中（请参阅本书第 4 章中的单据格式设置）。

（3）单击"下一步"按钮，弹出"核算类型"设置界面，如图 1-10 所示。

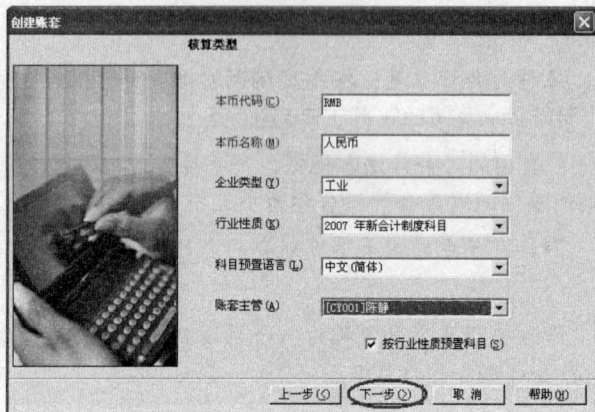

图 1-10

● 本币代码：如 RMB、HKD 等，输入"RMB"。
● 本币名称：如人民币、港币、美元等，输入"人民币"。

会计知识：本位币

　　货币计量（Monetary Unit）是指会计主体在会计核算过程中采用货币作为计量单位记录、反映会计主体的经营情况。我国的《会计法》和《企业会计准则》都规定，会计核算以人民币为记账本位币，如果业务收支以人民币以外（如美元）的货币为主的单位，可以选定其中一种货币作为记账本位币，但是编制的财务会计报告应当折算为人民币。

● 企业类型：分为工业和商业两种类型，在此选择"工业"。选择工业，则系统可以处理材料领用、产成品入库等业务；而选择商业，则不可以处理这些业务（在库存管理系统中都不会显示这些业务命令的菜单）。

● **行业性质**：为以后"是否按行业预置科目"确定科目范围，并且系统会根据企业所选企业类型（工业和商业）预制一些行业的特定方法和报表，如工业有"原材料"科目，而商业则没有。在此选择"2007年新会计制度科目"。

会计知识：2007年新会计制度科目

会计制度是进行会计工作所遵循的规则、方法和程序的总称。我国会计制度是国家财政部门通过一定的行政程序制定的，具有一定强制性的会计规范的总称。我国财政部于2000年12月29日颁布的《企业会计制度》称为新会计制度。

我国财政部于2006年2月15日颁布了新企业会计准则和审计准则体系（包括1项基本准则和38项具体准则、48项审计准则）。2007年1月1日起在上市公司中率先执行，其他企业鼓励执行，而"2007年新会计制度科目"就是此类科目。

● **科目预置语言**：选择会计科目预置语言，在此选择中文[简体]。

● **账套主管**：从下拉列表中选择"账套主管"，也就是本章第3.2节中建立的用户——"[CY001]陈静"。

● **按行业性质预置科目**：勾选该项，由系统会根据所选行业性质自动设置标准的会计科目，在此基础上，企业可以根据需求再进行增加或修改会计科目；如果不勾选此项，则所有会计科目都需要用户自己设置。

（4）单击"下一步"按钮弹出"基础信息"设置接口，如图1-11所示。

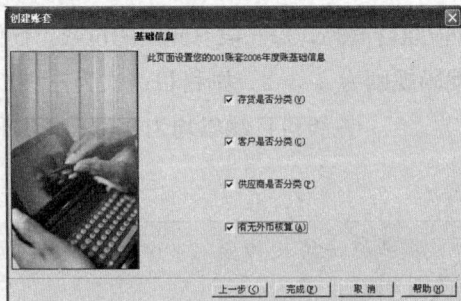

图1-11

● **存货是否分类**：如果核算单位的存货较多且类别繁多，则可以勾选此项，表明要对存货进行分类管理。如果存货要分类管理，那么在进行基础信息设置时，必须先设置存货分类，然后才能设置存货档案，勾选该项。

● **客户是否分类**：如果核算单位的客户较多，且希望进行分类管理，则可以勾选此项，表明要对客户进行分类管理。如果客户要分类管理，那么在进行基础信息设置时，必须先设置客户分类，然后才能设置客户档案，可勾选该项。

● **供货商是否分类**：如果核算单位的供货商较多，且希望进行分类管理，则可以勾选此项，表明要对供货商进行分类管理。如果供货商要分类管理，那么在进行基础信息设置时，必须先设置供货商分类，然后才能设置供货商档案，并勾选该项。

● **有无外币核算**：勾选此项表示核算单位有外币业务。

会计知识：相对于本位的其他币种，都称为外币。

（5）单击"完成"按钮，系统提示"是否可以建账了？"单击"是"开始建账。建账完成后，系统弹出"分类编码方案"窗口，如图 1-12 所示，这是本套账由系统预设置的编码方案。按要求进行修改，之后单击"确认"按钮即可。编码方案一旦使用就不能更改。若要更改，必须将相应的档案资料删除之后才能进行。

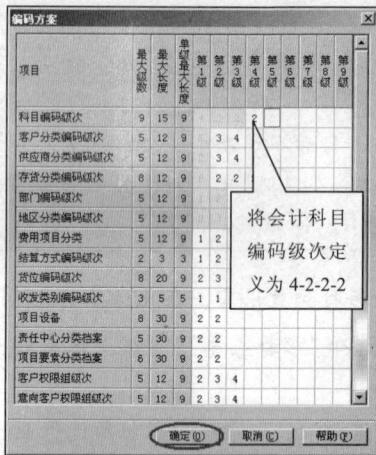

图 1-12

分类编码方案对系统将要用到的一些编码级次及每级位数进行定义，以便录入各类信息目录。编码级次和各级编码长度的设置，将决定核算单位如何对经济业务资料进行分级核算、统计和管理。通常采用群码方案，这是一种段组合编码，每一段有固定的位数。任何一个系统都必须设置编码。

例如，某企业会计科目编码规则为 4-3-2，则科目级次为三级。其中一级科目编码为 4 位长（编码"1001"代表现金科目），二、三级科目编码均为 2 位长（编码"100101"代表现金下面的人民币科目）。

注意   在此将会计科目编码级次定义为 4-2-2-2，以便于后期进行会计科目设置（请参阅本书第 4 章中的会计科目设置）。

（6）在此使用系统默认编码方案，单击"确认"按钮，系统弹出"资料精度定义"窗口，资料精度表示系统处理资料的小数字数。超过该精度的资料，系统会以四舍五入的方式进行取舍，如图 1-13 所示。

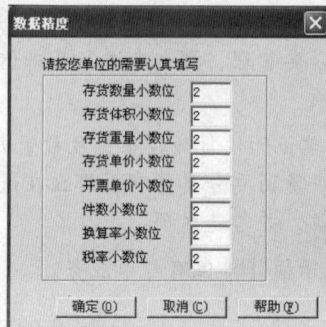

图 1-13

（7）使用系统默认设置则单击"确认"按钮，账套建立完毕。此时系统提示是否启用模块，如图 1-14 所示，启用时系统记录启用日期和启用人。模块只有启用之后，才能在用友软件中使用。

图 1-14

（8）单击"是"按钮直接进入"系统启用"设置接口，如图 1-15 所示。

图 1-15

（9）勾选相应模块，系统会提示录入启用会计日期。

系统启用日期与功能模块的初始化资料相关，没有启用过的模块则不能使用。本书实验需要在此勾选应付款管理、应收款管理、总账、固定资产、薪资管理，启用日期均设为 2010 年 1 月 1 日。

注	UFO 报表系统不需要启用，随时可以使用。
	只能启用已经安装的模块。
	在进入系统时，系统会判断该系统是否已经启用，如果没有启用则不能登录。
	各系统的启用日期必须大于等于账套的启用日期。
	各系统的启用日期可以不一致。

下面进行登录操作。

（1）单击"程序\用友 ERP-U8\企业应用平台"进行登录，如图 1-16 所示（为了以后使用方便，最好将"企业应用平台"以快捷方式放到桌面上）。

（2）在用户框中输入"CY001"（"CY001"是账套主管陈静的编号）并输入密码（如果没有密码，则密码为空，注意，即使密码为空，也要用鼠标左键单击一下密码录入项，然后再选择账套），选择 002 账套，语言区域选择"简体中文"，操作日期处输入"2010-1-1"，单击"确定"按钮，系统打开"用友 ERP-U8 门户"窗口，如图 1-17 所示。在此所做的任何操作都是以用户"CY001"

陈静对 002 账套进行的。

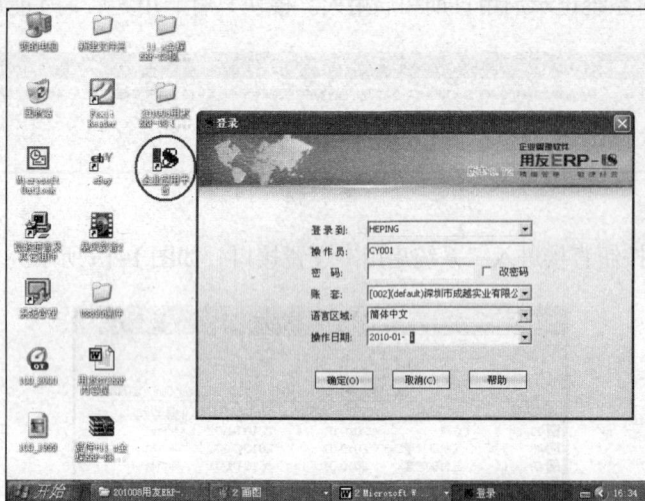

图 1-16

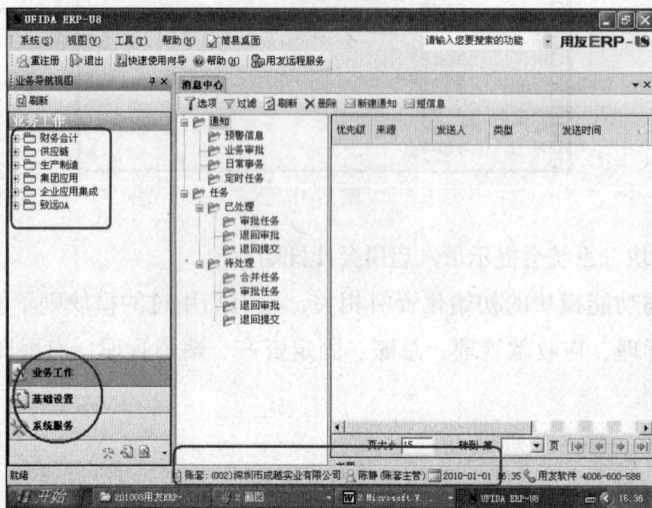

图 1-17

<table>
<tr><td>提示</td><td>只有在用户编号和密码完全正确的情况下，系统才会显示该用户有权限操作的账套，而不会显示系统里面的所有账套，从而起到账套保密的作用。</td></tr>
</table>

1.4 角色和用户的权限设置

企业对管理要求不断变化、提高，越来越多的信息都表明权限管理必须向更细、更深的方向发展。用友 ERP-U8 提供集中权限管理，除了可以对各模块操作之外，还提供了金额的权限管理和资料的字段级和记录级控制，通过不同的权限组合方式企业可以更好地对财务业务进行集中控制。

用友 V8.72 中可同时存在多位用户，同一用户可以对多个账套进行管理。

在角色、用户设置完毕，新账套建立完成之后，需要为角色、用户设置具体权限。

管理员和账套主管可以随时更改角色和用户的权限。

（1）打开"系统管理"，以"admin"身份注册，单击"权限\权限"菜单，系统弹出"用户权限"窗口，在此可以查询到角色和用户针对于不同套账不同年度所拥有的权限（如用户 CY001 陈静，享有[002] 深圳市成越实业有限公司 2010 年度的账套主管权限）。

（2）单击选中用户"CY002"，选择 002 账套，选择 2010，然后勾选"账套主管"项，则将编号为"CY002"的用户设置成为了 002 账套 2010 年账套主管，如图 1-18 所示。

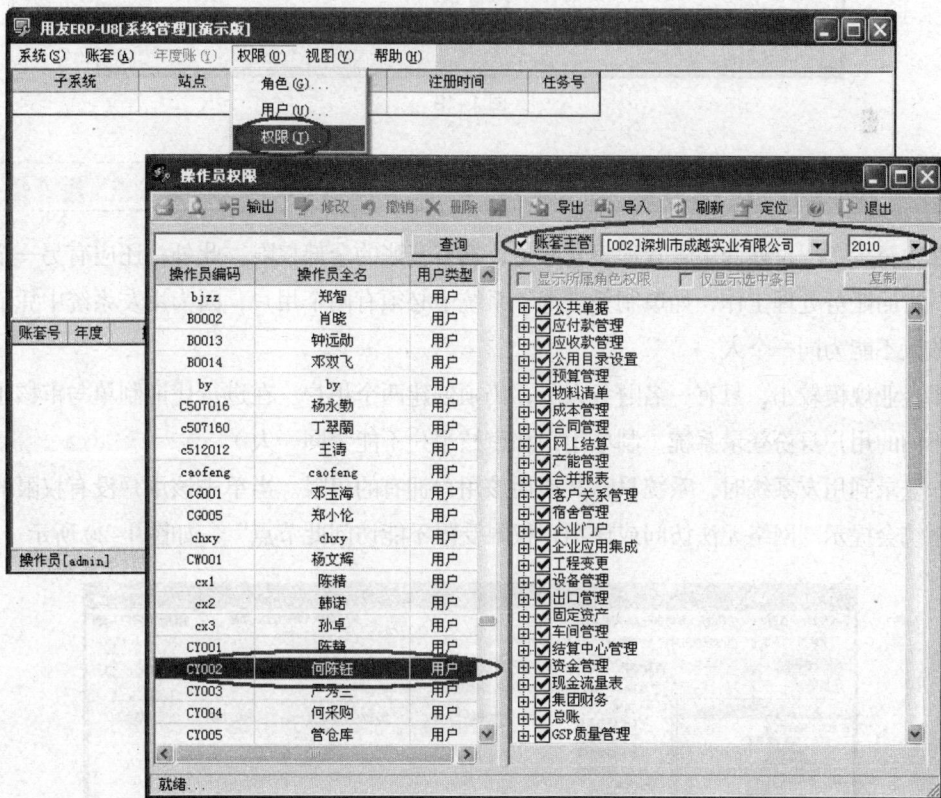

图 1-18

（3）取消勾选"账套主管"项，则取消了该用户账套主管权限。单击"修改"按钮，系统弹出"增加和调整权限"窗口，则可以为该用户设置指定权限，选择好账套和年度，单击"修改"按钮，勾选总账系统中的出纳和凭证出纳签字等相应权限，单击"保存"按钮保存设置，如图 1-19 所示。

（4）然后再为其他用户设置权限。

（5）权限设置完毕，单击"确定"按钮，可以在"用户权限"窗口中看到该用户对指定年限的账套拥有的权限。

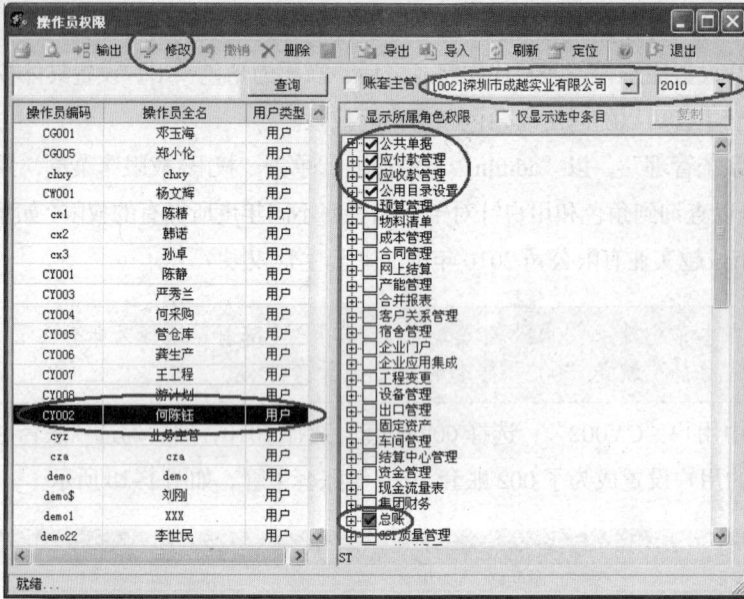

图 1-19

> **会计知识：凭证制单和审核不能为同一个人。**

新账中至少有一位账套主管管理整套账务，拥有套账的全部权限。此外，还应有另一个用户进行一些日常的账务处理工作，如填制凭证等。系统中必须有两个用户，因为用友系统中凭证的制单人与审核人不能为同一个人。

如果企业规模较小，只有一名财务人员，仍须创建两个用户。在进行凭证制单与审核工作时，需要用不同的用户身份登录系统（制单用户和审核用户不能为同一人）。

用户登录到用友系统时，系统只给其使用该用户拥有的权限。当单击该用户没有权限的命令菜单时，系统会提示"网络无法访问或该用户权限受限不能访问此节点"，如图 1-20 所示。

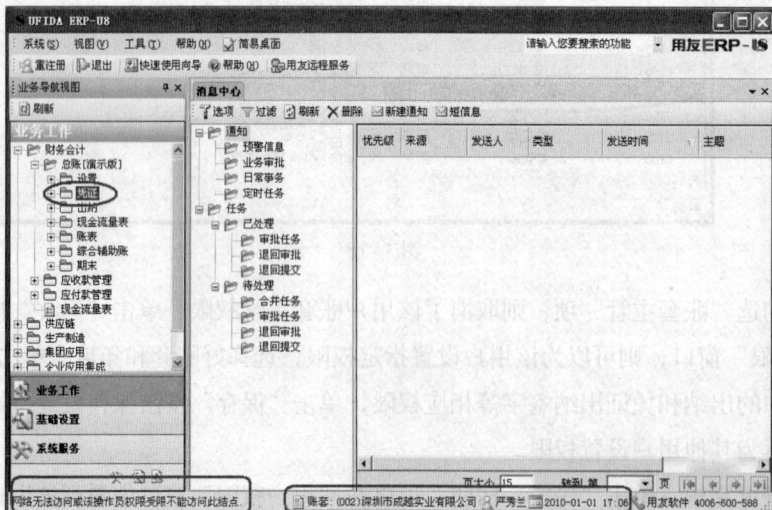

图 1-20

1.5 账套备份

将企业资料备份保存到不同的介质上（如光盘、网络磁盘等）是非常重要的，如果因为外界的原因（如地震、火灾、电脑病毒或人为的误操作等）使软件失效，备份资料可以将企业的损失降到最小。

企业不仅应做好备份工作，还要处理好信息化系统的安全问题，如安装杀毒软件、使用 UPS（不间断电源）等，加强资料的安全性；将备份的资料复制到不同的机器上进行保存；将年度资料刻录为光盘进行保存等。

下面介绍如何在系统管理中对账套数据进行备份。

1.5.1 手工备份

手工备份就是人为地根据需要进行资料备份。

（1）打开"系统管理"窗口，用 admin 身份进行注册，单击"账套"菜单下的"输入"选项，系统弹出"账套输出"窗口，选择需要备份的账套。如果希望备份完成之后删除账套数据，则需勾选"删除当前输出账套"项（注意：是删除用友系统内的账套数据，而不是删除经过备份好的账套数据），如图 1-21 所示。

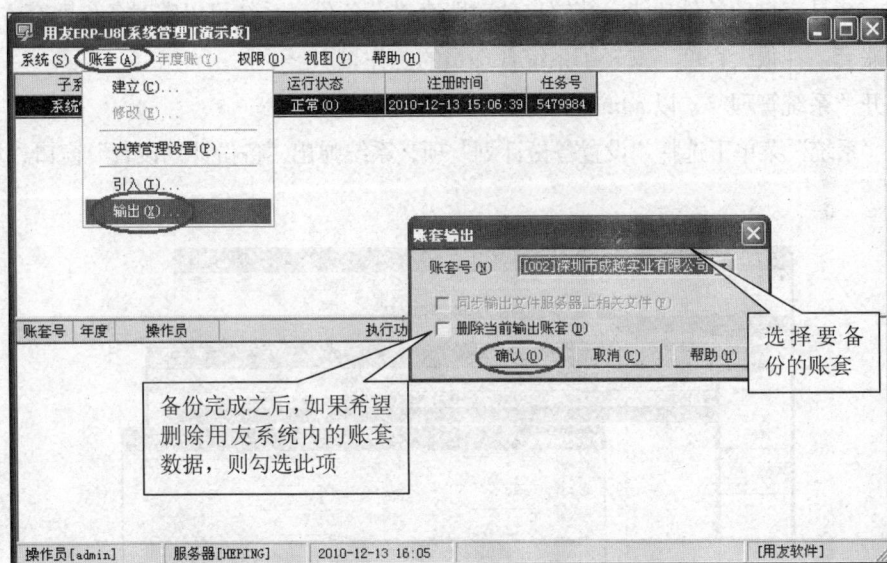

图 1-21

（2）单击"确认"按钮，系统开始账套备份处理，然后系统提示选择备份的路径，如图 1-22 所示。

（3）单击下拉菜单，选择目标活页夹，单击"确认"按钮，系统将指定账套备份在指定的文件夹中。如果事先勾选了"删除当前输出账套"项，则此时系统会提示"真要删除该套账吗？"，单击"是"按钮删除用友系统内的该账套数据，单击"否"按钮则不删除。

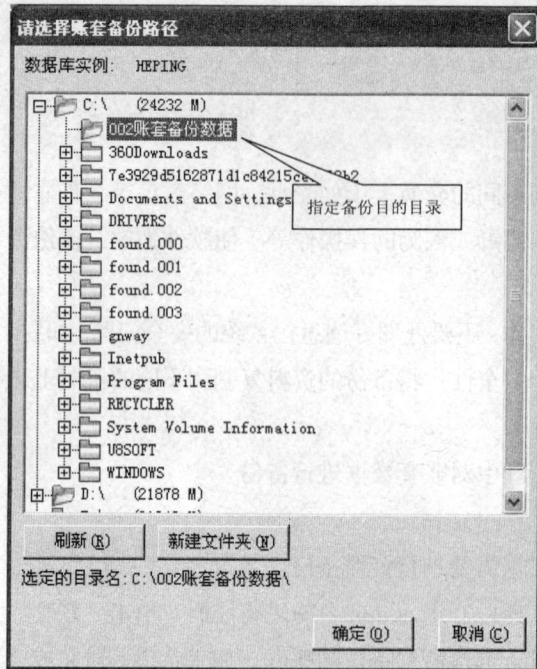

图 1-22

1.5.2 自动备份

用友 V8.72 具有自动备份功能，能够自动对账套进行备份。系统可以定时备份账套，也可以同时备份多个账套，在很大程度上减轻了系统管理员的工作量。

（1）打开"系统管理"，以 admin 身份登录。

（2）在"系统"菜单下选择"设置备份计划"项，系统弹出"备份计划设置"窗口，如图 1-23 所示。

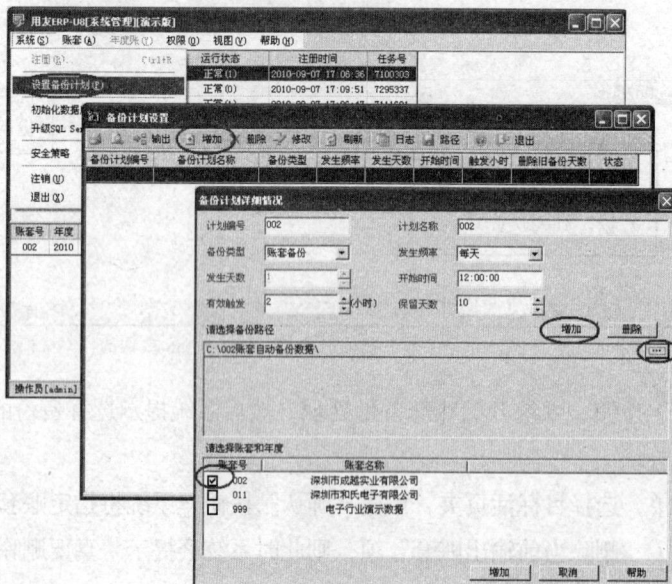

图 1-23

（3）单击"增加"按钮，系统弹出"增加备份计划"窗口，输入计划编号为"002"，计划名称"002"，备份类型选择"账套备份"，发生频率选择"每天"。

说明	选择"每周"时，发生天数为"1~7"之间的数字，分别对应星期一~星期日。选择"每月"时，天数为"1~31"之间的数字，如果某月的天数小于设置的天数，则系统按最后一天进行备份。如设置为31，但在4月份只有30天时，则系统会在4月的最后一天（30号）进行备份。

- 开始时间：即备份时间，最好在无人使用用友软件的时候。在此输入"12:00:00"。
- 有效触发：选择2小时。
- 保留天数：选择10天。

说明	有效触发是指在备份开始后，每隔一定时间进行一次触发检查，如果备份不成功，则重新备份。备份资料在硬盘中保存的时间如果超过保留天数则会被系统自动删除。如果设置为10，则系统以机器时间为准，10天前的备份资料自动删除。当数值为0时系统认为永不删除备份（最好不要设置为0，否则重复备份的数据会不断增加）。

- 备份路径：可以选择备份的目的地，但只能选择本地硬盘。在此选择"c:\002账套自动备份数据"。

在"选择账套和年度"中，勾选"002 深圳市成越实业有限公司"。

（4）单击"增加"按钮保存设置，单击"退出"按钮退出设置。

系统会根据备份计划的设置将账套数据备份到指定的文件夹中，并且以日期作为备份文件夹的名称，系统将 002 账套的备份数据自动备份在"c:\ 002 账套自动备份数据\zt002"文件夹中，并且以备份的日期作为自动备份的文件夹名。

提示	账套自动备份是指在服务器开机的情况下才能自动备份。

1.5.3 账套引入

引入账套功能是指将系统外某账套数据引入本系统中。有时账套数据损坏，也要将原来备份好的资料重新引入进来。

（1）打开"系统管理"窗口，用 admin 身份进行注册。

（2）单击"账套"菜单下的"引入"选项，系统弹出"引入账套数据"窗口，如图 1-24 所示。

（3）选择需引入的账套数据，然后单击"确定"按钮，系统提示是否更改引入的目标账套目径，单击"否"按钮，默认系统路径，即可把资料引入进来。

用友 V8.72 引入用友账套备份数据文件，默认文件名是"UfErpAct.Lst"（读者也可以参阅本书第 2 章中引入账套）。文件"UfErpAct.Lst"包含有该备份账套的基本信息，所引入账套的账套编号不能与用友 V8.72 中已存在的账套重复（如用友 V8.72 系统中已存在一个 002 账套，而现在又引入一个 002 账套），否则系统会提示是否覆盖或取消引入，有效的方法是更改需引入账套（即备份账套）的基础信息，操作方式如下。

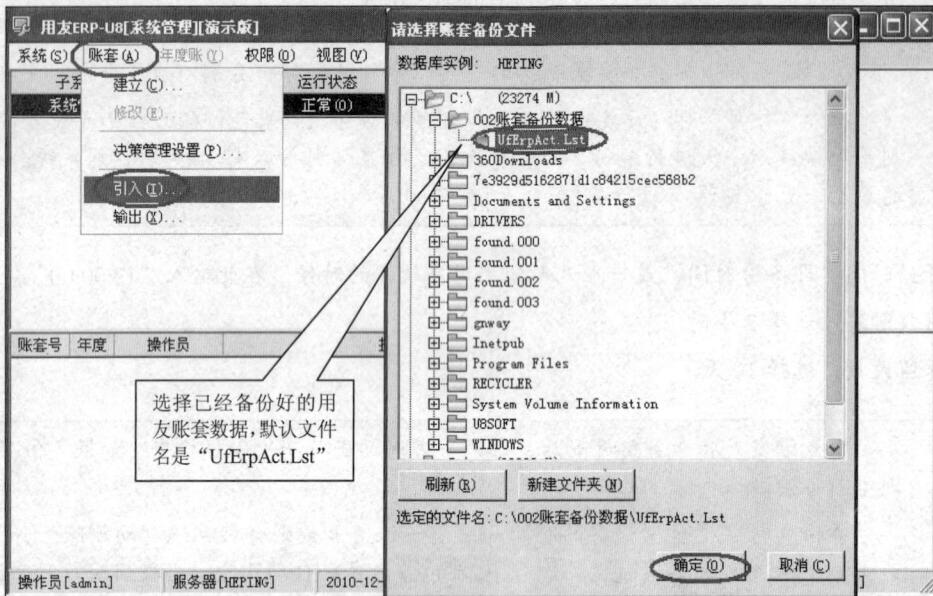

图 1-24

（1）找到账套备份数据中的"UfErpAct.Lst"文件，然后用文本文件方法将其打开，将文件内容中代表账套号更改为另一个编号（比如 002 账套的备份数据，则可以将"002"字符全部更改为"005"字符），然后保存该文件。如图 1-25 所示。

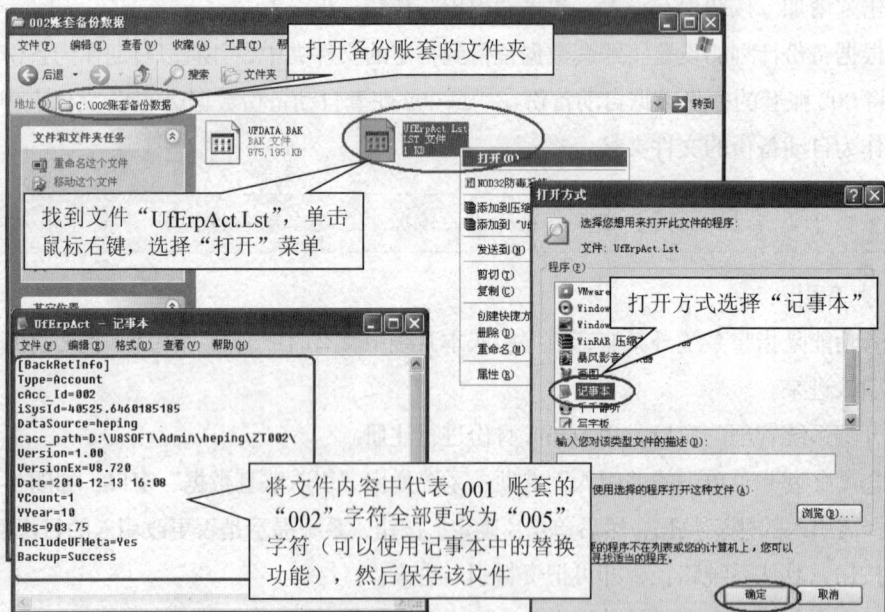

图 1-25

（2）将该备份数据引入到用友系统中，就可以生成另一个与备份账套数据一模一样的账套。该功能常常用于数据测试，为了防止将原有账套数据破坏，所以以复制一套账的方式来进行处理。

课后练习　账套管理和用户管理

1. 建立新账套

机构名称：宇纵科技有限公司

地址：广州天河区

电话：020-12345678

本位币：RMB

启用会计期间：2012-01

2. 新增用户，并设置权限

用 户 名	密 码	权 限
贺君兰	111	账套主管
李丽	222	基础资料、总账、固定资产、现金管理、工资、应收款、应付款
叶小英	333	基础资料查询权，出纳权限
王力保	444	基础资料查询权，总账权限

3. 备份账套，设置账套自动备份

4. 复制账套

第2章 基础设置

概述

　　基础信息是企业中各部门公用的共享信息，是整个系统的基础。基础信息包括基本信息和基础档案信息等。

　　基本信息包括系统模块启用日期设置、编码方案设置、小数位设置，此设置在本书第1章中有详细介绍。

　　本章主要介绍基础档案设置。

教学建议

　　建议本章讲授2课时，上机实验2课时。

实验 | 基础档案设置

实验准备

　　导入本书第1章完成之后的备份账套，2010年1月1日以"陈静"身份注册登录002账套，打开"UFIDA-ERP"操作平台。

实验要求

　　学会建立基础档案，包括部门档案、职员档案、客户档案、供应商档案、会计科目档案。

实验资料

　　表2-1至表2-10为深圳市成越实业有限公司初始化设置的基础数据。

表2-1　　　　　　　　　　　　　　　　部门与职员

| 部　门 | | 职　员 | | | | | |
代　码	名　称	代　码	名　称	部　门	备　注	是否业务员	人员类别
1	总经办	001	仁渴	总经办	总经理兼销售总监	是	在职人员
2	财务部	002	陈静	财务部	财务主管会计		在职人员
3	销售部	003	何陈钰	财务部	财务会计		在职人员
4	采购部	004	严秀兰	销售部	销售文员	是	在职人员
5	工程开发部	005	何采购	采购部	采购部经理	是	在职人员
6	PMC部（计划部）	006	王工程	工程开发部	技术高工		在职人员

续表

部门		职员					
代 码	名 称	代 码	名 称	部 门	备 注	是否业务员	人员类别
7	货仓	007	游计划	PMC 部	计划部主管		在职人员
8	生产部	008	管仓库	货仓	货仓主管	是	在职人员
9	行政人事部	009	龚生产	生产部	生产主管	是	在职人员
		010	李子明	行政部	行政部主管		在职人员
		011	郑质量	生产部	QC	是	在职人员
		012	何玉琪	财务部	出纳	是	在职人员

表 2-2　　　　　　　　　　　　　　　供应商分类

分类编码	分类名称
01	材料供应商
02	委外加工商

表 2-3　　　　　　　　　　　　　　　供应商档案

代 码	供应商名称	所属分类	供应商属性
01	永川公司	材料供应商	货物
02	华友公司	材料供应商	货物
03	天力公司	材料供应商	货物
04	正星光电子公司	委外加工商	委外
05	华宇包装公司	材料供应商	货物

表 2-4　　　　　　　　　　　　　　　客户分类

代 码	分 类 名 称
01	国内公司
02	国外公司

表 2-5　　　　　　　　　　　　　　　客户档案

代 码	名 称	所属分类
101	北京远东公司	国内公司
102	上海海昌	国内公司

表 2-6　　　　　　　　　　　　　　　凭证类别

类别字	类别名称	限制类型	限制科目
记	记账凭证	无限制	

表 2-7　　　　　　　　　　　　　　　外币设置

币 名	港 币
币符	HKD
汇率小数位	5

续表

币　　名	港　　币
最大误差	0.00001
汇率方式	固定汇率
折算方式	外币×汇率=本位币
1月份记账汇率	0.86

表 2-8　　　　　　　　　　　　　现金和银行存款科目

科目代码	科目名称	币别核算
100101	人民币	否
100102	港币	单一外币（港币）
100201	工行东桥支行 125	否
100202	人行东桥支行 128	单一外币（港币）

表 2-9　　　　　　　　　　　　　往来科目

科目代码	科目名称	核算项目	应控系统
1122	应收账款	客户	应收应付
1123	预付账款	供应商	应收应付
2202	应付账款	供应商	应收应付
2203	预收账款	客户	应收应付

表 2-10　　　　　　　　　　　　　其他科目

科目代码	科目名称	科目代码	科目名称	科目代码	科目名称
1601	固定资产	400102	龚冰冰	510105	工资
160101	办公设备	500101	直接材料	6601	销售费用
160102	生产设备	500102	直接人工	660101	差旅费
160103	运输设备	500103	制造费用转入	660102	业务招待费
2221	应交税费	5101	制造费用	660103	折旧费
222101	应交增值税	510101	房租	660104	工资
22210101	进项税额	510102	水电费	660105	房租
22210105	销项税额	510103	折旧费	660106	水电费
400101	仁渴	510104	福利费	6602	管理费用
660201	房租	660205	工资	6603	财务费用
660202	水电费	660206	折旧费	660301	利息
660203	差旅费	660207	其他	660302	银行手续费
660204	办公费	660208	坏账损失	660303	调汇

实验指导

在"UFIDA-ERP"操作平台中可以设置基本信息，包括系统启用、编码方案及数据精度。

（1）打开"UFIDA-ERP"操作平台中的"基础设置"选项卡，单击展开"基本信息"命令，如图 2-1 所示。

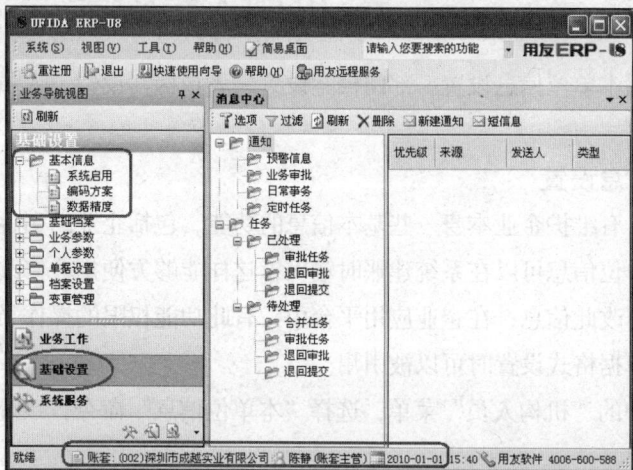

图 2-1

（2）选择"系统启用"命令，可以查询或修改系统启用信息；选择"编码方案"命令，可以查询或修改系统编码方案；选择"数据精度"命令，可以查询或设置数据精度。

> **注** 系统启用、编码方案、数据精度的设置和功能说明请参阅本书第 1 章中的建立账套内容，在此不再做讲解。

在"UFIDA-ERP"操作平台的"基础设置"选项卡中，展开"基础档案"菜单，在此可以分别设置机构人员信息、客商信息、存货信息、财务信息、收付结算信息、业务信息、对照表及其他信息，如图 2-2 所示。

> **提示** 基础档案设置在后期业务处理时引用。

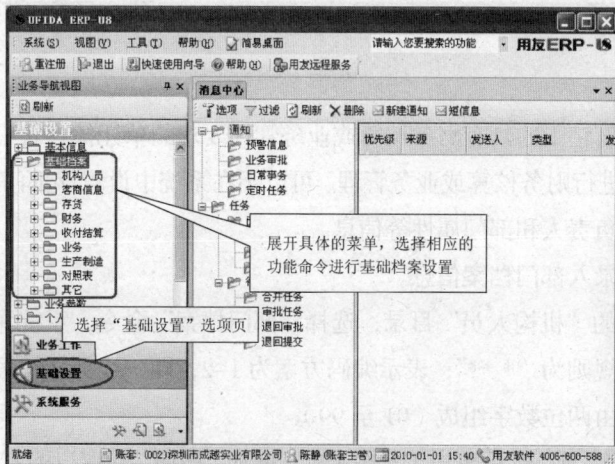

图 2-2

2.1 机构人员设置

机构人员设置包括本单位信息设置、部门档案设置、人员档案设置、人员类别设置、职务档案设置及岗位档案设置。

2.1.1 本单位信息设置

本单位信息主要具有维护企业本身一些基本信息的功能，包括企业的名称、英文名称、法人代表和联系电话等。本单位信息可以在系统建账时输入，这样能够方便用户修改维护；在系统管理中只有系统管理员可以修改此信息；在企业应用平台中，有此功能权限的操作员都可使用此功能，本单位信息在进行业务单据格式设置时可以被引用。

（1）展开图2-2中的"机构人员"菜单，选择"本单位信息"命令，系统弹出"单位信息"设置窗口，如图2-3所示。

（2）在"单位信息"设置窗口中单击"下一步"或"上一步"按钮可详细设置本单位信息。

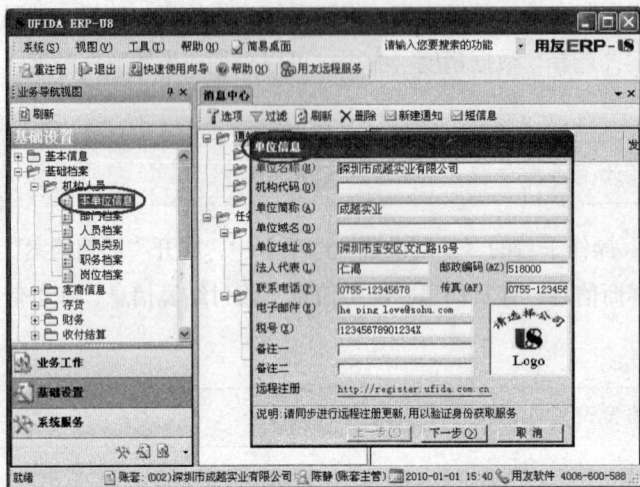

图2-3

2.1.2 部门档案

部门指在核算单位管辖下的具有财务核算或业务管理要求的单元体，它不一定是实际中的部门机构（即如果该部门不进行财务核算或业务管理，可以不在系统中设置该部门档案）。部门档案信息包含部门编码、名称、负责人和部门属性等信息。

参照本节实验资料录入部门档案信息。

（1）打开图2-2中的"机构人员"目录，选择"部门档案"命令，系统弹出"部门档案"设置窗口。部门档案的编码规则为"* **"，表示编码方案为1-2，即一级部门编号由一位数字（1至9）组成，其下属部门编号由两位数字组成（01至99）。

（2）选择"部门档案"项，然后单击工具栏上的"增加"按钮，在窗口的右边输入部门编码"1"，部门名称"总经办"，单击"保存"按钮保存设置。

（3）录入其他部门信息，最终结果如图 2-4 所示。

> **提示**　　设置部门档案时，部门负责人暂时不用设置，等职员数据设置完成后再返回到此补充即可。

如果在此发现编码方案不适合，可以在部门档案数据为空时（如果已添加档案，可将档案删除）修改部门编码方案。

信用信息指该部门对所负责的客户的信用额度和最大信用天数，包括信用额度、信用等级和信用天数等，此项可以为空。

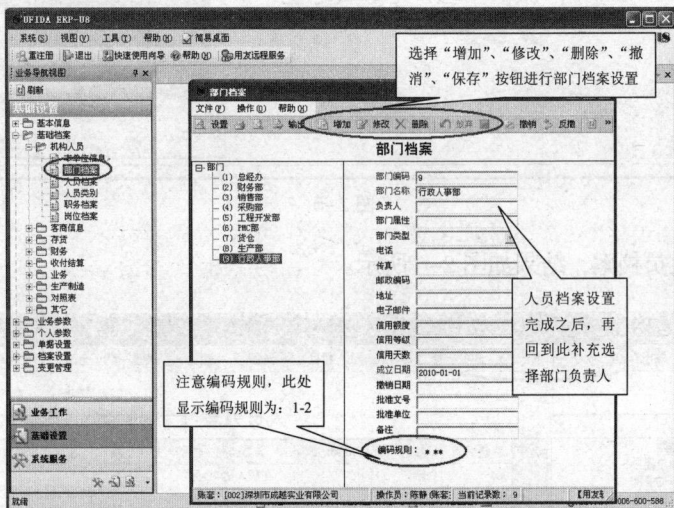

图 2-4

2.1.3　人员档案

人员档案是指企业各职能部门中需要进行核算和业务管理的职员信息，不需要将公司所有的职员信息都设置进来，如生产部门只需设置生产部负责人和各生产部文员即可，而生产线员工可以不设置。设置职员档案之前必须先设置部门档案。

参照本节实验资料录入人员档案信息。

（1）打开图 2-2 中的"机构人员"目录，选择"人员档案"命令，系统弹出"人员列表"窗口。

（2）单击"增加"按钮，系统弹出"人员档案"设置窗口，蓝色项目为必录项，人员编码输入"001"，人员姓名输入"仁渴"，人员类别选择"在职人员"，行政部门选择"总经理室"，性别"男"，可选择预先保存好的该人员的照片，选择与操作员"111 仁渴"对应，单击"保存"按钮保存设置，如图 2-5 所示。

- 人员编码具有唯一性，人员姓名可以重复。

- 是否业务员：指此人员是否可操作 U8 其他的业务产品，如总账、库存等，只有勾选了此项，才能在做各种出入库单据、收付款处理等业务时作为业务员被选入。当该人员为业务员时，系统提示设置该业务员的"生效日期"、"失效日期"、"业务或费用部门"、"信用天数"、"信用额度"、"信用等级"。

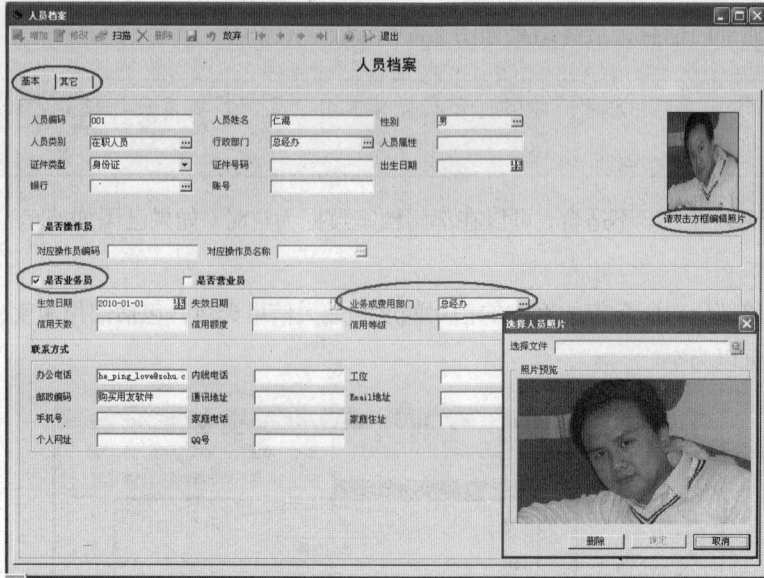

图 2-5

（3）录入完成人员档案，结果如图 2-6 所示。

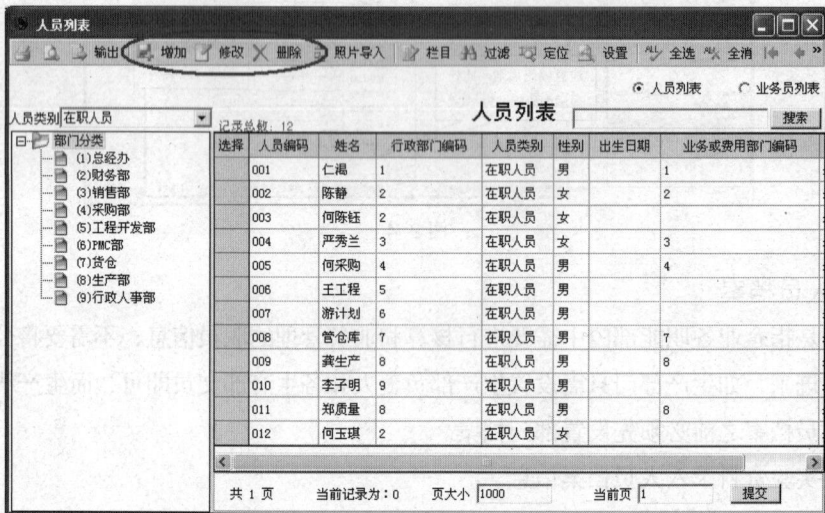

图 2-6

2.1.4　人员类别设置

对企业的人员类别进行分类设置和管理。一般是按树形层次结构进行分类，系统预置在职人员、离退人员、离职人员和其他人员 4 类顶级类别，用户可以自定义扩充人员子类别。

2.1.5　职务档案

实现对公司职务体系的管理，提供新建、修改、删除和撤销职务，编辑职务的工作目标、职责、权限和任职资格等，输出职务一览表功能。

2.1.6 岗位档案

实现对公司各个岗位的管理。提供新建、修改、撤销、删除岗位，编辑岗位的基本情况、工作目标、岗位职责、监督信息、接触情况、工作权限、任职资格、岗位培训、发展计划以及各自定义信息子集、输出岗位信息等功能。

提示	人员类别设置、职务档案设置和岗位档案设置主要是为用友 V8.72 中的人力资源管理系统设置的，本书将不做详细讲解。

2.2

客商信息设置

此功能用来与企业相关业务往来的客户信息，包括地区分类设置、行业分类设置、供应商分类设置、供应商档案设置、客户分类设置、客户级别设置和客户档案设置。

2.2.1 地区分类、行业分类

为了更有效地管理客户和供应商，方便统计分析业务数据，企业可以根据需要建立地区分类体系和行业分类体系。系统中采购管理、销售管理、库存管理和应收应付款管理都要使用地区分类。在建立客户档案和供应商档案时可以在"基本"选项卡中选择客户或供应商所属的地区代码。

地区分类最多有 5 级，企业可以根据实际需要进行分类。例如，可以按区、省、市进行分类，也可以按省、市、县进行分类。

企业也可以依据自身管理要求对客户的所属行业进行相应的分类，建立行业分类体系，以便对业务数据可以按行业来进行统计分析。行业分类最多可以设置五级。

2.2.2 供应商分类

供应商分类与供应商档案是分开设置的。

企业对供应商进行分类管理，建立供应商分类体系。可将供应商按行业、地区等进行划分之后，根据不同的分类建立供应商档案（供应商分类设置与客户分类设置原理一样）。

参照本节实验资料录入供应商分类信息。

（1）打开图 2-2 所示的"客商信息"目录，选择"供应商分类"命令，系统弹出"供应商分类"窗口。

（2）单击"增加"按钮，分类编码处录入"01"、分类名称处录入"材料供应商"，单击"保存"按钮保存设置，如图 2-7 所示。

（3）重复步骤（2），录入其他数据。

注	如果在建账时，没有勾选"供应商分类"项，则在此不能进行供应商分类设置。

在设置供应商档案时，可以选择该供应商的所属地区和所属行业，而不必再从所属地区或所属行业分类，因为这样可以多一个角度对供应商进行分析。

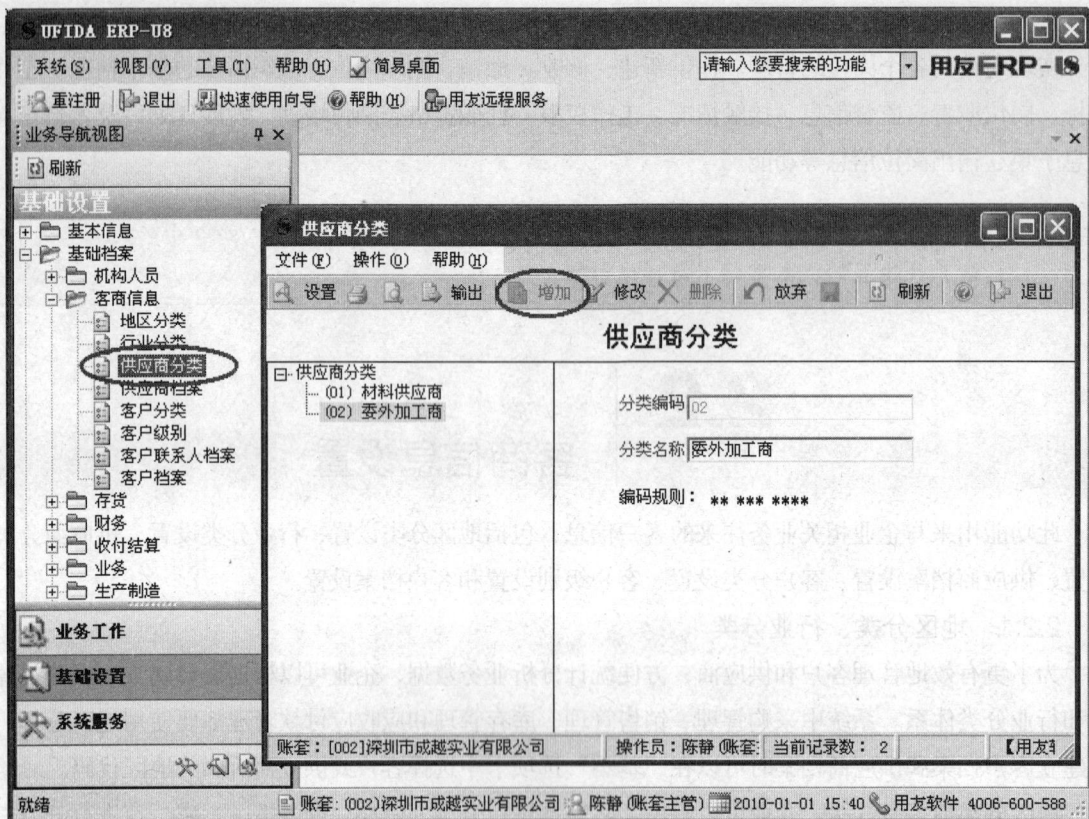

图 2-7

2.2.3 供应商档案

设置往来供应商的档案信息，便于管理供应商资料，录入、统计和分析业务数据。如果在建立账套时勾选了供应商分类，则必须先设置供应商分类，然后才能编辑供应商档案。

建立供应商档案主要是为企业的采购管理、库存管理和应付账管理服务。填制采购入库单、采购发票，进行采购结算、应付款结算和有关供货单位统计时都会用到供货单位档案，因此要正确设立供应商档案，以便减少工作差错。在输入单据时，如果单据上的供货单位不在供应商档案中，则需要在此建立该供应商的档案。

参照本节实验资料录入供应商档案信息。

（1）打开图 2-2 所示的"客商信息"目录，选择"供应商档案"命令，系统弹出"供应商档案"窗口。

（2）单击"增加"按钮，系统弹出"增加供应商档案"设置窗口，如图 2-8 所示。

① "基本"选项页

● 供应商编码：供应商编码必须是唯一的；可以用数字或字符表示，最多可输入 20 位数字或字符。

● 供应商名称：可以是汉字或英文字母，最多可写 49 个汉字或 98 个字符。供应商名称用于销售发票的打印，即打印出来的销售发票的销售供应商栏目显示的内容为销售供应商的供应商名称。

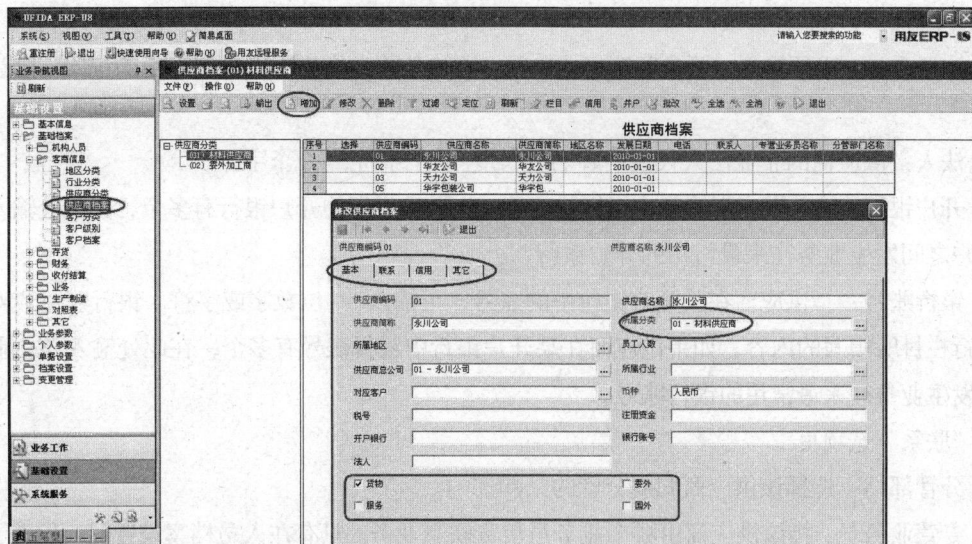

图 2-8

● 供应商简称：可以是汉字或英文字母，最多可写 30 个汉字或 60 个字符。用于业务单据和账表的屏幕显示。

● 供应商属性：可以勾选"货物"、"委外"、"服务"、"国外" 4 种属性中一种或多种，货物属性的供应商用于采购货物时可选的供应商，委外属性的供应商用于委外业务时可选的供应商，服务属性的供应商用于费用或服务业务时可选的供应商，国外属性的供应商用于进口业务时供应商的选择使用。如果此供应商已被使用，供应商属性则不能被删除修改，可增选其他项。

● 对应客户编码、简称：在供应商档案中输入对应客户名称时不允许记录重复，即不允许有多个供应商对应一个客户的情况出现。如 001 供应商中输入了对应客户编码为 888，则在保存该供应商信息时同时需要将 888 客户档案中的对应供应商编码记录存为 001（请参阅本章中的客户档案设置）。此功能的作用是在做应收或应付处理时，可即时联查该客户或供应商所对应的应付账款或应收账款，并进行相关的业务处理。

● 员工人数：输入该供应商企业的员工人数，只能输入数值，不能有小数。此信息为企业辅助信息，可以不填，可以随时修改。

● 所属分类码：选择已设置好了的供应商分类编码。

● 所属地区码：可输入供应商所属地区的代码，输入系统中已存在代码时，自动转换成地区名称，显示在该栏目的右编辑框内。

● 总公司编码：选择供应商总公司编码，同时带出显示供应商简称。供应商总公司指当前供应商所隶属的最高一级的公司，该公司必须是已经通过"供应商档案设置"设置好了的另一个供应商。在供应商开票结算处理时，具有同一个供应商总公司的不同供应商的发货业务，可以汇总在一张发票中统一开票结算。在执行信用额度控制时，也可以执行控制总公司信用额度。

● 所属行业：选择该供应商所归属的行业。

● 税号：输入供应商的工商登记税号，用于销售发票的税号栏内容的屏幕显示和打印输出。

● 注册资金：输入企业注册资金总额，必须输入数值，可以有 2 位小数。此信息为企业辅助信息，可以不填，可以随时修改。

● 注册币种：必须输入，可参照选择或输入；所输入的内容应为币种档案中的记录。默认为本位币。

● 法人：供应商的企业法人代表的姓名，长度40个字符，20个字。

● 开户银行：输入供应商的开户银行的名称，如果供应商的开户银行有多个，在此处输入该企业同用户之间发生业务往来最常用的开户银行。

● 银行账号：指供应商在其开户银行中的账号，可输入50位数字或字符。银行账号应对应于开户银行栏目所填写的内容。如果供应商在某开户银行中银行账号有多个，在此处输入该企业同用户之间发生业务往来最常用的银行账号。

② "联系"选项页

● 分管部门：选择该供应商归属分管的采购部门。

● 专营业务员：指该供应商由哪个业务员负责联系业务。只有在人员档案设置时，勾选了"是否业务员"项的人员，在此才能被选择。

● 地址：可用于采购到货单的供应商地址栏内容的屏幕显示和打印输出，最多可输入127个汉字和255个字符。如果供应商的地址有多个，在此处输入该企业同用户之间发生业务往来最常用的地址。

● 电话、手机号码：可用于采购到货单的供应商电话栏内容的屏幕显示和打印输出。

● 到货地址：可用于采购到货单中到货地址栏的默认取值，它可以与供应商地址相同，也可以不同。在很多情况下，到货地址是供应商主要仓库的地址。

● E-mail地址：最多可输入127个汉字和255个字符，手工输入，此项可为空。

● 到货方式：可用于采购到货单中发运方式栏的默认取值，输入系统中已存在代码时将自动转换成发运方式名称。

● 到货仓库：可用于采购单据中仓库的缺省取值，输入系统中已存在代码时，自动转换成仓库名称（可设置完成仓库档案之后，回到此补充完成本设置）。

③ "信用"选项页

● 应付余额：由系统自动计算并显示该供应商当前的应付账款的余额，不能手动修改该栏目的内容。

● ABC等级：可根据该供应商的表现选择A、B、C三个信用等级符号表示该供应商的信用等级，可随时根据实际发展情况予以调整。

● 单价是否含税：显示的单价是含税价格还是不含税价格。

● 扣率：显示供应商在一般情况下给予的购货折扣率，可用于采购单据中折扣的默认取值。

● 信用等级：按照用户自行设定的信用等级分级方法，依据在供应商应付款项方面的表现，输入供应商的信用等级。

● 信用额度：内容必须是数字，可输入两位小数，此项可以为空。

● 信用期限：可作为计算供应商超期应付款项的计算依据，其度量单位为"天"。

● 付款条件：可用于采购单据中付款条件的默认取值，输入系统中已存在代码时，自动转换成付款条件表示。

- 最后交易日期：由系统自动显示供应商的最后一笔业务的交易日期。
- 最后交易金额：由系统自动显示供应商的最后一笔业务的交易金额。
- 最后付款日期：由系统自动显示供应商的最后一笔付款业务的付款日期。
- 最后付款金额：由系统自动显示供应商的最后一笔付款业务的付款金额。金额单位为发生实际付款业务的币种。

> **提示**　应付余额、最后交易日期、最后交易金额、最后付款日期和最后付款金额这五个条件项，是由系统在应付款管理系统中计算相关数据并显示的。如果没有启用应付款管理系统，这五个条件项不可使用。这五项在基础档案中只可查看，不允许修改。

④ "其他"档案页

- 发展日期：该供应商与企业建立供货关系的日期。
- 停用日期：可能因为信用等原因，企业决定停止与该供应商的业务往来，则在此输入该供应商被停止使用的日期。

> **注**　只要是停用日期栏内容不为空的供应商，在任何业务单据开具时都不能使用，但可进行查询。如果要使被停用的供应商放弃使用，将停用日期栏的内容清空即可。

- 使用频度：指供应商在业务单据中被使用的次数。
- 对应条形码中的编码：最多可输入 30 个字符，可以随时修改，此项可以为空，不能重复。
- 备注：如果还有有关该供应商的其他信息要录入说明的，可以在备注栏录入长度为 120 个汉字的内容，可输可不输，可随时修改备注内容。
- 所属银行：指付款账号缺省时所属的银行，此项可以为空。
- 建档人：在增加供应商记录时，系统自动将该操作员编码存入该记录中作为建档人，以后不管是谁修改这条记录均不能修改这一栏目，系统也不能自动进行修改。
- 所属的权限组：该项目不允许编辑，只能查看；可在数据分配权限中进行定义。
- 变更人：新增供应商记录时变更人栏目存放的操作员与建档人内容相同，以后修改该条记录时系统自动将该记录的变更人修改为当前操作员编码，该栏目不允许手工修改。
- 变更日期：新增供应商记录时变更日期存放当时的系统日期，以后修改该记录时系统自动将修改时的系统日期替换原来的信息，该栏目不允许手工修改。

> **提示**　建档人、所属的权限组、变更人、变更日期这 4 项只能查看，不能修改。

2.2.4　客户分类

企业可根据业务需要对客户进行分类，以便于管理，例如，可将客户按行业、地区等标准进行划分。然后根据不同的分类建立客户档案。如果建账时未勾选"客户是否分类"项，则不能使用本功能。

参照本节实验资料录入客户分类信息。

客户分类与供应商分类设置方式一样，在此不再详细介绍，如图2-9所示。

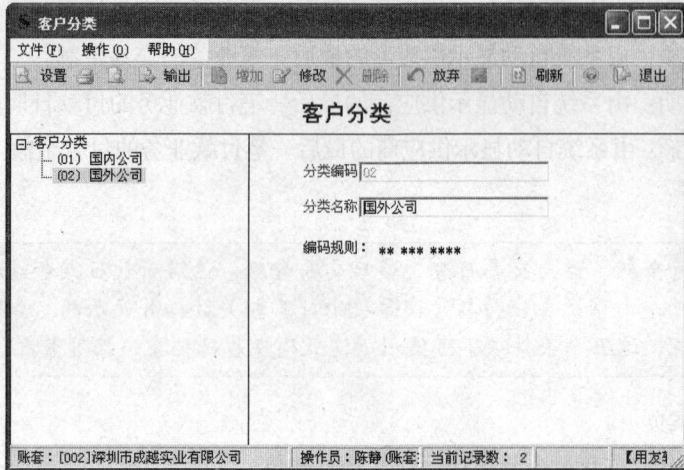

图2-9

2.2.5 客户级别设置

客户级别是客户细分的一种方法，企业可以根据自身管理需要，进行客户级别的分类。客户级别设置以后，将在客户档案和统计分析节点中使用。在客户档案录入过程中，指定客户所属的客户级别；在统计分析节点中，可以进行客户级别的分布统计或者分析某一级别客户的行为和特征。

2.2.6 客户档案设置

客户档案用于设置往来客户的档案信息，以便于管理客户资料以及资料的录入和统计分析。如果在建立账套时选择了客户分类，则必须设置完成客户分类档案后再编辑客户档案。

建立客户档案主要是为企业的销售管理、库存管理和应收账管理服务。在填制销售出库单、销售发票，进行销售结算、应收款结算和有关客户单位统计时都会用到客户单位档案，因此必须正确设立客户档案，以便减少工作差错。在输入单据时，如果单据上的客户单位不在客户档案中，需要在此建立该客户的档案。

参照本节实验资料录入客户档案信息。

客户档案的设置方式与供应商档案设置方式类似，在此不再详细讲解，如图2-10所示。

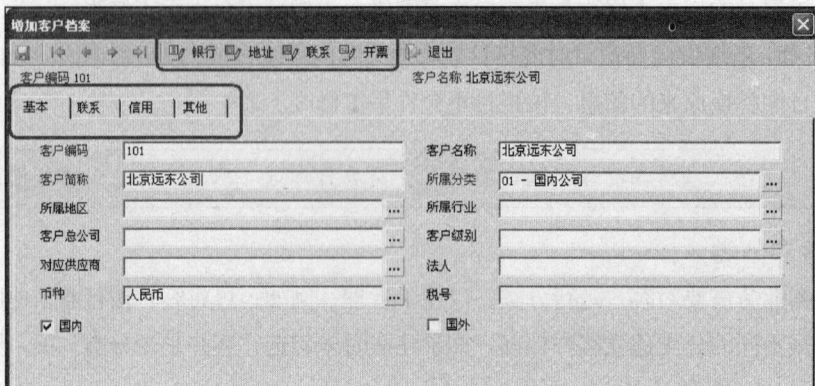

图2-10

提示　　　选择客户档案窗口上的"联系"按钮可以为该客户设置多个联系人，并且可以建立各联系人之间的上下级汇报关系。。

2.3 财务

财务方面的设置包括会计科目、凭证类别、外币设置和项目目录。

2.3.1　凭证类别

参照本节实验资料录入凭证类别信息。

（1）展开图 2-2 所示的"财务"目录，选择"凭证类别"目录，系统弹出"凭证类别预置"窗口，如图 2-11 所示。

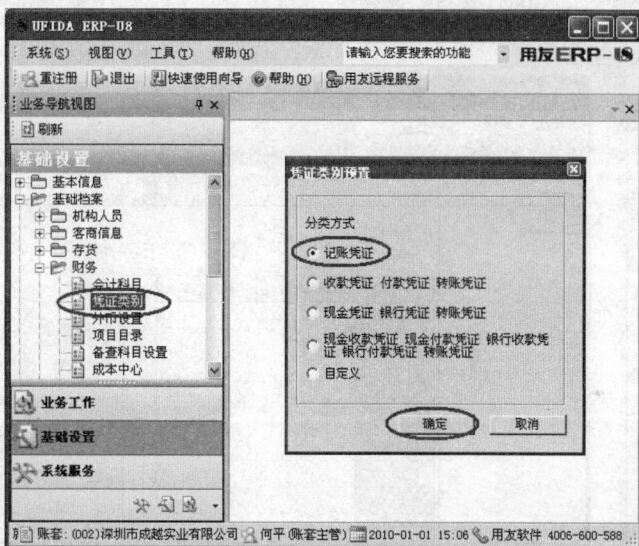

图 2-11

（2）选择"凭证类别"选项，勾选"记账凭证"项，单击"确定"按钮。

说明　　　第一次设置凭证类别时，系统会提供几种常用分类方式，如"记账凭证"、"收款凭证"等。在此处还可以选择"自定义"分类方式，以满足不同单位的需求。

注　　　凭证类别的排列顺序将会影响到账簿查询中凭证类别的排列顺序，可以通过旁边的"顺序"按钮来调节凭证类别的顺序。现在很多企业都没有刻意地划分凭证类别，一般都只有一种凭证类别，即"记账凭证"，凭证类别一旦在制单时被引用，就不能被删除。

2.3.2　外币设置

核算单位涉及外币业务，需要进行汇率管理时，可在此进行外币设置。既可以减少录入汇率的次数和差错，又可以避免在汇率发生变化时出现错误。

使用固定汇率（即使用月初或年初汇率）作为记账汇率时，在填制每月的凭证前应预先在此录入该月的记账汇率，否则在填制该月外币凭证时，将会出现汇率为零的错误。

使用变动汇率（即使用当日汇率）作为记账汇率时，在填制某天的凭证前应预先在此录入该天的记账汇率。

参照本节实验资料进行外币设置。

（1）展开图 2-2 所示的"财务"目录，选择"外币设置"命令，系统弹出"外币设置"窗口，如图 2-12 所示。

（2）单击"增加"按钮输入实验资料中的外币信息。

（3）设置完毕后，单击"确认"按钮保存。在设置会计科目时可以引用外币。只有在建账时勾选"外币核算"项，方能使用本功能。

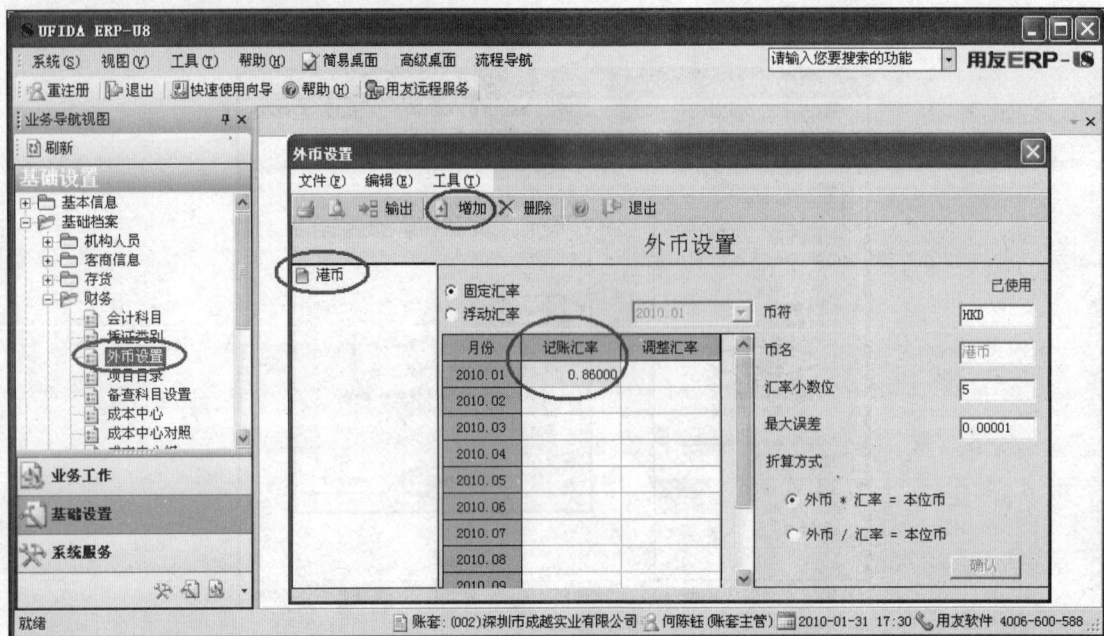

图 2-12

2.3.3 会计科目

一级科目设置必须符合会计制度的规定，而明细科目则可以根据实际情况，在满足核算、管理及报表的要求下进行设置。在进行建账时，如果选择了按行业预设科目，则系统会按新建账套的行业类型预设一级会计科目。

参照本节实验资料录入会计科目。

（1）展开图 2-2 所示的"财务"目录，选择"会计科目"命令，系统弹出"会计科目"设置窗口。如果在建账时勾选"按行业预设科目"项，则在进行会计科目时，系统自动生成相应行业的会计科目，在此基础上，再根据企业需要，设置明细科目即可。

（2）在"会计科目"窗口中，单击"增加"按钮，系统弹出"新增会计科目"窗口，如图 2-13 所示。

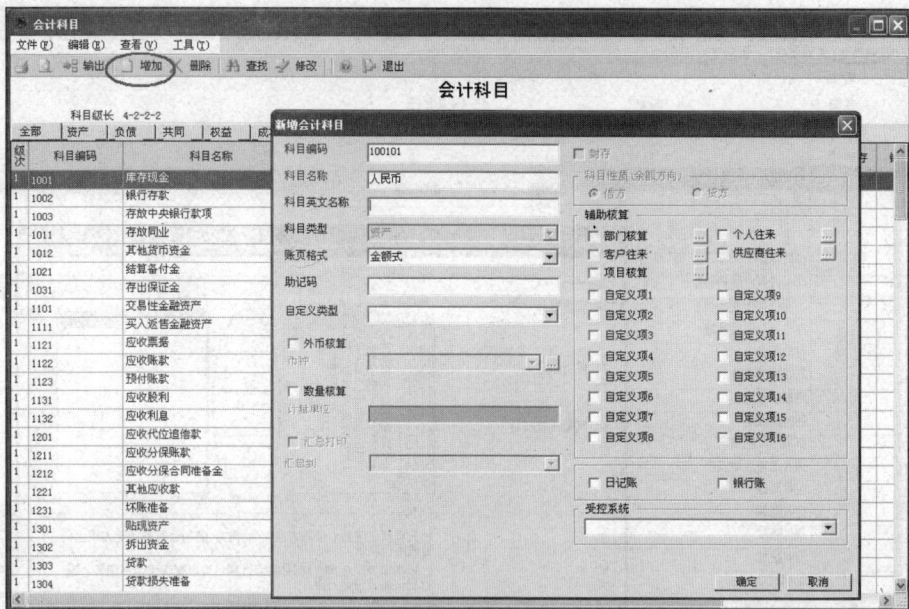

图 2-13

（3）按模拟数据录入新的会计科目或修改已有的会计科目。

● 外币核算：科目需外币核算时，应勾选"外币核算"项（如果在建账时，没有设置本账套，在需进行外币核算时，则外币核算项将不被激活），并选择其核算的币种以及该科目是否需要日记账或银行账（如现金科目则勾选"日记账"选项，银行存款科目则勾选"日记账"与"银行账"两个选项）。

● 辅助核算：有些科目需要借助个人、部门、客户、供应商或项目完成相应的核算，在进行科目设置时，应勾选"进行辅助核算"项。

> 提示　　如会计科目"1122应收账款"，在设置该科目时，其辅助核算就需要勾选"客户往来"（而非在这个科目下设置明细科目来表示具体的某个客户名称），这样这个科目就与"客户档案"链接起来了，在填制记账凭证时，如果使用到1122这个会计科目时，系统会提示要求选择发生这笔业务的客户名称。

● 受控系统：如果科目只能由特定系统（应收系统、应付系统和存货核算）使用，则可以在此指定系统。

● 数量核算：勾选该项，在填制凭证操作引用该科目时，系统会要求输入相应的数量和单价，相乘的结果为该科目的值。勾选"数量核算"项，则要设置计量单位。该功能常常在没有启用存货核算系统，而在总账系统中核算库存商品会计科目时使用。

（4）科目设置完毕，单击"确定"按钮保存设置并退出。

（5）在"会计科目"窗口中，打开"编辑"菜单下的"指定科目"菜单，系统弹出"指定科目"窗口，如图 2-14 所示。此处指定的现金总账科目和银行总账科目供出纳管理使用（在查询现金、银行存款日记账前，必须指定现金、银行存款总账科目）；指定现金流量科目作为在总账中填制该科目凭证时，系统强制要求将该科目的发生业务记入到各现金流量项目中。

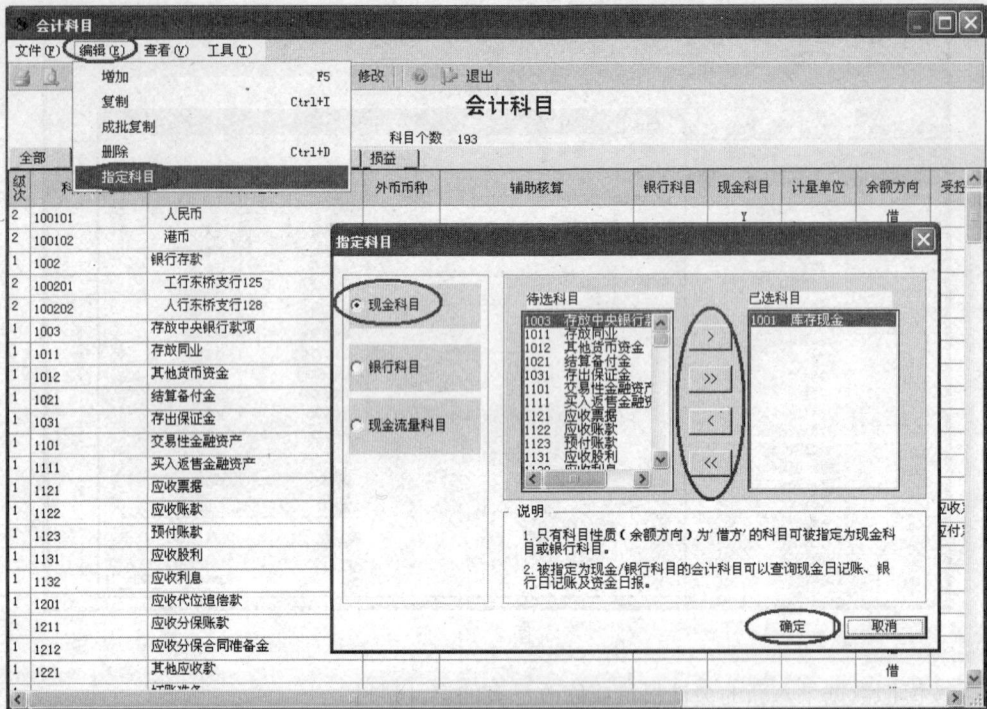

图 2-14

注　　　只有科目性质（余额方向）为"借方"的科目方可被指定为现金科目或银行科目。

指定的现金流量科目供 UFO 报表出现金流量表时取数函数使用，在录入凭证时，对指定的现金流量科目系统自动弹出窗口要求指定当前录入分录的现金流量项目。

如果不希望在填制凭证时，系统强制要求将该科目的发生额记入到现金流量项目中，则不要指定现金流量科目。

（6）若要修改科目信息，可以在"会计科目"窗口中，选择科目，再单击"修改"按钮进行修改，单击"删除"按钮可删除科目。

注　　　不能删除已经制单或者录入了期初余额的科目；不能删除指定为"现金银行科目"的科目，只有取消"现金银行科目"的设置后方可删除。

在设置会计科目时要考虑到与其他子系统的衔接。因为在总账系统中，只有末级会计科目才允许有发生额，才能接收各子系统转入的数据。

说明　　　如果已经制单或者有了期初余额的科目，再增加新的下级科目时，它会将该科目有关的数据自动转至所增加的下级科目中的第一级。如原来只用 1001 现金科目来做人民币业务，如果制单后要在现金科目下面增加两个下级科目，如 100101 人民币科目和 100102 美元科目，这时系统会将原来 1001 库存资金科目的数据自动转至 100101 人民币科目业务中。

2.3.4 收付结算

收付结算设置包括结算方式、付款条件、银行档案和本单位开户银行设置。

本功能用来建立和管理用户在经营活动中所涉及的结算方式，它与财务结算方式一致，如现金结算、支票结算等。结算方式最多可以分为两级。结算方式一旦被引用，便不能修改和删除。

（1）展开图2-2所示的"收付结算"目录，选择"结算方式"命令，系统弹出"结算方式"设置窗口，如图2-15所示。

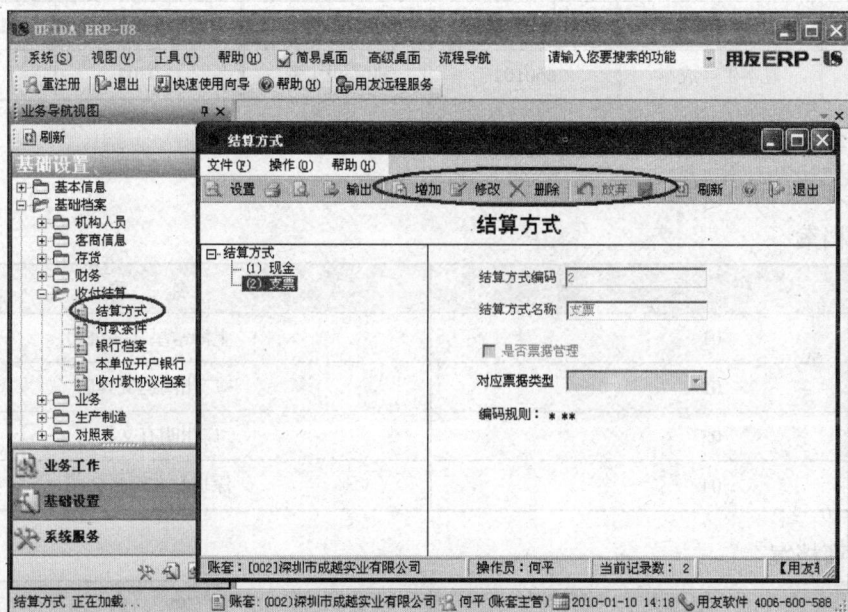

图 2-15

（2）结算方式的设置与客户分类设置类似，设置时应注意结算方式的编码规则。

> **注** 如果勾选"是否票据管理"项，则在执行该种结算方式时，系统会提示记录发生该笔业务的票据信息，否则不会提示。

课后练习 基础资料设置

1. 币别：USD，美元，汇率6.30

2. 会计科目档案

科目代码	科目名称	科目代码	科目名称	科目代码	科目名称
100101	人民币	50010101	直接材料	660201	差旅费
100102	美元	50010102	直接人工	660202	业务招待费
100201	招行319本币	50010103	制造费用转入	660203	办公费
100202	建行712美元	510101	房租水电费	660204	管理员工资

科目代码	科目名称	科目代码	科目名称	科目代码	科目名称
160101	办公设备	510102	折旧费	660205	折旧费
160102	生产设备	510103	员工工资	660206	其他
160103	运输车辆	660101	差旅费	660207	坏账损失
400101	王齐龙	660102	业务招待费	660301	利息
400102	何小川	660103	折旧费	660302	银行手续费
500101	基本生产成本	660104	业务员工资	660303	调汇

3. 凭证字：记

4. 结算方式：JF06 转账支票

5. 客户档案

代　　码	名　　　称
01	上海常星礼品公司
02	广州鸿运文具店
03	广州明有文具店
04	深圳长友网络公司

6. 供应商档案

代　　码	名　　　称
01	广州浩友塑胶制品厂
02	广州书名文具厂
03	广州唯安包装公司
04	广州顺利货运公司

7. 部门档案

代　码	名　　称
01	总经办
02	财务部
03	销售部
04	采购部
05	仓库
06	生产部
07	品管部
08	行政部

8. 职员档案

代　码	姓　名	部　门
01	何小川	总经办
02	贺君兰	财务部
03	李丽	财务部
04	王力保	销售部
05	叶小英	采购部
06	谭艳	仓库
07	唐友利	生产部
08	王宝强	生产部
09	袁有	生产部
10	李丰富	生产部
11	张先	品管部
12	谢至星	行政部

第3章 固定资产管理系统

概述

固定资产是保证企业正常运作的物质条件。核算单位经常要为固定资产制作固定资产卡片，对其基本信息、附属设备、修理记录、转移、停用和原值变动等内容随时进行记录。

用友 U8（V8.72）的固定资产管理系统中固定资产以卡片形式登记，可以处理固定资产的维修、自动计提折旧、部门转移等业务，处理一个固定资产多部门使用的情况，固定资产卡片还可以关联图片，进行固定资产查询管理，固定资产的各种业务处理（如固定资产购进、折旧和报废等）会自动生成记账凭证并将其传递到总账管理中。固定资产卡片还可以为成本核算系统提供资产的折旧信息。

固定资产业务流程如图 3-1 所示。

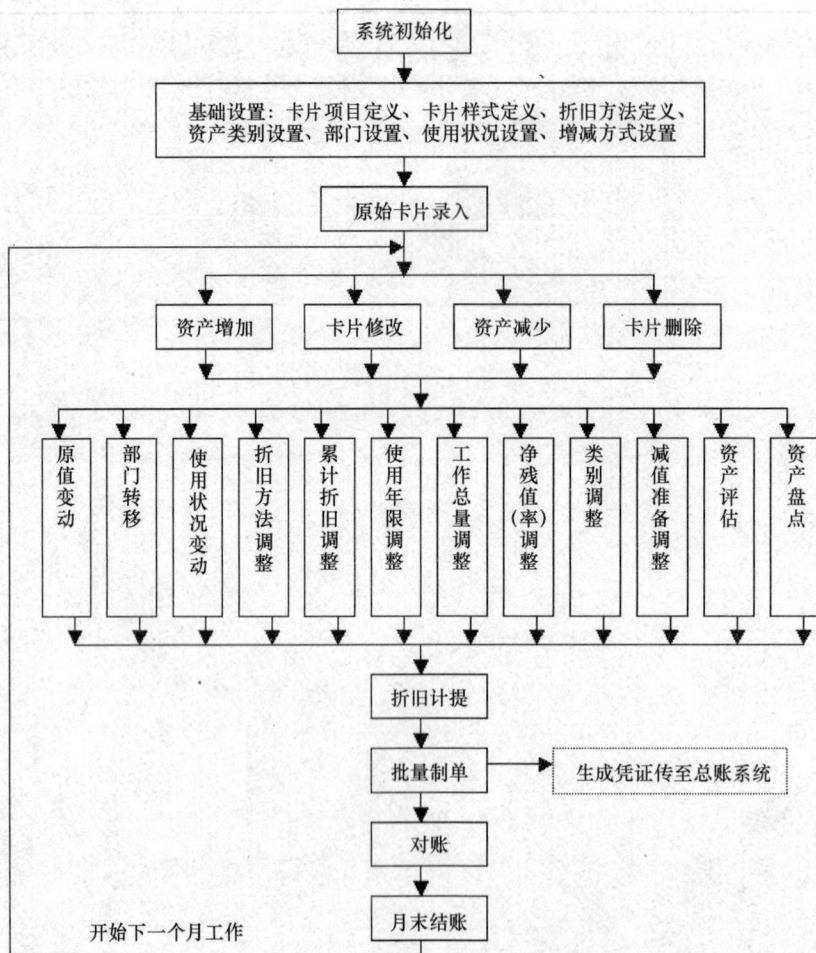

图 3-1

教学建议

建议本章讲授 3 课时，上机实验 3 课时。

实验一 固定资产初始化设置

实验准备

导入本书第 2 章完成之后的备份账套，2010 年 1 月 1 日以"陈静"身份注册登录 002 账套，打开"UFIDA-ERP"操作平台。

实验要求

学会固定资产系统的初始化设置，录入固定资产原始卡片。

实验资料

参见表 3-1 至表 3-6。

表 3-1　　　　　　　　　　　部门对应折旧科目

部门编码	部门名称	折旧科目
1	总经办	660206，折旧费
2	财务部	660206，折旧费
3	销售部	660103，折旧费
4	采购部	660206，折旧费
5	工程开发部	660206，折旧费
6	PMC 部（计划部）	660206，折旧费
7	货仓	660206，折旧费
8	生产部	510103，折旧费
9	行政人事部	660206，折旧费

表 3-2　　　　　　　　　　　固定资产类别

编　　码	类别名称	折旧方法
01	办公设备	平均年限法（一）
02	车辆	平均年限法（一）
03	其他	工作量法

表 3-3　　　　　　　2010 年 1 月 1 日原始固定资产卡片 1

基本信息		部门及其他		原值与折旧	
资产类别	办公设备	固定资产科目	1601	币别	人民币
资产编码	01001	累计折旧科目	1602	原币金额	3500

续表

基本信息		部门及其他		原值与折旧	
名称	联想电脑1	使用部门	总经办	开始使用日期	2009-03-12
计量单位	台	折旧费用科目	660206	预计使用期间数	36个月
数量	1			已使用期间数	7
入账日期	2009-03-12			累计折旧	500
存放地点	总经理办公室			预计净残值	200
使用状况	在用			折旧方法	平均年限法（1）
变动方式	购入				

表3-4　　　　　　　2010年1月1日原始固定资产卡片2

基本信息		部门及其他		原值与折旧	
资产类别	办公设备	固定资产科目	1601	币别	人民币
资产编码	01002	累计折旧科目	1602	原币金额	3500
名称	联想电脑2	使用部门	财务部	开始使用日期	2009-03-12
计量单位	台	折旧费用科目	660206	预计使用期间数	36个月
数量	1			已使用期间数	7
入账日期	2009-03-12			累计折旧	500
存放地点	财务办公室			预计净残值	200
使用状况	在用			折旧方法	平均年限法（1）
变动方式	购入				

表3-5　　　　　　　2010年1月1日原始固定资产卡片3

基本信息		部门及其他		原值与折旧	
资产类别	办公设备	固定资产科目	1601	币别	人民币
资产编码	01003	累计折旧科目	1602	原币金额	3500
名称	联想电脑3	使用部门	工程开发部	开始使用日期	2009-03-12
计量单位	台	折旧费用科目	660206	预计使用期间数	36个月
数量	1			已使用期间数	7
入账日期	2009-03-12			累计折旧	500
存放地点	工程部办公室			预计净残值	200
使用状况	在用			折旧方法	平均年限法（1）
变动方式	购入				

表3-6　　　　　　　2010年1月1日原始固定资产卡片4

基本信息		部门及其他		原值与折旧	
资产类别	车辆	固定资产科目	1601	币别	人民币
资产编码	02001	累计折旧科目	1602	原币金额	119000
名称	金杯汽车	使用部门	人事行政部50%、财务部50%	开始使用日期	2009-07-1
计量单位	台	折旧费用科目		预计使用期间数	90个月

续表

基本信息		部门及其他	原值与折旧	
数量	1		已使用期间数	5
入账日期	2009−07−1		累计折旧	6427.6
存放地点	车库		预计净残值	15000
使用状况	正常使用		折旧方法	平均年限法（1）
变动方式	购入			

实验指导

3.1 | 固定资产初始化设置

初始化设置是使用固定资产管理系统的前提条件，直接关系到固定资产管理系统的日后使用和业务点控制便利与否。初始化设置时要建立基础档案，将原始卡片录入到固定资产管理系统中。初始化设置是首次使用固定资产管理系统时不可缺少的操作。

3.1.1 进入固定资产

（1）如果是第一次进入固定资产模块，系统将提示是否进行初始化，如图 3-2 所示。

（2）单击"是"按钮，系统弹出"固定资产初始化向导"界面，进入"1.约定及说明"界面，如图 3-3 所示。

（3）仔细阅读约定及说明，然后选择"我同意"项，单击"下一步"按钮进入"2.启用月份"界面，如图 3-4 所示，系统以账套启用月份开始计提折旧，以此月之前的固定资产作为期初值。账套启用月份的修改需要到固定资产系统启用设置中进行。

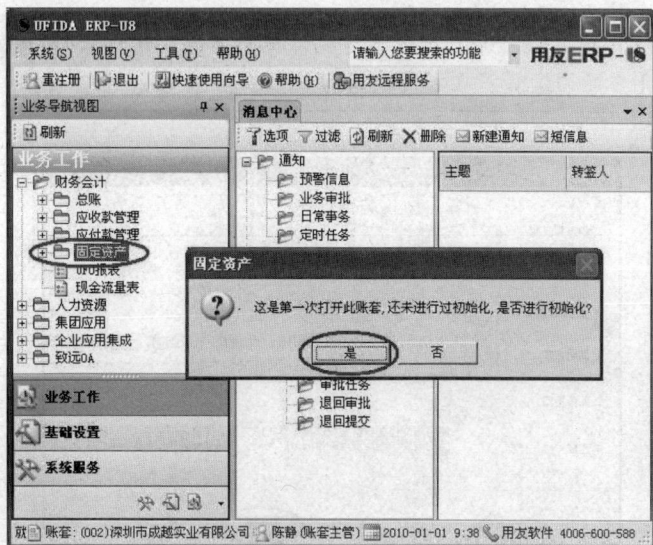

图 3-2

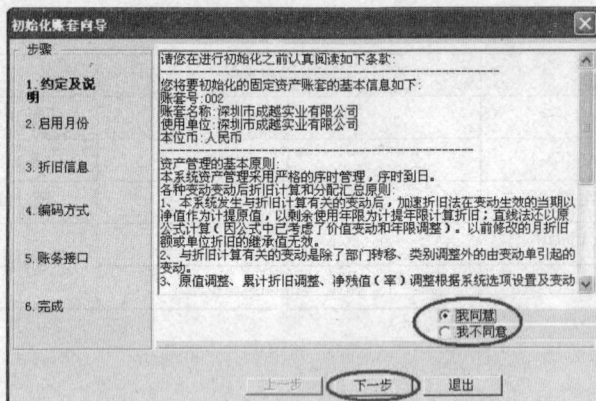

图 3-3

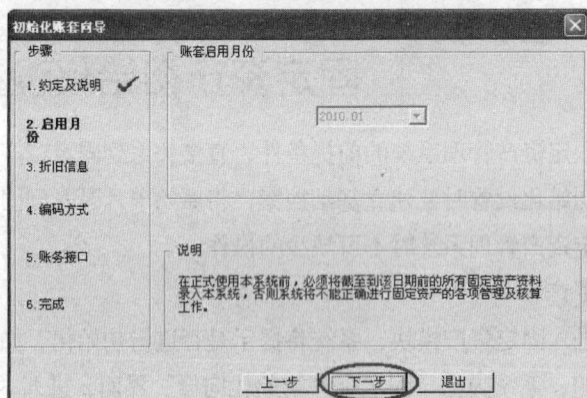

图 3-4

（4）单击"下一步"按钮进入"3.折旧信息"界面，如果不勾选"本账套计提折旧"，系统将不予计提折旧，如果勾选本账套计提折旧，则要选择本账套主要折旧方法，选择折旧汇总分配周期（一般为1个月），用户还可以根据核算单位的实际情况来进行其他设置，如图3-5所示。

提示　　　有的核算单位的固定资产是不需要计提折旧的，比如大部分的行政单位，另外有部分事业单位的固定资产也不计提折旧。

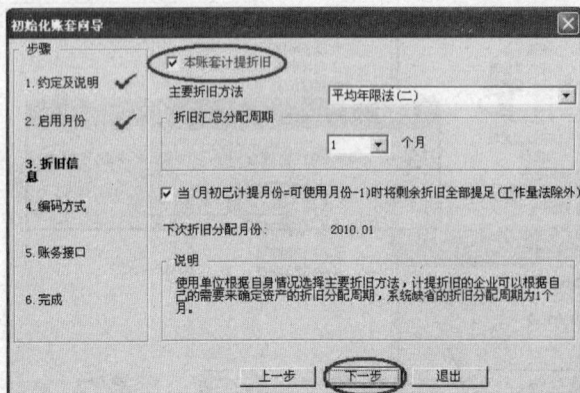

图 3-5

（5）单击"下一步"按钮进入"4.编码方式"界面，在此设置"资产类别编码方式"（如"2-1-1-2"）和"固定资产编码方式"（手工输入或自动编码，选择自动编码之后，还可以选择自动编码的方式），如图 3-6 所示。

> **说明**　　类别编码方式设定后，如果某一级的编码在设置类别时被使用，则类别编码方式不能修改，未使用的类别可以修改。自动编码方式一经设定、使用，就不能再修改。

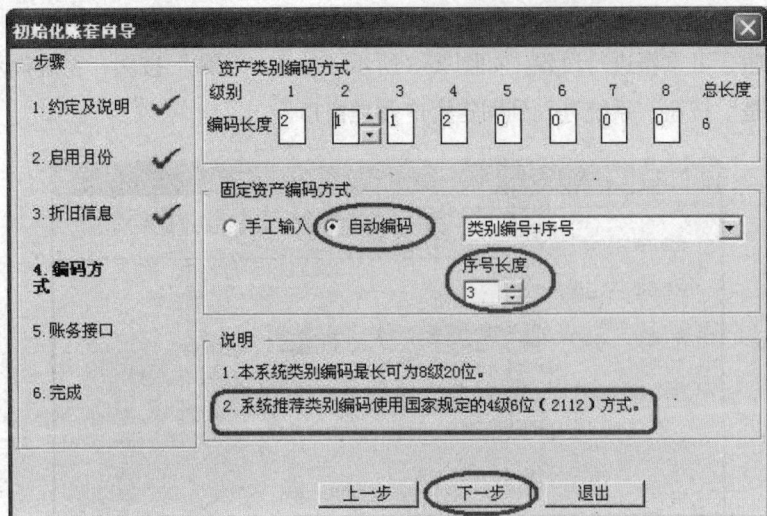

图 3-6

（6）单击"下一步"按钮进入"5.账务接口"界面，单击"固定资产对账科目"文本框和"累计折旧对账科目"文本框右侧按钮，便可向财务系统（总账）传输数据，这样可进行固定资产核算业务的自动转账工作，如图 3-7 所示。建议不勾选"在对账不平情况下允许固定资产月末结账"选项。

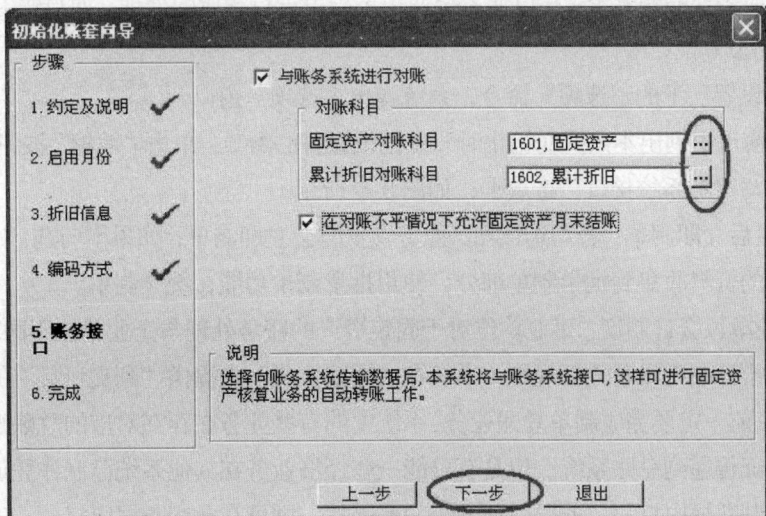

图 3-7

（7）单击"下一步"按钮进入"6.完成"界面，系统列出本次初始化结果。如果希望修改，单击"上一步"按钮，可重新进行设置，如图3-8所示，单击"完成"按钮，系统提示是否保存初始化设置，单击"是"按钮，系统进入到固定资产管理窗口。

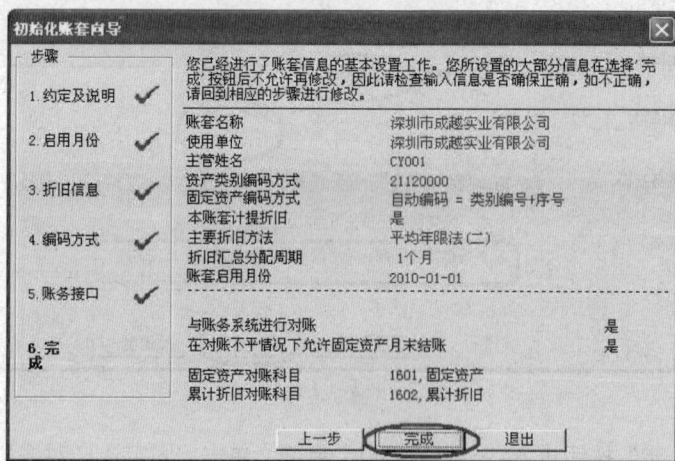

图3-8

3.1.2　选项设置

选项设置中包括账套初始化时设置的参数和其他一些在账套运行中使用的参数或判断。在运行本系统前，设置所需要的账套参数，以便系统使用过程中进行相应的处理，如与账务（即总账系统）接口和折旧方法处理。

（1）单击"设置"下的"选项"命令，系统弹出"选项"窗口。

（2）在选项窗口中列出本系统初始化时一些已设置好的参数，单击"编辑"按钮进行参数设置。

（3）单击"与财务系统接口"选项卡，如图3-9所示。

● 业务发生后立即制单：若勾选该项，业务发生时会立即制单；如果不勾选，则系统将把没有制单的原始单据的资料收集到批量制单部分，使用批量制单功能，统一制单。

● 执行事业单位会计制度：事业单位对于固定资产的账务处理与企业单位不同。勾选此项，可以根据事业单位会计制度设置凭证规则（系统在"增减方式"中提供"列支科目"的选择）。

● 月末结账前一定要完成制单登账业务：系统中的有些业务在存在对应的总账账套的情况下应制作凭证，把凭证传递到总账系统。但是有可能一些经济业务在其他系统已制作凭证，为避免重复制单，可不在此判断框内打勾。若要保证系统的严谨性，则可在此判断框内打勾，表示一定要完成应制作的凭证。如有没有制作的凭证，本期间不允许结账。

● 按资产类别设置缺省科目：勾选该项，则"固定资产对账科目"和"累计折旧对账科目"可以多选，但最多能选 10 个；同时，可以在"资产类别"中录入"缺省入账科目"。

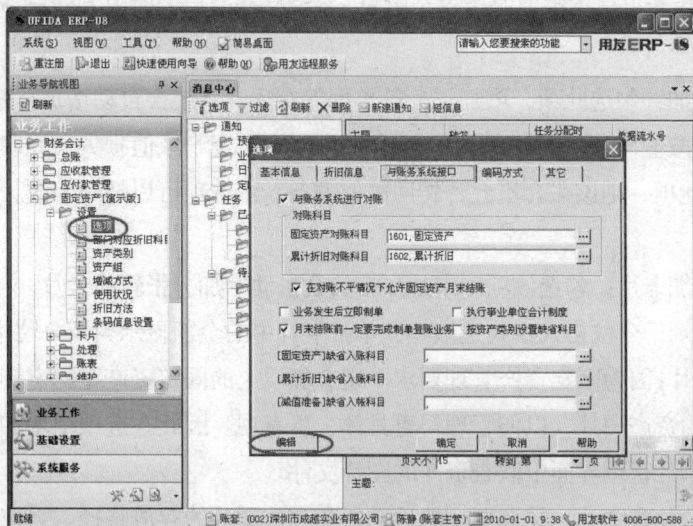

图 3-9

> **注意**　　若在资产类别中设置了缺省入账科目，则在生成凭证时根据卡片所属末级资产类别带出相应的科目；若在资产类别中没有设置缺省入账科目，则在生成凭证时带出选项中设置的缺省入账科目。

● 固定资产缺省入账科目、累计折旧缺省入账科目、减值准备缺省入账科目：固定资产系统制作记账凭证时，凭证中上述科目的缺省值将由此设置确定，当这些设置为空时，凭证中缺省科目为空。

（4）在"其他"选项卡中，可勾选"卡片关联图片"选项，然后指定固定资产中的图片文件存放路径（如将固定资产的图片放在"E:\何平\固定资产图片"文件夹中），如图 3-10 所示。

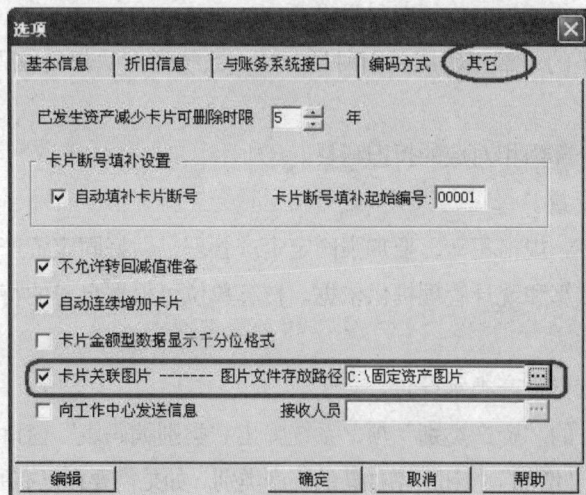

图 3-10

● 已发生资产减少卡片可删除时限：根据制度规定已清理资产的资料应保留 5 年，所以系统设置了该时限，默认为 5 年，只有 5 年后才能将相关资产的卡片和变动单删除（删除指从系统的数据库中彻底删除）。使用者可根据需要修改这个时限，系统按修改后的时限判断已清理资产的卡片和变动单能否删除。

● 自动连续增加：勾选此项，增加卡片等单据保存后，系统会自动增加一张新的单据。

● 不允许转回减值准备：2007 年企业会计准则规定，资产减值损失一经确认，在以后会计期间不得转回。选择此项，则该账套不允许转回减值准备。本选项可以随时修改，新建账套中该选项默认选中。

● 自动连续增加卡片：勾选该项，卡片保存后会自动增加一张新的卡片。

● 卡片金额显示千分位格式：勾选该项，单张卡片中的金额显示为千分位格式。

● 卡片关联图片：因为固定资产管理要求一定金额以上的固定资产在固定资产卡片中能联查扫描或数码相机生成的资产图片，以便管理得更具体、更直观。因此在选项中增加固定资产卡片联查图片功能，允许在卡片管理界面中联查资产的图片文件。

首先勾选"卡片关联图片"复选框，然后选择要存放图片的存放路径。系统自动查询用户选择的图片文件存放路径中，对应固定资产卡片编号（不是固定资产编号）的图片文件，图片文件可以保存为*.JPG、*.BMP、*.GIF、*.DIB 等多种图片格式。在卡片管理时增加显示"图片"按钮，单击该图标可以显示固定资产实物图片；或右键单击"显示图片预览"显示资产图片。

● 向工作中心发送信息：勾选该项，当固定资产系统内业务单据（原始卡片、新增资产、变动单）保存时、资产减少成功时向所工作中心发送信息。

3.1.3 部门对应折旧科目设置

固定资产计提折旧后需把折旧归入成本或费用，根据核算单位的需求按部门或按类别归集。当按部门归集折旧费用时，某一部门所属的固定资产折旧费用将归集到一个固定的科目。部门对应折旧科目设置就是为部门选择一个折旧科目，录入卡片时，该科目自动显示在卡片中，而不必一个个输入，这样可提高工作的效率。在生成部门折旧分配表时每一部门按折旧科目汇总，生成记账凭证。

参照本节实验资料进行部门对应折旧科目设置。

（1）单击"设置"下的"部门对应折旧科目"项，系统弹出"部门编码表"窗口，如图 3-11 所示。

（2）在此设置每一个部门相对应的折旧科目。

3.1.4 资产类别设置

固定资产的种类繁多，规格不一，要加强固定资产管理，做好固定资产核算，必须建立科学的固定资产分类体系，为核算和统计管理提供依据。核算单位可根据自身的特点和管理要求，确定一个较为合理的资产分类方法。

参照本节实验资料进行资产类别设置。

（1）单击"设置"下的"资产类别"项，系统弹出"类别编码表"窗口。

（2）单击工具栏中的"增加"按钮，增加新的资产类别。如果需要在已有的资产类别下再分类，则需要先选中该分类，再单击"增加"按钮，如图 3-12 所示。设置完毕单击"保存"按钮保存新增数据。

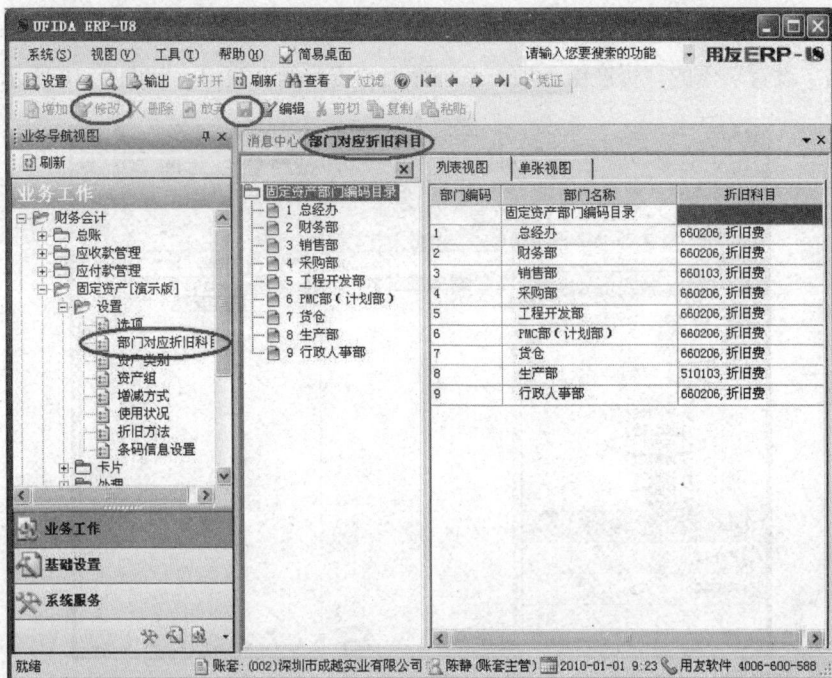

图 3-11

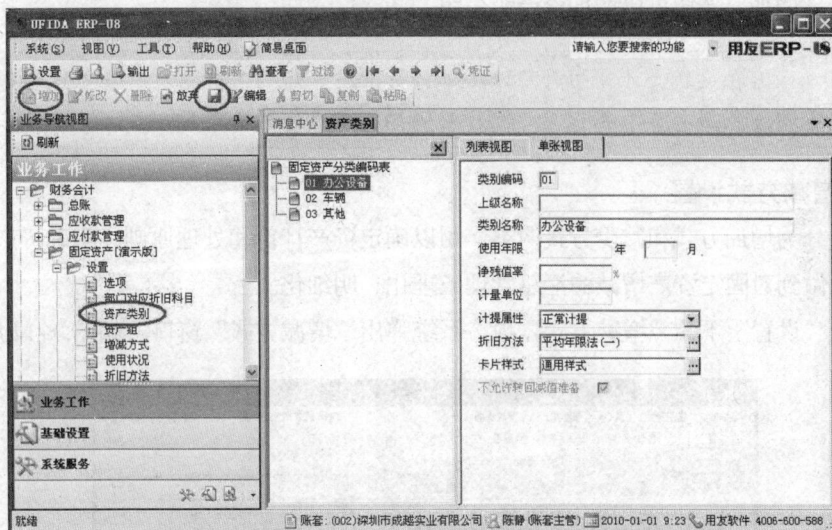

图 3-12

> 注　如是没有资产类别选择工作量法折旧，则不能使用。
> 　如果该类别在增加固定资产卡片时已引用，则其类别下不能再增加新类别。

3.1.5　资产组

　　资产组是企业可以认定的最小资产组合，区分的依据是可以产生独立的现金流入。如我们可以把同一个生产线中的资产划分为一个资产组。资产组与固定资产类别不同，同一资产组中的资产可以分属不同的固定资产类别。在计提减值准备时企业有时需要以资产组为单位进行计提。企业可根据自身管理要求确定合理的资产组分类方法。

（1）单击"设置"下的"资产组"项，系统弹出"资产组"窗口，如图3-13所示。

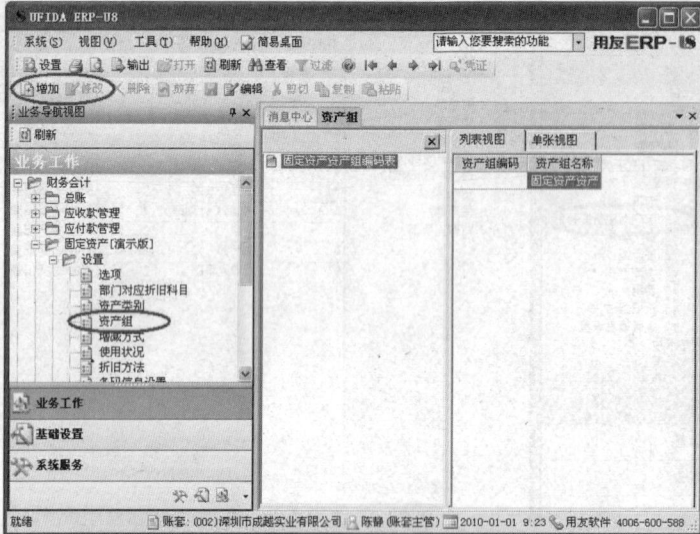

图3-13

（2）单击"增加"按钮可以增加资产组名组。

提示　　　　只有在最新会计期间时可以增加，月末结账后则不能增加；资产组编码不能重复，同级的资产组名称不能相同；资产组编码、资产组名称不能为空。

3.1.6　增减方式设置

增减方式分为增加方式和减少方式两类，用以确定资产计价和处理原则，明确资产的增加或减少方式，可以做到对固定资产增减的汇总管理条理化、明细化。

（1）单击"设置"下的"增减方式"项，系统弹出"增减方式"窗口，如图3-14所示。

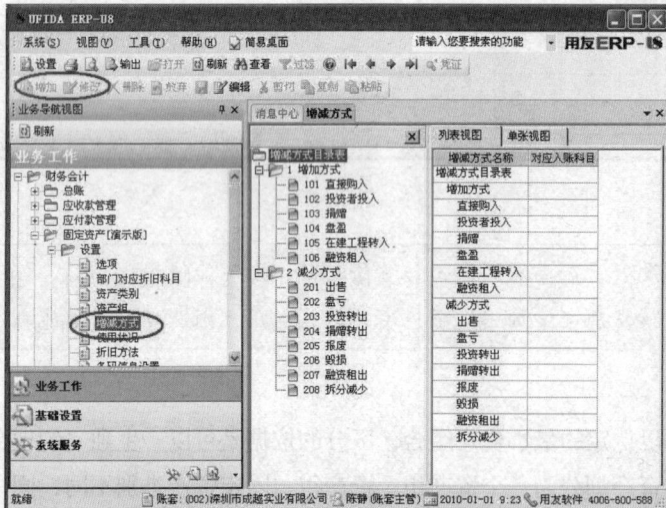

图3-14

（2）可以选择系统默认的增减方式，也可以从"增减方式目录表"中选择"增加方式"或"减少方式"，然后单击工具栏中的"增加"按钮，输入新增方式的名称和对应入账科目。单击工具栏中的"删除"按钮可以删除原来已有的设置。单击工具栏中的"保存"按钮保存设置。

> **注** 不能删除已使用（被录入固定资产卡片时选用）的增减方式，不能删除非明细级方式，不能修改和删除系统默认的增减方式中"盘盈、盘亏、毁损"，因为本系统提供的报表中有固定资产盘盈、盘亏报告表。

3.1.7 使用状况设置

明确资产的使用状况，可以正确地计算和计提折旧，另一方面也便于统计固定资产的使用情况，提高资产的利用效率。使用状况主要有在用、季节性停用、经营性出租、大修理停用、不需用和未使用等。

（1）单击"设置"下的"使用状况"项，系统弹出"使用状况"窗口，如图3-15所示。

（2）选定一种使用状况。可以是系统默认的使用状况，也可以单击"增加"、"修改"或"删除"按钮进行重新设置，最后单击"保存"按钮保存设置。

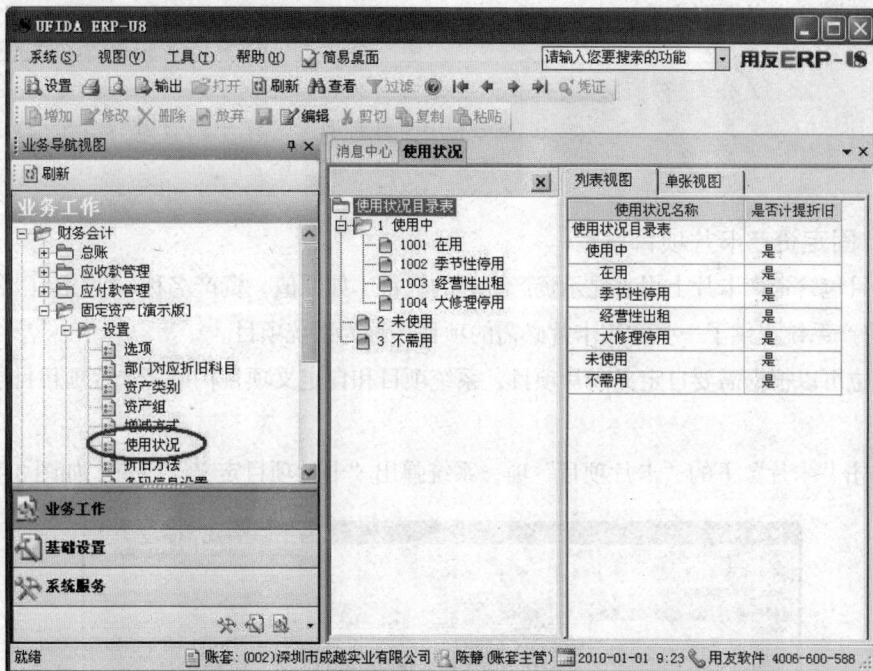

图3-15

3.1.8 折旧方法设置

折旧方法设置是系统自动计算折旧的基础。系统给出了常用的5种方法，即不提折旧、平均年限法（一和二）、工作量法、年数总和法和双倍余额递减法，并列出了它们的折旧计算公式。这几种方法是系统默认的折旧方法，不能删除和修改。核算单位也可以根据需要来自定义折旧方法，操作步骤如下。

（1）单击"设置"下的"折旧方法"选项，系统弹出"折旧方法"窗口，该窗口列出已有的折旧方法，如图 3-16 所示。

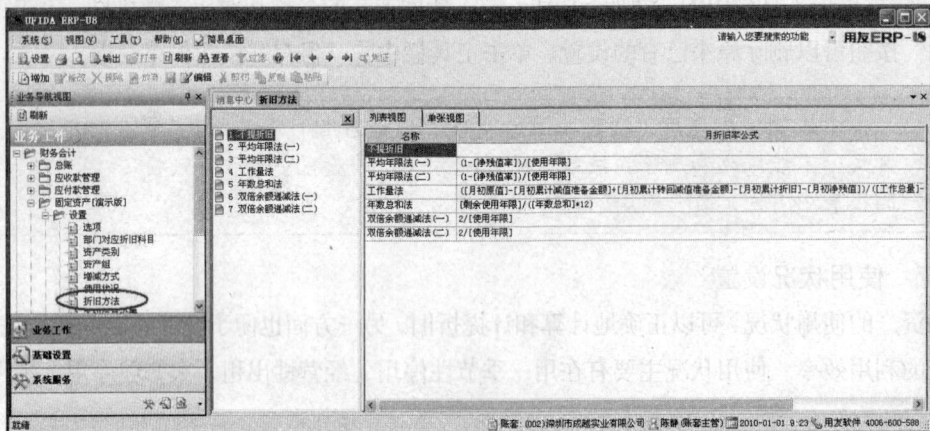

图 3-16

（2）单击工具栏中的"删除"按钮可以删除所选定的折旧方法。单击工具栏中的"修改"按钮可以对所选定的折旧方法进行修改。单击工具栏中的"增加"按钮，系统弹出"折旧方法定义"窗口，在此可新增自定义折旧方法。

> 注   自定义公式中所包含的项目只能是自定义窗口左侧给定的项目，定义月折旧率和月折旧额公式时必须有单向包含关系，即月折旧额公式中包含月折旧率项目，或月折旧率公式中包含月折旧额项目，但不能同时互相包含。

3.1.9 固定资产卡片项目设置

卡片项目包含资产卡片上用来显示资产资料的栏目（如原值、资产名称、使用年限和折旧方法等）。固定资产系统提供了一些常用卡片必需的项目，称为系统项目。

核算单位可以根据需要自定义卡片项目，系统项目和自定义项目构成了卡片项目目录，定义方式如下。

（1）单击"卡片"下的"卡片项目"项，系统弹出"卡片项目定义"窗口，如图 3-17 所示。

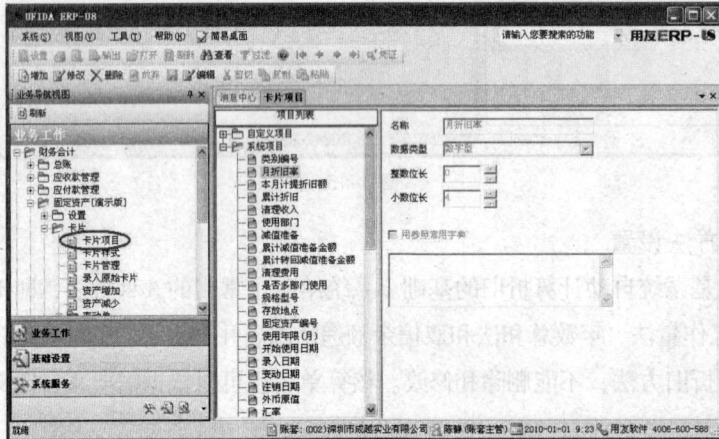

图 3-17

（2）单击工具栏上的"增加"按钮增加新项目，录入新增项目的名称、数据类型等信息。在"项目列表"中单击选中项目，然后单击工具栏上的"修改"按钮可对项目进行修改。在"项目列表"中单击选中项目，单击工具栏上的"删除"按钮可以删除选中的项目。

（3）最后单击"保存"按钮保存设置。

3.1.10　卡片样式定义

卡片样式指固定资产卡片的整体外观，包括格式（表格线、对齐形式、字体大小、字型等）、项目和项目的位置。各核算单位需求不同，所要求的卡片样式可能也不同，所以系统提供卡片样式定义功能（也可以修改默认的样式）。

（1）单击"卡片"下的"卡片样式"选项，系统弹出"卡片样式管理"窗口，如图 3-18 所示。

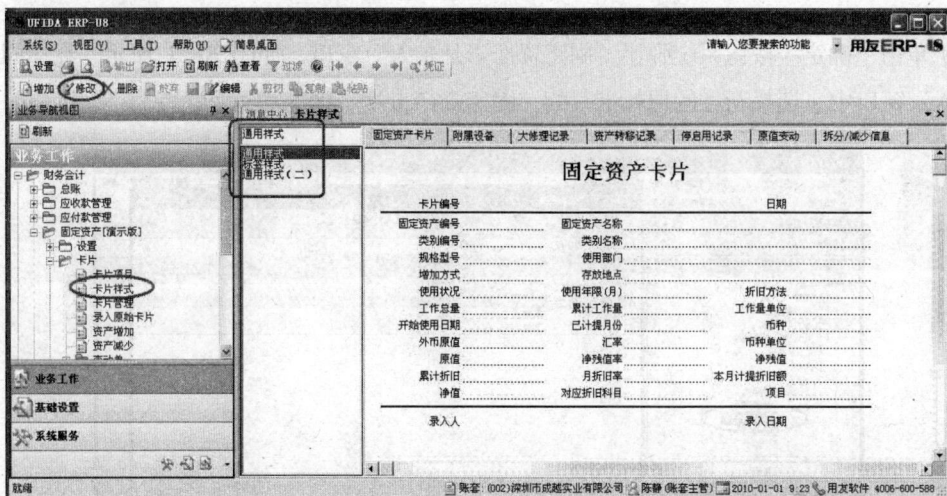

图 3-18

（2）系统提供一个通用样式，可以单击工具栏中的"修改"按钮对通用样式进行修改；也可以单击工具栏中的"增加"按钮增加新的卡片样式，系统提示"是否以当前卡片样式为基础建立新样式"，单击"是"按钮即可按照通用格式增加新的卡片样式，如图 3-19 所示。

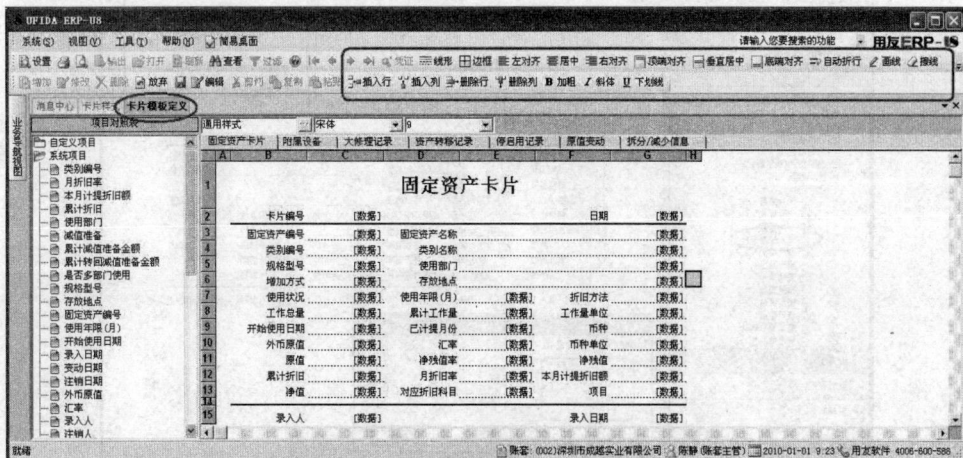

图 3-19

（3）单击工具栏上的"编辑"按钮对卡片上的项目进行修改，也可以用选定具体的卡片项目，然后单击鼠标右键，在弹出的菜单列表中对该卡片项目进行具体设置。

（4）最后给修改完成的卡片模板定义一个新的模板名，单击工具栏上的"保存"按钮保存模板。

3.1.11 录入原始卡片

固定资产卡片是固定资产核算和管理的依据，在使用固定资产系统进行核算前，除了前面必要的基础设置工作外，还必须将建账日期以前的数据录入到系统中，保持历史资料的连续性。原始卡片录入不用必须在第一个会计期间结账前完成，任何时候都可以录入。

参照本节实验资料录入原始卡片。

（1）单击"卡片"下的"录入原始卡片"选项，选择增加的卡片类别"01 办公设备"，如图 3-20 所示。

（2）单击"确定"按钮系统弹出"固定资产卡片录入"窗口，如图 3-21 所示，在"固定资产卡片录入"窗口中，选择新增的原始卡片的"固定资产卡片"标签。

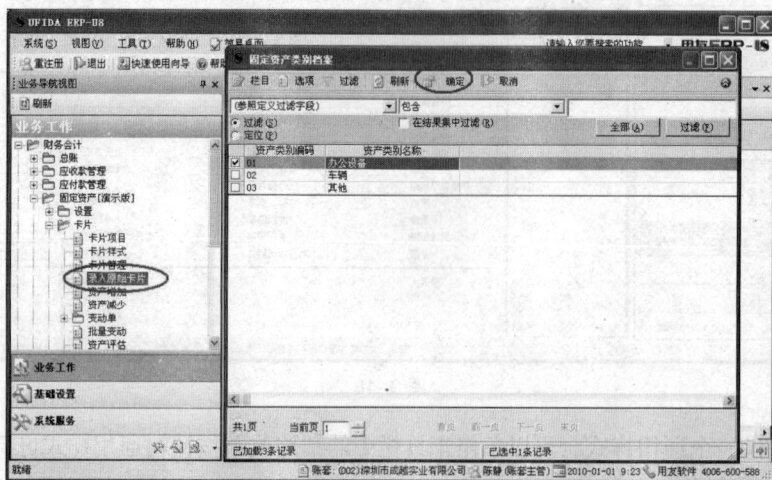

图 3-20

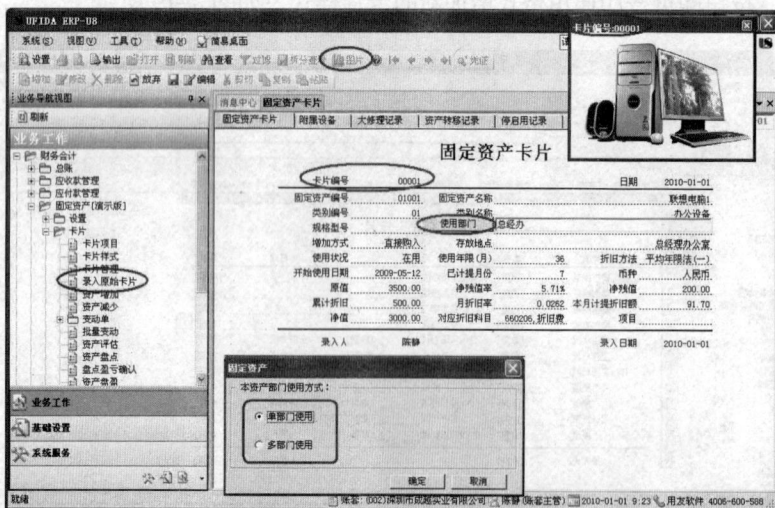

图 3-21

（3）在各项目中录入联想电脑的原始卡片信息和一些主要项目的说明。当光标位于该项目时，按 F1 键可得到随机帮助。

（4）单击选择其他标签页（如"附属设备"页、"大修理记录"页等），可输入该资产的附属设备和该资产以前发生的各种变动，附属标签页上的信息只供参考，不参与计算。

（5）单击工具栏上的"图片"按钮，可以联查到与本固定资产相对应的图片。如果没有设置图片查询，"图片"按钮不会显示。用户应该先将一张与本卡片中的固定资产对应的图片存入联想电脑"C：\固定资产图片"文件夹中，并将该图片文件的文件名更改为与本卡片中的卡片编号（不是固定资产编号）一致。

（6）单击"使用部门"时，可以选择是单部门使用还是多部门使用，如果是多部门使用，系统会弹出"使用部门"窗口，设置各部门的折旧分摊比例，如图 3-22 所示。

（7）最后单击工具栏中的"保存"按钮，保存录入的卡片。然后录入实验资料中的其他原始卡片数据。

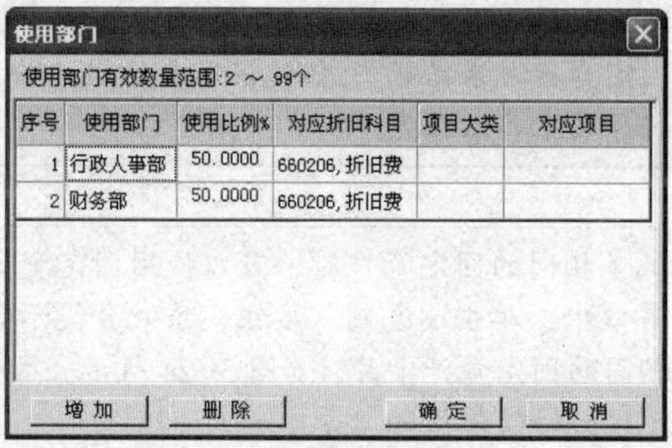

图 3-22

（8）原始卡片录入完毕，执行固定资产与总账系统对账，展开固定资产系统中的"处理"菜单，选择"对账"命令，系统弹出对账结果，如图 3-23 所示。

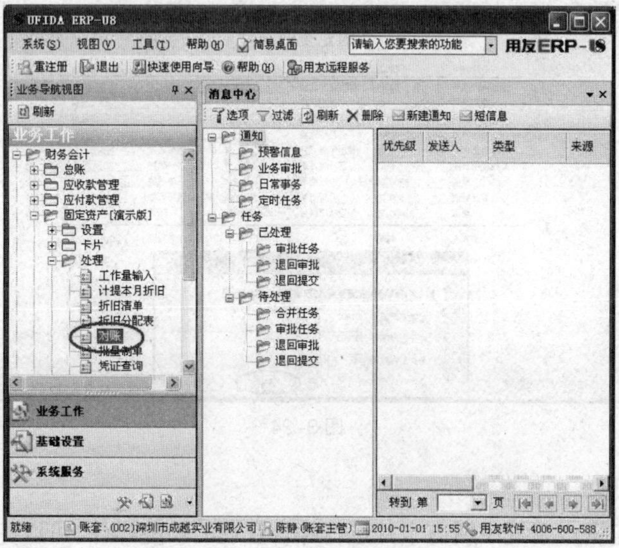

图 3-23

注　当一个固定资产为多部门使用时，部门数在 2～20 之间。

系统根据初始化时设置的编码方案对卡片自动编号，不能修改，如果删除了其中一张卡片，且不是最后一张，则系统将保留其空号。与计算折旧有关的项目录入后，系统会按照输入的内容将本月应提的折旧额显示在"月折旧额"项目内，可将该值与手工计算的值比较，看是否有录入错误。

其他标签页的内容只是为了管理卡片，不参与计算。除附属设备外，其他内容除"备注"外，均由系统自动生成，在录入月结账后不能修改和输入。

原值、累计折旧、累计工作量中录入的一定是卡片录入月月初的价值，否则将会出现计算错误；已计提月份必须严格按照该资产已经计提的月份数填写，不应包括使用期间停用等不计提折旧的月份，否则不能正确计算折旧。

与总账系统对账结果不平衡，则要仔细检查一下是否有录错，或漏录固定资产原始卡片，直到平衡为止。

原始卡片也可以在后期工作中录入，如果有这种情况，则在此与总账系统的对账结果是不平衡的，也没有关系，则需要在固定资产系统的选项设置中勾选"在对账不平的情况下允许固定资产月末结账"，但建议不要使用这种方法，最好还是在启用固定资产后，一次性将原始卡片录入完毕。

提示　如果要处理批量相同的固定资产时，可以使用固定资产卡片复制功能。在固定资产卡片修改状态窗口中，单击"复制"按钮，系统会提示将当前的固定资产卡片按照需求复制成多张相同的固定资产卡片，如图 3-24 所示。然后对所复制的固定资产卡片按需要进行修改（比如修改使用部门等信息）。

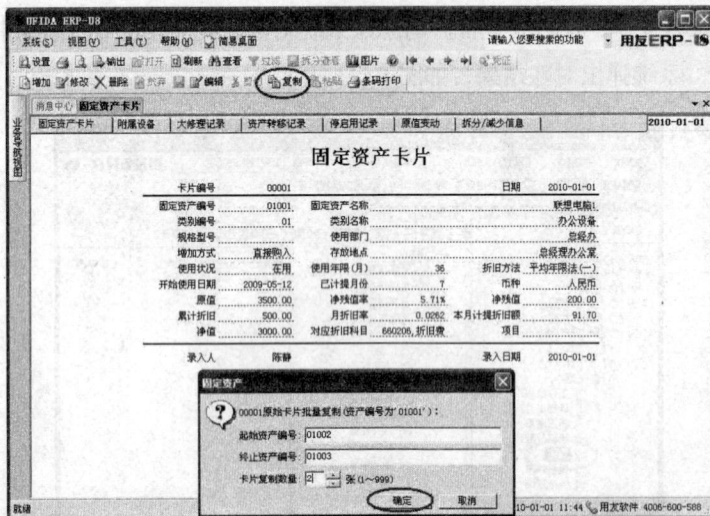

图 3-24

3.1.12　卡片管理

卡片管理是对固定资产系统中所有卡片进行综合管理的功能操作，可以完成固定资产卡片查询、修改、打印、联查图片等功能。

在固定资产管理系统中，展开"卡片"菜单，选择"卡片管理"命令，系统列出全部的固定资产卡片，如图 3-25 所示。

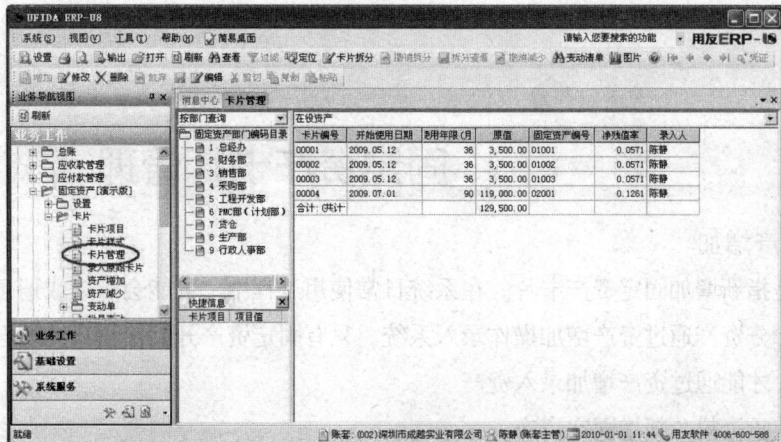

图 3-25

在此对卡片进行相应的查询、打印等管理操作。

实验二 固定资产卡片管理业务

实验准备

在本章实验一的基础上，2010 年 1 月 1 日以"陈静"身份注册登录 002 账套，打开"UFIDA-ERP"操作平台。

实验要求

学会固定资产的卡片管理，包括固定资产增加、减少、变动等处理。

实验资料

- 增加一固定资产

固定资产编号：0006

固定资产名称：IBM 笔记本

使用部门：销售部

增加方式：直接购入

使用年限：4 年

折旧方法：平均年限法（一）

开始使用日期：2010-1-1

原值：15000 元人民币

净残值率：5%

- 资产评估，固定资产 IBM 笔记本，评估其净值为 14000 元。

3.2 | 固定资产卡片管理

3.2.1 资产增加

资产增加是指新增加固定资产卡片。在系统日常使用过程中，可能会购进或通过其他方式增加企业资产，该部分资产通过资产增加操作录入系统。只有固定资产开始使用日期的会计期间等于录入会计期间时，才能通过资产增加录入资产。

参照本节实验资料，新增固定资产。

（1）单击"卡片"菜单中的"资产增加"选项，系统弹出"资产类别参照"窗口，如图 3-26 所示。

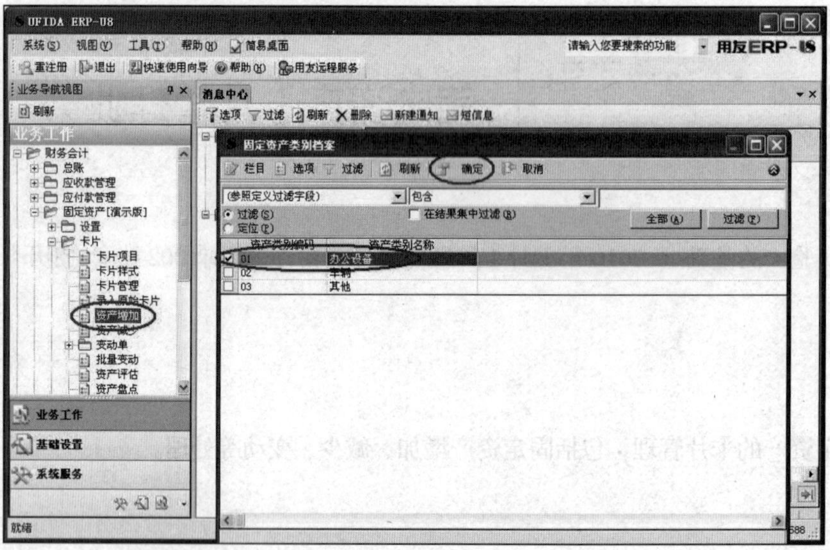

图 3-26

（2）选择需增加的固定资产类别"办公设备"，然后单击"确定"按钮，系统进入"固定资产卡片"窗口，如图 3-27 所示。

（3）依据卡片中的项目提示，依次录入新增固定资产相关信息，最后单击"保存"按钮保存录入数据。

注	因为是新增的固定资产，所以在进行固定资产的日期录入时，只能修改日，而不能修改年与月，新增的固定资产第一个月不计提折旧，所以为 0。
	对于固定资产多部门使用的情况，一般是指该固定资产没有单一的使用部门，所以该固定资产的折旧费用就由共同使用的部门来分摊。

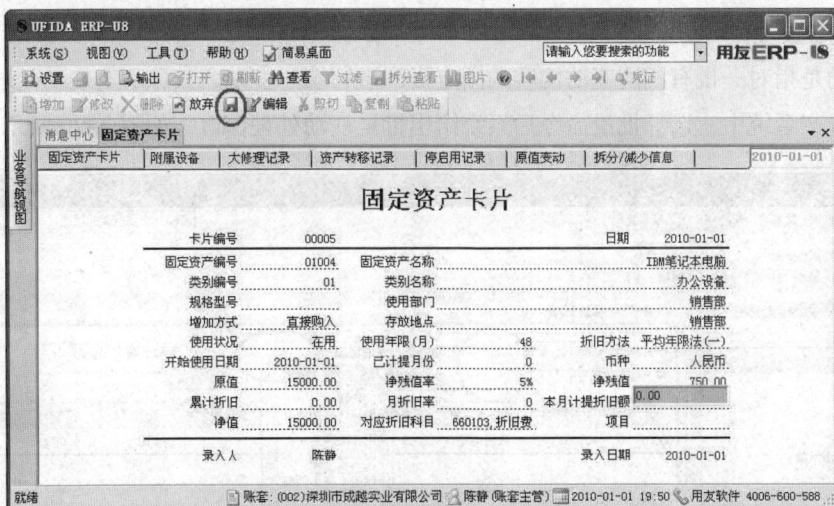

图 3-27

3.2.2 资产变动

资产变动方式包括原值增加、原值减少、部门转移、使用状况变动、折旧方法调整、使用年限调整、累计折旧调整、工作总量调整、净残值调整以及类别调整。

（1）单击"卡片"菜单下的"变动单"选项，在其中选择具体的变动方式，如"部门转移"，如图 3-28 所示。

（2）在所选定的固定资产变动单中修改需变动的内容，最后单击"保存"按钮进行保存。

提示	变动单不能修改，只有当月可删除重做，所以仔细确认后再保存。
	具体的变动方式中有一些需要注意的地方，如选择"部门转移"变动，则当月原始录入或新增的资产不允许做此种变动业务。
	在进行具体的变动操作时，请仔细看清楚帮助信息（在打开变动单后，按 F1 键）。

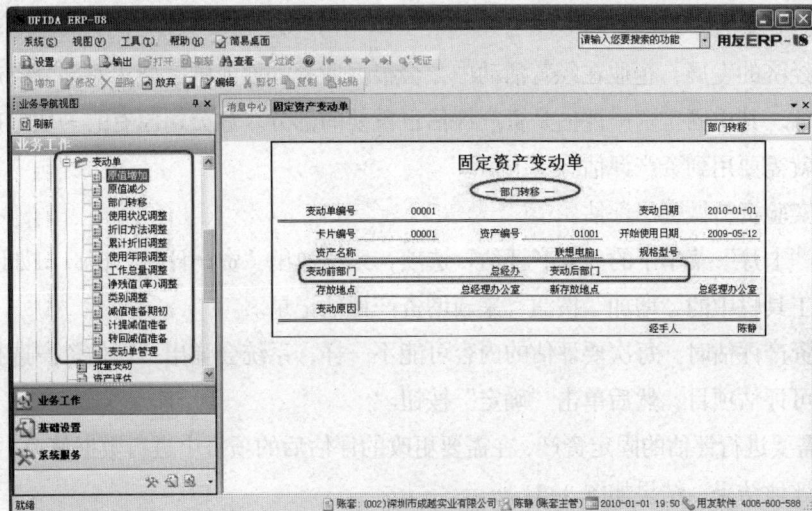

图 3-28

3.2.3 批量变动

批量变动是指对一批有相同变动内容的固定资产进行统一变动，其原理与变动处理一样。

在固定资产系统中，选择批量命令后系统给出批量变动处理窗口，如图3-29所示。

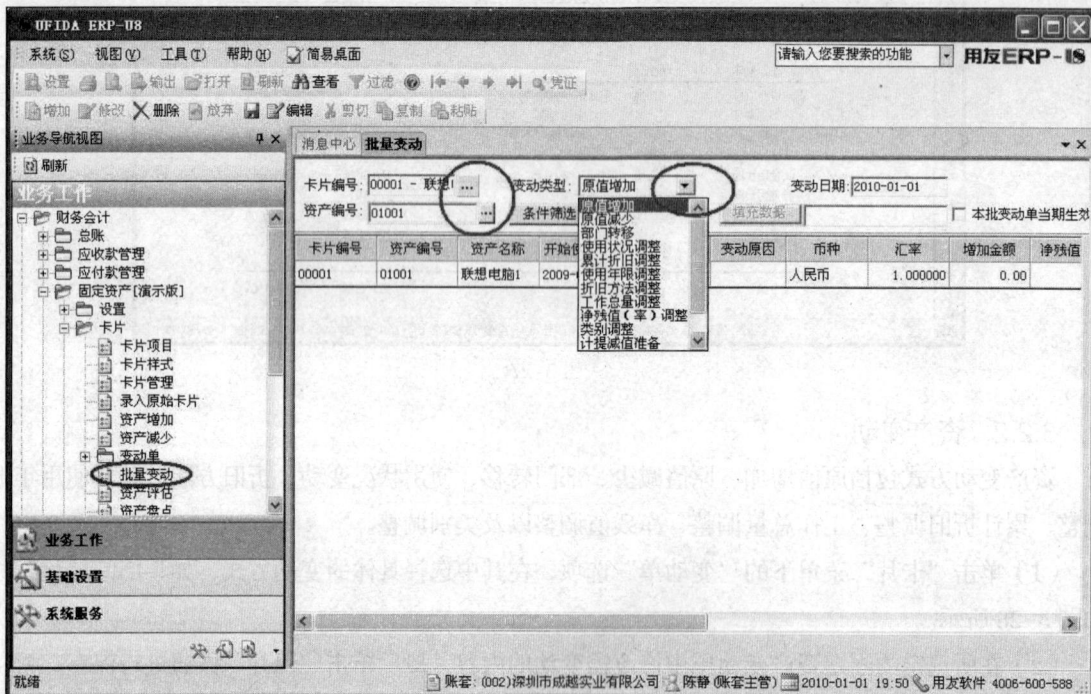

图3-29

选择变动类型，选择需要变动的固定资产，单击"保存"按钮可将需变动的资产生成变动单。

填充数据：可以对以下数据项统一填充变动数据，变动原因、净残值（率）调整单中的净残值率、使用年限调整单中的使用年限和类别调整单中的类别。先将焦点定位于可填充列，在"填充数据"后输入要统一变动的内容，单击"填充数据"按钮即可。

3.2.4 资产评估

随着市场经济的发展，企业在经营活动中，会根据业务需要或国家要求对部分资产或全部资产进行评估和重估，其中固定资产评估是资产评估很重要的部分。如公司原有的一块地皮，经过几年之后升值了，就需要用到资产评估。

参照本节实验资料做资产评估。

（1）单击"卡片"菜单下的"资产评估"选项，系统弹出"资产评估"窗口，如图3-30所示。

（2）单击工具栏中的"增加"按钮，来新增资产评估记录。

（3）进行资产评估时，每次要评估的内容可能不一样，系统会弹出"评估资产选择"窗口。

（4）勾选可评估项目，然后单击"确定"按钮。

（5）选择需要进行评估的固定资产，在需要更改的评估后的项目中进行数据修改，最后单击"保存"按钮保存评估结果，结果如图3-31所示。

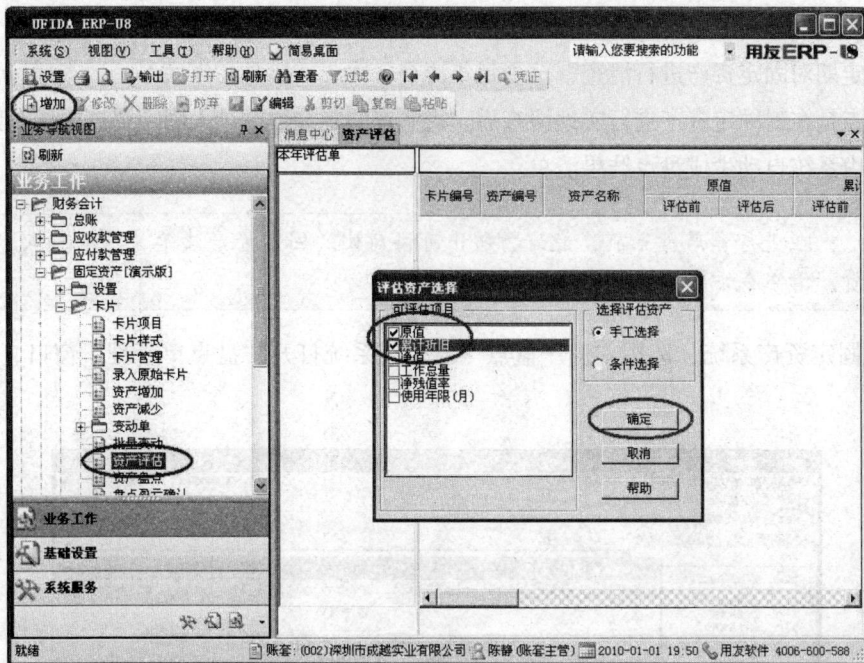

图 3-30

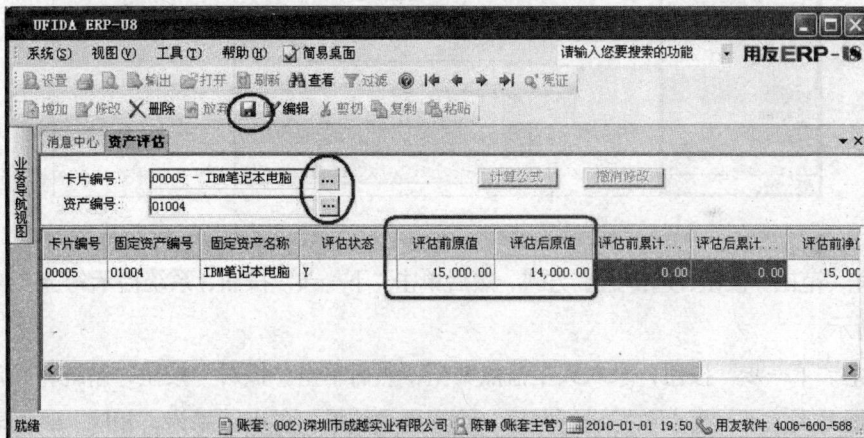

图 3-31

提示	只有当月制作的评估单才可以删除。

任一资产若既做过变动单又做过评估单，必须先删除变动单再删除评估单。

原值、累计折旧和净值 3 个中必须选择两个，而另一个通过公式"原值-累计折旧=净值"推算得到。

评估后的数据必须满足以下公式：

原值-净值=累计折旧≥0

净值≥净残值率×原值

工作总量≥累计工作量

3.2.5　资产盘点

企业要定期对固定资产进行清查，至少每年清查一次（一般是在年底），清查通过盘点实现。

资产盘点是在对固定资产进行实地清查后，将清查的实物数据录入固定资产系统与账面数据进行比对，并由系统自动生成盘点结果清单。

提示	在进行资产盘点前，最好打印出可供对比的固定资产清单，以便盘点。打印固定资产清单在卡片管理中实现。

（1）在固定资产系统，选择"资产盘点"命令，系统打开"盘点单管理"窗口，如图 3-32 所示。

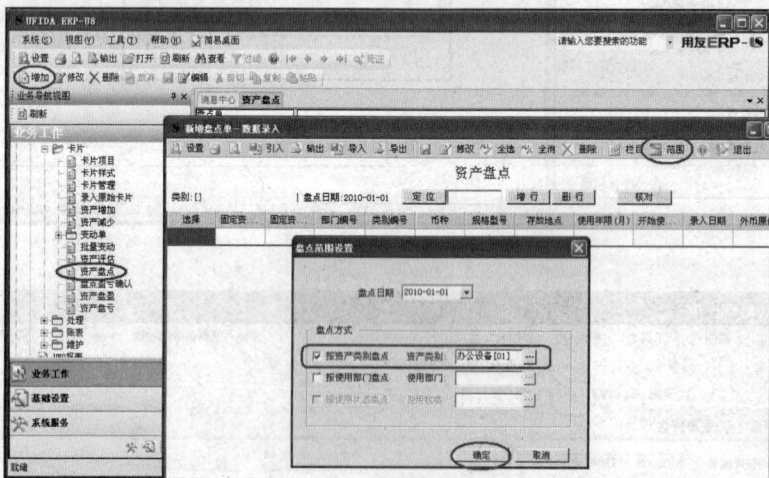

图 3-32

（2）单击"范围"按钮，选择盘点方式，然后单击"下一步"按钮，系统提示勾选"核对项目"，如图 3-33 所示。

（3）单击"下一步"按钮，录入人工盘点数据，然后单击"核对"按钮，系统将固定资产系统内的卡片数据与人工录入盘点数据进行对照，给出盘点结果，盘点结果为"相同"，则表示盘点数据与固定资产系统内数据相同，否则就给出盘盈、盘亏结果。

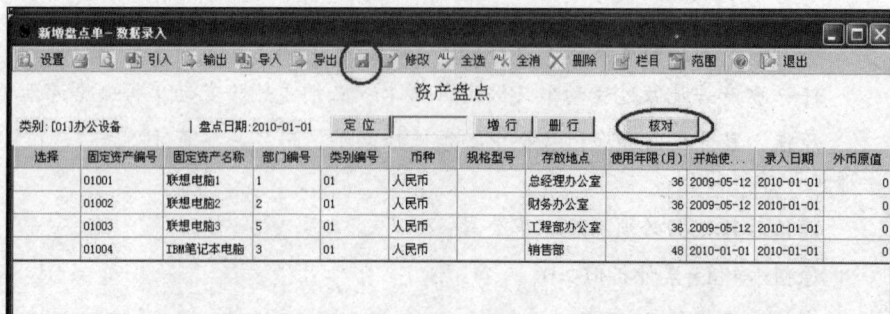

图 3-33

（4）单击"保存"按钮保存该张盘点单。

实验三

固定资产月末处理及账表查询

实验准备

在本章实验二的基础上,2010 年 1 月 31 日以"陈静"身份注册登录 002 账套,打开"UFIDA-ERP"操作平台。

实验要求

学会处理固定资产折旧、固定资产业务制单,学会查询各种固定资产报表。

实验指导

3.3

固定资产业务处理

固定资产处理是对现有的固定资产进行业务上的处理,主要工作包括工作量输入、计提本月折旧、折旧清单、折旧分配表、对账、批量制单、凭证查询和月末结账。

3.3.1 工作量

当账套内的资产使用工作量法进行计提折旧时,每月计提折旧前必须录入资产当月的工作量。使用本功能可以录入当月工作量并查看以前会计期间的工作量信息。

(1)单击"处理"菜单下的"工作量输入"选项,系统弹出"工作量"窗口(如果没有在固定资产卡片中将其折旧方法设置为按工作量进行折旧,系统会提示无法打开工作量窗口),如图 3-34 所示。

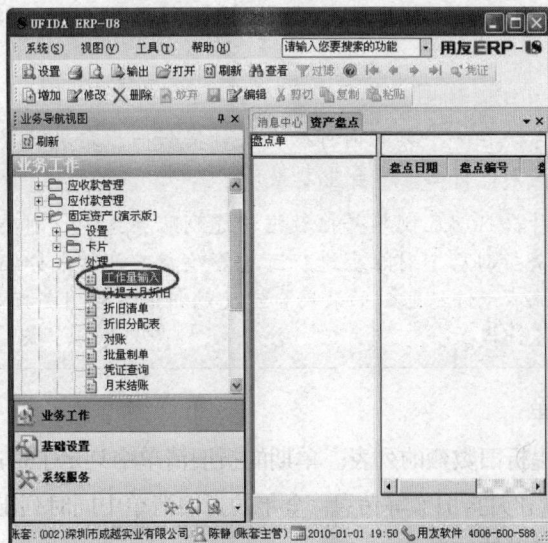

图 3-34

（2）在此输入使用工作量折旧方法的固定资产的本月工作量。

（3）当该固定资产的本月工作量与上月工作量相同时，可单击选中该固定资产，然后单击"继承上月工作量"按钮，系统自动录入该固定资产的本月工作量（与上月工作量相同数据）。

固定资产的累计工作量显示的是截至本次工作量输入后，该固定资产的累计工作量。

（4）最后单击"保存"按钮保存。

3.3.2　折旧计提

固定资产在使用过程中，随着时间或工作量的增加，其价值会越来越小，这就是折旧。自动计提折旧是固定资产系统的主要功能之一。系统每期计提折旧一次，根据录入系统的资料自动计算每项资产的折旧，并自动生成折旧分配表，然后制作记账凭证，将本期的折旧费用自动登账。

（1）单击"处理"菜单下的"计提本月折旧"选项，如图 3-35 所示。

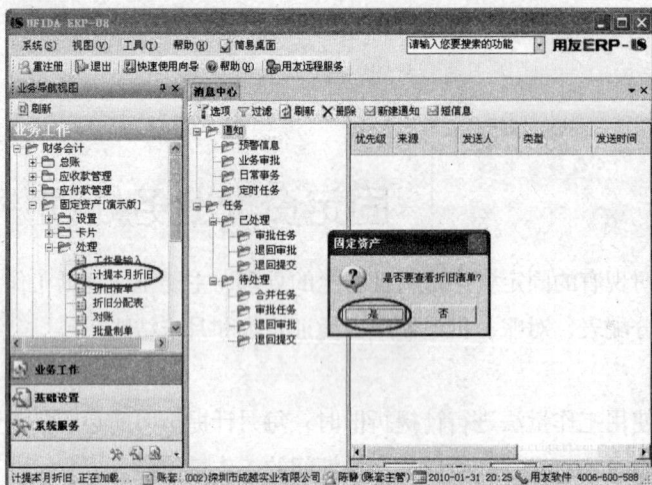

图 3-35

（2）系统提示"计提折旧后是否要查看折旧清单"，单击"是"或"否"按钮（单击"是"按钮则计提折旧系统会列出折旧清单，如果单击"否"按钮则不会列出）系统开始计提折旧，最后提示折旧完成信息。

> **注**　固定资产系统在一个期间内可以多次计提折旧，每次计提折旧后，只将计提的折旧累加到月初的累计折旧，不会重复累计。
>
> 如果上次计提折旧已制单并把数据传递到账务系统，则要删除该凭证之后再重新计提折旧。计提折旧后若对账套进行可能影响折旧计算或分配的操作，则应重新计提折旧，否则系统不允许结账。如果用自定义的折旧方法月折旧率或月折旧额出现负数，则系统自动中止计提。

3.3.3　查看折旧清单

折旧清单显示资产计提折旧数额的列表。单期的折旧清单中列示了资产名称、计提原值、月折旧率、单位折旧、月工作量和月折旧额等信息。全年的折旧清单中同时列出了各资产在 12 个计提期间中月折旧额、本年累计折旧等信息。

（1）单击"处理"菜单下的"折旧清单"选项，系统弹出"折旧清单"窗口，如图3-36所示。

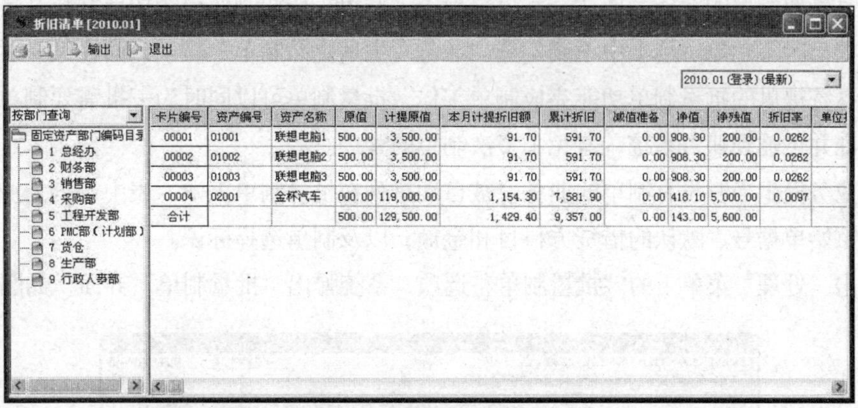

图 3-36

（2）在此窗口中可以按照部门来具体查询折旧数据。

注意	财务制度规定，当月新增固定资产不折旧。

3.3.4　查看折旧分配表

折旧分配表是把计提折旧额分配到成本和费用的依据。生成折旧分配凭证的时间根据初始化或选项中选择的折旧分配汇总周期确定。如果选定的是一个月，则每期计提折旧后自动生成折旧分配表；如果选定的是3个月，则只有到3的倍数的期间，即第3、6、9、12月份计提折旧后才自动生成折旧分配凭证。折旧分配表有两种类型，部门折旧分配表和类别折旧分配表，只能从中选择一个制作记账凭证。

（1）单击"处理"菜单下的"折旧分配表"选项，系统弹出"折旧分配表"窗口，如图 3-37所示。

（2）单击"修改"按钮，然后选择"按类别分配"或"按部门分配"项。

（3）单击工具栏中的"打印"按钮将折旧分配表打印出来，单击工具栏中的"凭证"按钮生成折旧分配凭证。

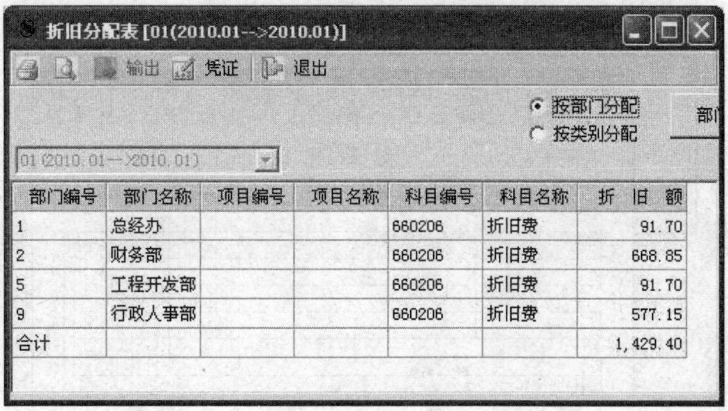

图 3-37

3.3.5 批量制单

任何一笔需要制单的业务完成后，都可以单击"制单"按钮制作记账凭证并将其传输到总账系统，也可以在当时不制单（选项中不要勾选"业务发生后立即制单"项），而在某一时间（比如月底）利用本系统提供的批量制单功能完成制单工作。批量制单可以同时为一批需要制单的业务连续制作记账凭证并传输到账务系统，避免了多次制单的繁琐。

凡是在业务发生当时没有制单的业务会被自动排列在批量制单表中，表中各列为业务发生的日期、类型、原始单据号、默认的借贷方科目和金额，以及制单选择标识。

（1）单击"处理"菜单下的"批量制单"选项，系统弹出"批量制单"界面，如图 3-38 所示。

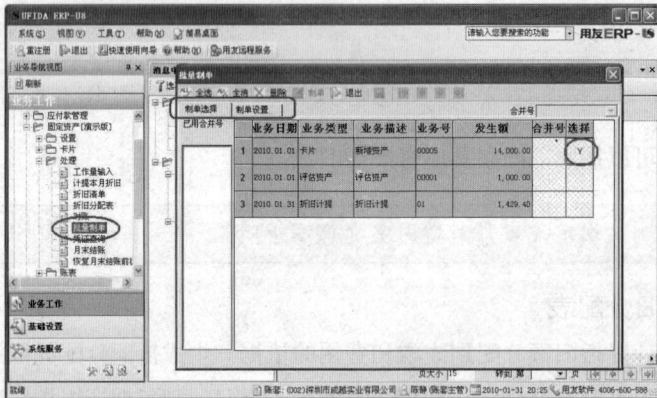

图 3-38

（2）单击工具栏中的"全选"按钮，则双击所有记录的"制单"标记项均会打上红色的"Y"，表示对全部记录进行制单。如果不需要全部制单，则双击需要制单的记录的"制单"标记项，打上红色的"Y"标记即可。

（3）单击选择"制单设置"选项卡，在此选择生成凭证的科目，注意借贷方向，单击工具栏中的"保存"按钮保存设置，如图 3-39 所示。

图 3-39

（4）单击工具栏中的"制单"按钮，系统弹出"填制凭证"窗口。

（5）在"填制凭证"窗口中，首先选择所生成的凭证类别，然后填入各分录的摘要内容，最后单击"保存"按钮进行保存。如果顺利，该张凭证会出现"已生成"字样，并传递到总账系统中。

3.3.6 查询凭证

固定资产系统制作并传输到账务系统中的记账凭证，可通过凭证查询功能查看和删除。

（1）单击"处理"菜单下的"凭证查询"命令，系统弹出"凭证查询"窗口，如图 3-40 所示。

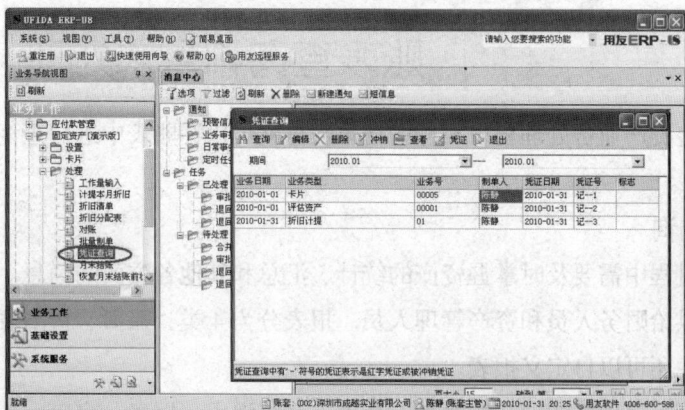

图 3-40

（2）双击记录联查原始凭证或单击工具栏中的"查询"按钮输入条件后可进行查询。单击工具栏中的"删除"按钮可以删除所选的凭证。

> 注　只能在本系统删除凭证，在总账系统无法删除此系统中生成的凭证。已经在总账系统中审核和记账的凭证不能修改和删除，只有将总账系统中的审核与记账取消后方可。

3.3.7 资产减少

资产在使用过程中，总会由于各种原因，如毁损、出售和盘亏等退出企业，该部分操作称为"资产减少"。本系统提供资产减少的批量操作，为同时清理一批资产提供方便。

（1）单击"卡片"菜单下的"资产减少"选项，系统弹出"资产减少"窗口，如图 3-41 所示。

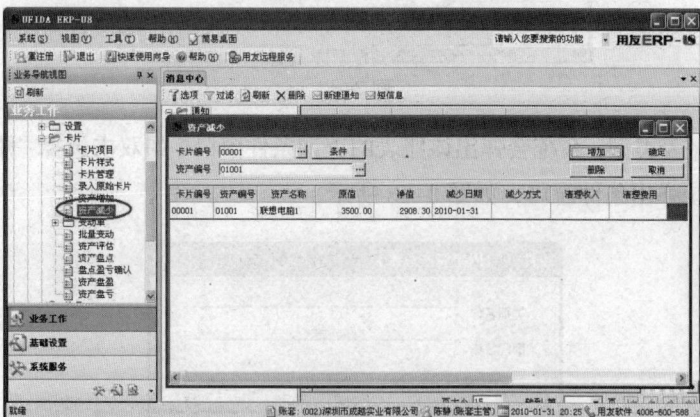

图 3-41

（2）输入需要进行资产减少的卡片编号，然后单击"增加"按钮，在资产减少表增加一项记录，在减少方式中选择此次操作相应的减少方式项目。

（3）最后单击"确定"按钮。

注	只有经过月计提折旧的固定资产才能执行资产减少。

3.4

账表查询和月末处理

完成日常的固定资产业务处理后，相应的结果数据就可以在账表中进行查询了。每月月末需要进行月末处理。

3.4.1 账表查询

固定资产管理过程中需要及时掌握资产的统计、汇总和其他各方面的信息。系统可以将这些信息以报表的形式提供给财务人员和资产管理人员。报表分为4类：账簿、折旧表、汇总表以及分析表。另外，在系统中还可以自定义报表。

（1）单击"账表"菜单下的"我的账表"选项，系统弹出"报表"窗口，如图3-42所示。

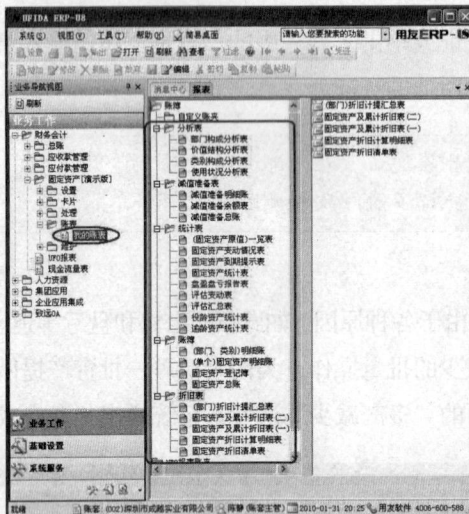

图3-42

（2）双击选择账表类型，系统会弹出该账表的查询条件窗口，如双击选择"账簿"，再单击"固定资产总账"，系统弹出条件窗口，如图3-43所示。

图3-43

录入过条件后单击"确定"按钮，系统弹出所有符合条件的记录。单击工具栏中的"图形分析"按钮，系统弹出"图形分析（使用状况分析表）"窗口，在此可用图形直观地进行分析，如图 3-44 所示。

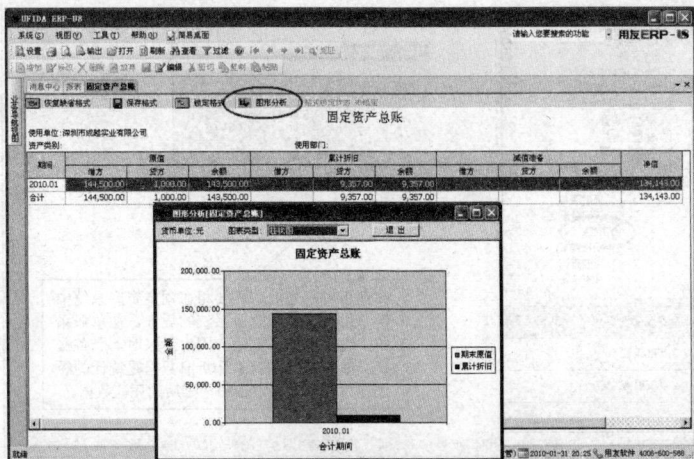

图 3-44

3.4.2 月末处理

固定资产系统生成凭证并传递到总账后，凭证在总账系统中经出纳签字、审核和科目汇总、记账，之后就可以在固定资产系统中进行对账。如果对账平衡，月底时则可以进行固定资产的月末结账。

1. 对账

系统在运行过程中，应保证本系统管理的固定资产的价值和账务系统中固定资产科目的数值相等。两个系统的资产价值是否相等，可以通过本系统提供的对账功能检验。对账操作不限制执行的时间，任何时候均可进行对账。系统在执行月末结账前自动对账一次，给出对账结果，并根据初始化或选项中的判断确定不平情况下是否允许结账。

注意	只有系统初始化或在选项中选择了与账务对账，本功能才可使用。在使用对账之前，需要将在固定资产系统中制单生成传递到总账系统的凭证，在总账系统中进行审核、记账。因为对账时，账务账套原值和账务账套累计折旧数据是统计的经过在总账系统中审核和记账后的凭证数据。

（1）单击"处理"菜单下的"对账"命令。

（2）系统弹出"与账务对账结果"窗口，如图 3-45 所示。

2. 月末结账

月末结账每月进行一次，结账后当期的数据不能修改。在对账不平的情况下是否可以执行月末结账，需要看在固定资产系统的选项设置中，是否勾选了"在对账不平的情况下允许固定资产月末结账"。

（1）单击"处理"菜单下的"月末结账"选项（如果本月已结账，则不再显示），系统弹出"月末结账"窗口，如图 3-46 所示。

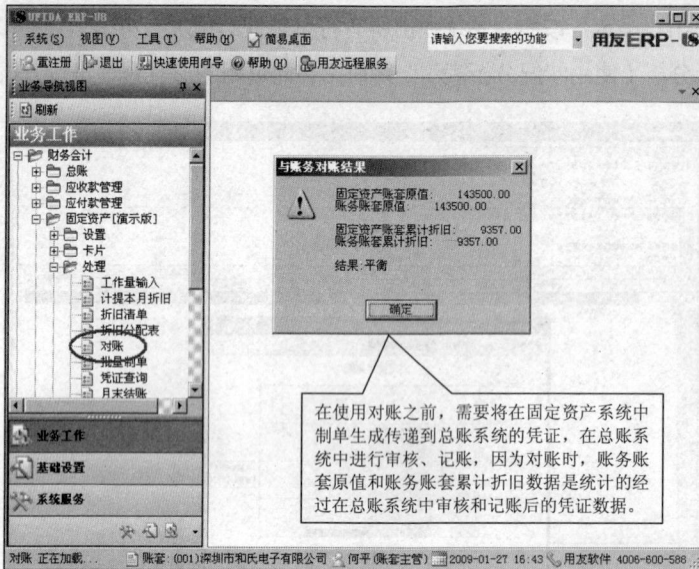

图 3-45

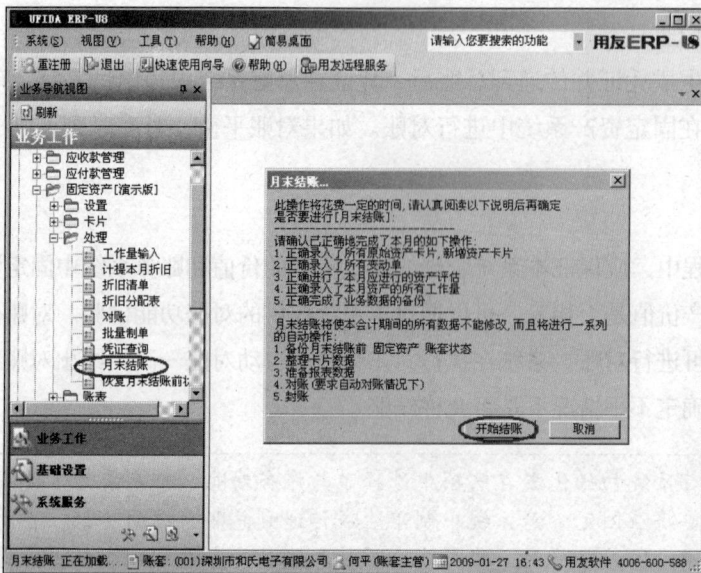

图 3-46

（2）单击"开始结账"按钮，系统开始进行结账工作，系统显示与账务对账的结果，如图 3-47 所示。

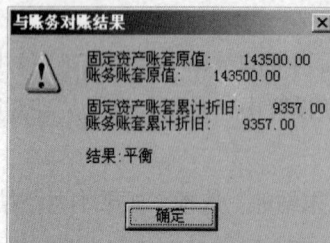

图 3-47

（3）单击"确定"按钮，系统提示"月末结账成功完成"。

> **注** 月末结账运行时，有可能会受到外部影响而中断，所以执行之前最好备份账套数据，从而避免数据丢失。

3. 取消结账

在结账期内的数据是不能修改的，如果需要修改结账前的数据，则要先取消结账。

（1）单击"处理"菜单下的"恢复月末结账前状态"命令（只有在本月已执行月末结账的情况下方才显示），如图 3-48 所示。

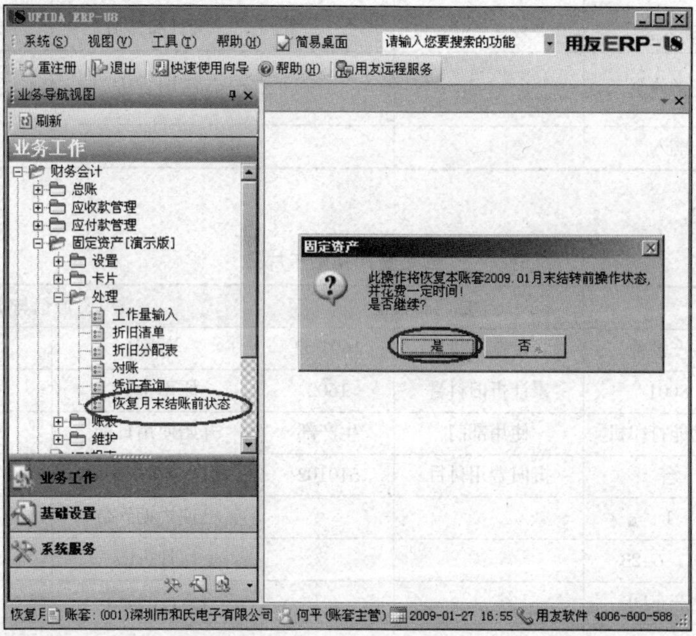

图 3-48

（2）单击"是"按钮，系统顺利完成取消月末结账功能。

> **注** 不能跨年度恢复数据，即本系统年末结转后，不能利用本功能恢复年末结转前状态。
> 如果成本管理系统从本系统提取了折旧费用数据，该期不能反结账。
> 恢复到某个月月末结账前的状态后，本账套内结账后做的所有工作都无痕迹地删除了。

课后练习　固定资产管理

1. 固定类别"办公设备"、"生产设备"和"运输车辆"，使用年限均为 5 年，净残值率为 10%。
2. 存放地点"办公室"、"生产车间"和"车库"。

3. 初始卡片 1。

固定资产初始卡片 1

基本信息		部门及其他		原值与折旧	
资产类别	办公设备	固定资产科目	1601.01	币别	人民币
资产编码	B001	累计折旧科目	1602	原币金额	18000
名称	台式电脑一批	使用部门	总经办	开始使用日期	2011-06-8
计量单位	台	折旧费用科目	660205	预计使用期间数	60
数量	2			已使用期间数	6
入账日期	2011-6-8			累计折旧	1620
存放地点	办公室			预计净残值	1800
使用状况	正常使用			折旧方法	平均年限法（基于入账原值和预计使用期间）
变动方式	购入				

4. 初始卡片 2。

固定资产初始卡片 2

基本信息		部门及其他		原值与折旧	
资产类别	生产设备	固定资产科目	1601.02	币别	人民币
资产编码	S001	累计折旧科目	1602	原币金额	49000
名称	多功能打印机	使用部门	生产部	开始使用日期	2011-06-23
计量单位	台	折旧费用科目	510102	预计使用期间数	60
数量	1			已使用期间数	6
入账日期	2011-6-23			累计折旧	4410
存放地点	生产车间			预计净残值	4900
使用状况	正常使用			折旧方法	平均年限法（基于入账原值和预计使用期间）
变动方式	购入				

5. 2012-1-16 购买瑞风商务车一部，卡片信息如下。

基本信息		部门及其他		原值与折旧	
资产类别	运输车辆	固定资产科目	1601.03	币别	人民币
资产编码	Y001	累计折旧科目	1602	原币金额	110000
名称	瑞风商务车	使用部门	销售部	开始使用日期	2012-1-16
计量单位	辆	折旧费用科目	660103	预计使用期间数	60
数量	1			已使用期间数	0
入账日期	2012-1-16			累计折旧	0
存放地点	车间			预计净残值	11000
使用状况	正常使用			折旧方法	平均年限法（基于入账原值和预计使用期间）
变动方式	购入				

6. 新增固定资产生成记账凭证传至总账系统。
7. 计提固定资产折旧。
8. 查询固定资产清单、折旧费用分配表。
9. 固定资产折旧生成记账凭证。

第4章 应收款管理系统

概述

应收款管理系统为核算单位提供应收单据、收款单据的录入、处理、核销、转账、汇兑损益、制单等处理，提供各类应收和收款单据、详细核销信息、报警信息、凭证等内容的查询，提供总账表、余额表、明细账等多种账表查询功能，提供应收账款分析、收款账龄分析、欠款分析等丰富的统计分析功能。

应收款管理系统应用流程如图 4-1 所示。

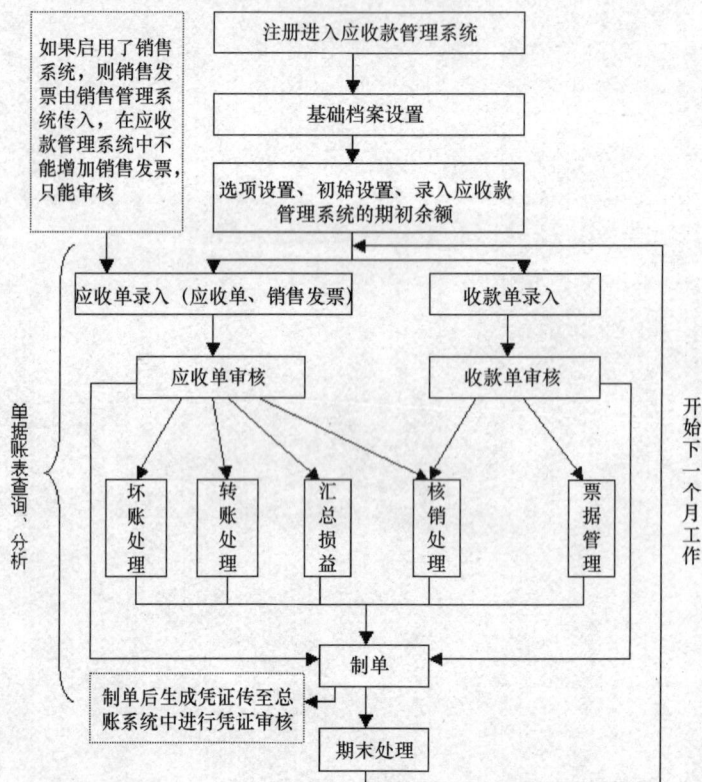

图 4-1

教学建议

建议本章讲授 3 课时，上机实验 3 课时。

实验一
应收系统初始化设置

实验准备

导入本书第 3 章完成之后的备份账套，2010 年 1 月 1 日以"陈静"身份注册登录 002 账套，打开"UFIDA-ERP"操作平台。

实验要求

学会设置应收款管理系统中的选项设置，学会设置应收业务在制单时生成记账凭证时的对应会计科目，学会坏账准备设置、账龄区间设置等，录入应收系统的期初余额。

实验资料

参见表 4-1。

表 4-1 科目设置

基本科目设置		结算方式科目设置	
应收科目本币	112201	1 现金人民币	100101
预收科目本币	220301	2 支票人民币	100201
销售收入科目本币	6601		
销售税金科目	22210105		

期初应收单：客户名称"北京远东公司"，金额"50000 元"。

实验指导

4.1

业务参数设置

在"基础信息"中，展开"业务参数"菜单，选择"财务会计"下的"应收款管理"命令，系统打开应收款管理系统"账套参数设置"窗口，单击"编辑"按钮可进行业务参数修改，如图 4-2 所示。

其中包含"常规"、"凭证"、"权限与预警"和"核销设置"四个选项卡，单击"编辑"按钮可修改其设置（设置修改之后，需要退出用友，然后重新登录才有效）。

1."常规"选项卡

● 单据审核日期依据：包括单据日期和业务日期。选择"单据日期"，则单据审核时自动将审核日期（即入账日期）记为单据日期。选择"业务日期"，则在单据审核时，自动将审核日期（即入账日期）记为当前业务日期（即登录日期）。

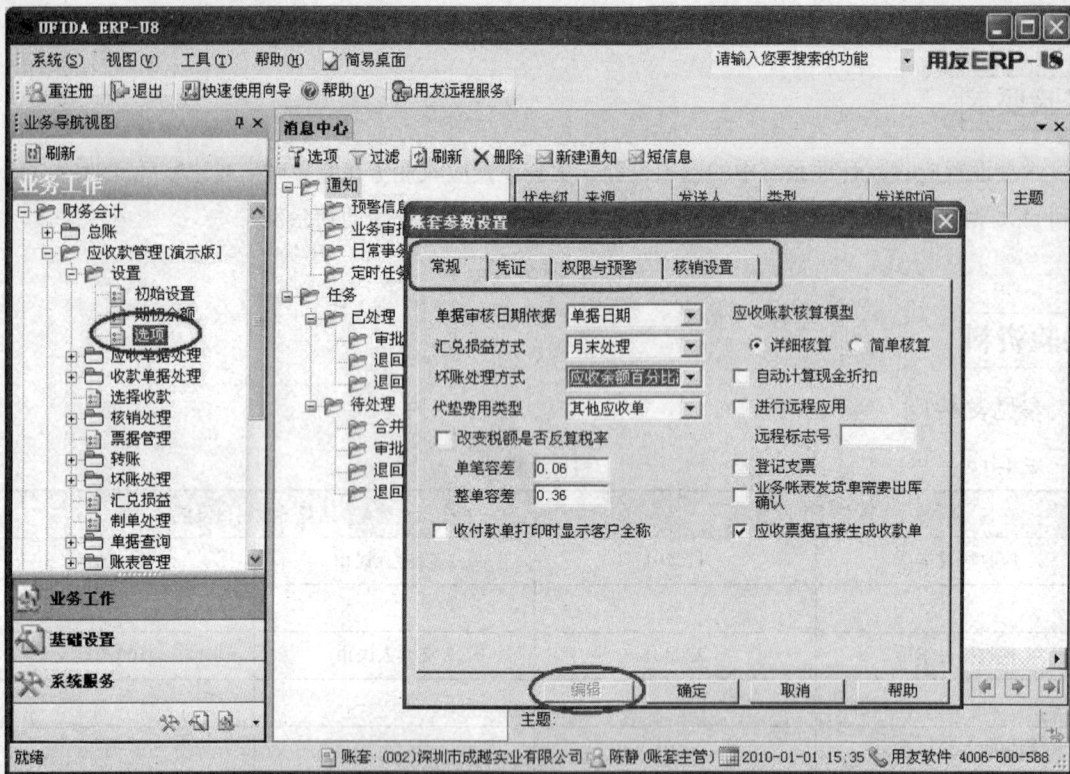

图 4-2

说明	单据审核日期依据单据日期还是业务日期，可以决定业务总账、业务明细账、余额表等的查询期间取值。如果使用单据日期为审核日期，月末结账时单据必须全部审核，因为下月无法以单据日期为审核日期，而业务日期无此要求。在账套使用过程中，可以随时将选项从按单据日期改成按业务日期。在账套使用过程中，若需要将选项从按业务日期改成按单据日期，则需要判断当前未审核单据中有无单据日期在已结账月份的单据。若有，则不允许修改。

　　● 汇兑损益方式：包括外币余额结清时计算和月末计算。"外币余额结清时计算"表示仅当某种外币余额结清时才计算汇兑损益，在计算汇兑损益时，界面中仅显示外币余额为0且本币余额不为0的外币单据；"月末计算"表示每个月末计算汇兑损益，在计算汇兑损益时，界面中显示所有外币余额不为0或者本币余额不为0的外币单据。

　　● 坏账处理方式：包括"备抵法"和"直接转销法"。如果选择"直接转销法"，则不进行坏账计提准备处理；如果选择备抵法，您还应该选择具体的方法，系统为您提供了三种备抵的方法，即应收余额百分比法、销售收入百分比法、账龄分析法三种方法。这三种方法需要在初始设置中录入坏账准备期初和计提比例或输入账龄区间等，并在坏账处理中进行后续处理。如果选择了直接转销法，您可以直接在下拉框中选择该方法。当坏账发生时，直接在坏账发生处将应收账款转为费用即可。

　　● 代垫费用类型：从销售管理系统传递的代垫费用单在应收系统用何种单据类型进行接收。系统默认为"其他应收单",用户也可在单据类型设置中自行定义单据类型。该选项随时可以更改（这个功能要与销售管理系统一起使用，因为本书中未涉及销售系统，所以在此不做介绍）。

● 应收款管理系统核算模型：包括简单核算和详细核算。系统默认选择详细核算方式。简单核算是指将销售传递过来的发票生成凭证并将其传递给总账系统（在总账中以凭证为依据进行往来业务的查询），如果销售业务以及应收账款业务不复杂，或者现销业务很多，那么最好选择此方案。详细核算是指可以对往来账进行详细的核算、控制、查询和分析。如果销售业务以及应收款核算与管理业务比较复杂，或者需要追踪每一笔业务的应收款、收款等，或者是需要将应收款核算到产品一级，那么最好选择详细核算。

> **提示** 在系统启用或者还没有进行任何业务（包括录入期初数据）时才允许从简单核算改为详细核算；而从详细核算改为简单核算随时都可以进行。用户要慎重，一旦有数据，简单核算就不能改为详细核算。

● 自动计算现金折扣：选择现金折扣的目的是为了鼓励客户在信用期限内尽快还款，需要与现金折扣条件一起使用。

● 进行远程应用：可以在不同局域网内的用友系统之间传递数据（如分公司在上海，总公司在深圳，则在此可以设置远程的数据传递）。

● 登记支票：若勾选此项，系统自动将具有票据管理结算方式的付款单登记到支票登记簿（支票登记簿在总账系统的出纳管理中）。若不选择登记支票登记簿，用户也可以通过收款单上的"登记"按钮，手工填制支票登记簿。用户可随时查看支票记录簿上的信息。

● 改变税额是否反算税率：税额一般不用修改，在特定情况下，如系统和手工计算的税额相差几分钱，用户可以对税额进行调整。在调整税额尾差（单笔）、保存（整单）时，系统将检查是否超过容差，容差是可以接受的误差范围，超过则不允许修改。未超过则允许修改，请用户设置这两项容差。该项在实际工作中经常遇到，如果勾选，则可以再次设置单笔业务和整单业务的容差。

> **提示** 税额变动时，系统将变动差额与容差进行比较，如果变动差额大于设置的容差数值，系统提示"输入的税额变化超过容差"，恢复原税额。变动差额＝无税金额×税率－税额。单笔容差根据表体无税金额、税额、税率计算；整单容差根据无税金额合计、税额合计、表头税率计算。若单据表体存在多种税率，则系统不进行合计容差控制。本参数只能在销售系统没有启用时方可设置，如销售系统已启用，则只能查看，不能编辑。

2. "凭证"选项卡

选择"账套参数设置"中的"凭证"选项卡，单击"编辑"按钮可更改设置。

● 受控科目制单方式：可选择明细到客户或明细到单据。明细到客户是指将一个客户的多笔业务合并生成一张凭证时，如果核算的这多笔业务的控制科目相同，系统将自动将其合成一条分录。这样在总账系统中就能够根据客户来查询其详细信息。明细到单据是指将一个客户的多笔业务合并生成一张凭证时，系统会将每一笔业务形成一条分录。这样在总账系统中就能查看到客户的每笔业务的详细情况（建议设置成为"明细到单据"）。

● 非控科目制单方式：可以选择明细到客户、明细到单据和汇总制单。明细到客户和明细到单据的设置方式同受控科目制单方式一样，汇总制单是指将多个客户的多笔业务合并生成一张凭证时，如果核算的这多笔业务的非控制科目相同且其所带辅助核算项目也相同，系统会自动将其合并成一条分录。这种方式的目的是精简总账中的数据。在总账系统中只能查看到该科目的总的发生额，而查不到明细的业务发生情况。

● 控制科目依据：包括按客户分类、按客户和按地区。"按客户分类"指根据一定的客户属性将客户分为几个大类，在不同的方式下，针对不同的客户分类设置不同的应收科目和预收科目；"按客户"指根据不同的客户设置不同的应收科目和预收科目；"按地区"指针对地区分类的不同设置不同的应收科目和预收科目。

● 销售科目依据：根据每个单一的存货或存货分类设置不同的产品销售收入科目、应交增值税科目（一般情况会设置成为"存货分类"）。

> **提示**　　控制科目依据设置和销售科目依据设置都与本章中应收账款初始设置中的科目设置有关。

● 月结前全部生成凭证：如果勾选此项，月末结账时将检查截止到结账月是否还有未制单的单据和业务。若有，则系统将提示不能进行本次月结处理，用户可以详细查看这些记录；若没有，则可以继续进行本次月结处理。如果不勾选此项，则在月结时只允许查询截止到结账月的未制单单据和业务，不进行强制限制。

● 方向相反的分录合并：勾选此项，在制单时若遇到满足分录合并的要求，则系统自动将这些分录合并成一条，根据在哪边显示为正数的原则来显示合并后分录的显示方向。不勾选此项，即使在制单时满足分录合并的要求，也不能合并方向相反的分录，它们会原样显示在凭证中。

● 核销生成凭证：若不勾选此项，不管核销双方单据的入账科目是否相同均不对这些记录进行制单。若勾选此项，则需要判断核销双方单据的入账科目是否相同，不相同时需要生成一张调整凭证。建议勾选此项。

● 预收冲应收生成凭证：若勾选此项，当预收冲应收业务的预收、应收科目不相同时，需要生成一张转账凭证。若不勾选此项，预收冲应收业务不管预收、应收科目是否相同均不生成凭证。

● 红票对冲生成凭证：若勾选此项，红票对冲时如果对冲单据所对应的受控科目不相同，则要生成一张转账凭证，月末结账时应在红票对冲处理中检查有无需要制单的记录。若不勾选此项，红票对冲处理中不管对冲单据所对应的受控科目是否相同均不生成凭证，月末结账时不需要检查红票对冲处理制单情况。

● 凭证可编辑：若勾选此项，表示生成的凭证可以修改；若不勾选此项，表示生成的凭证不可修改，不可修改是指凭证上的各个项目均不可修改，包括科目、金额、辅助项（项目、部门）、日期等。

● 收付款单制单表体科目不合并：不勾选此项，表示收付款单制单时要依据制单的业务规则进行合并；勾选此项，表示收付款单制单时表体科目无论是否科目相同辅助项相同，制单时均不合并。

● 应收单制单表体科目不合并：不勾选此项，表示应收单制单时要依据制单的业务规则进行合并；勾选此项，表示应收单制单时表体科目无论是否科目相同辅助项相同，制单时均不合并。

3. "权限与预警"选项卡

选择"账套参数设置"中的"权限与预警"选项卡，单击"编辑"按钮可以修改设置。

● 启用客户权限：该选项只有在企业门户设置中对"数据权限控制设置"中客户进行记录集数据权限控制时才可设置，账套参数中对客户的记录集权限不进行控制时，应收系统中不对客户进行数据权限控制。勾选该项，则在所有的处理、查询中均需要根据该用户的相关客户数据权限进行限制；不勾选该项，则在所有的处理、查询中均不需要根据该用户的相关客户数据权限进行限制。系统默认不需要进行数据权限控制，该选项可以随时修改。

提示	有的核算单位对于权限的设置非常明细，比如当 A 操作员登录用友应收款管理系统时，就只让其看到 A 操作员有权限的客户的相关业务数据，B 操作员登录用友应收款管理系统时，就只让其看到 B 操作员有权限的客户的相关业务数据，而主管 C 登录用友应收款管理系统时，则可以看到全部客户的相关业务数据。如果遇到这种情况，就需要使用该设置。

● 启用部门权限：启用部门权限的设置方式与启用客户权限的方式设置一样，只不过是对该操作员的所属部门权限进行明细控制。

● 单据报警：勾选此项，则需要设置报警的提前天数。每次登录本系统时，系统自动显示单据到期日减去提前天数的结果小于或等于当前注册日期的已经审核的单据，以通知客户哪些业务应该回款了。如果选择了根据折扣期自动报警，还需要设置报警的提前天数。每次登录本系统时，系统自动显示单据最大折扣日期减去提前天数的结果小于或等于当前注册日期的已经审核单据，以通知客户哪些业务将不能享受现金折扣待遇。不勾选此项，每次登录本系统时不会出现报警信息。

● 信用额度报警：勾选此项，系统根据设置的预警标准显示满足条件的客户记录，即只要该客户的信用比率小于等于设置的提前比率就对该客户进行报警处理。若选择信用额度等于 0 的客户也预警，则当该客户的应收账款大于 0 时即进行预警。不勾选此项，则不进行信用预警。

● 录入发票显示提示信息：勾选此项，在录入发票时，系统会显示该客户的信用额度余额以及最后的交易情况。

● 信用额度控制：勾选此项，在应收款管理系统保存录入的发票和应收单时，如果票面金额加上应收借方余额，然后再减去应收贷方余额的结果大于信用额度，系统会提示本张单据不予保存。不勾选此项，则在保存发票和应收单时不会出现控制信息。信用额度控制值选自客户档案的信用额度。

4. "核销设置"选项卡

选择"账套参数设置"中的"核销设置"选项卡，单击"编辑"按钮可以修改设置。

● 应收款核销方式：系统提供两种应收款的核销方式，即按单据、按产品两种方式。按单据核销，系统则会将满足条件的未结算单据全部列出，由用户选择要结算的单据，根据选择的单据进行核销；按产品核销，系统则会将满足条件的未结算单据按存货列出，由用户选择要结算的存货，根据选择的存货进行核销。

提示　　　如果企业收款时，没有指定具体收取哪个存货的款项，则可以采用按单据核销。对于单位价值较高的存货，企业可以采用按产品核销，即收款指定到具体存货上。一般企业，按单据核销即可。

● 规则控制方式：如果选择严格的控制方式，核销时会严格按照选择的核销规则进行核销，如不符合，则不能完成核销；选择为提示，则核销时不符合核销规则，提示后，有用户选择是否完成核销。

● 核销规则：默认为按客户，可按客户+其他项进行组合选择。如选择客户+部门，则表示核销时，需客户相同，且部门相同。其他以此类推。

● 收付款单审核后核销：默认为不选择，则表示收付款单审核后不进行立即核销操作。如勾选该项，并默认为自动核销，表示收付款单审核后进行立即自动的核销操作；选择为手工核销，则表示收付款单审核后，立即自动进入手工核销界面，由用户手工完成核销。

4.2 | 初始设置

初始设置包括会计科目设置、坏账准备设置、账期内账龄区间设置、逾期账龄区间设置、报警级别设置、单据类型的设置。初始设置的作用是建立应收款管理的基础数据，确定使用哪些单据处理应收业务，确定需要进行账龄管理的账龄区间。有了这功能，用户可以选择使用自己定义的单据类型，使应收业务管理更符合用户的需要。

1. 设置科目

依据用户定义的科目，依据不同的业务类型，生成凭证时自动带出科目。

参照本节实验资料设置科目。

（1）打开"应收款管理"系统，展开"设置"目录下的"初始设置"选项，系统弹出"初始设置"窗口。

（2）在"初始设置"窗口中，单击"设置科目"下的"基本科目设置"选项，参照实验资料录入基本科目，应收款本币"1122"（1122会计科目名称为"应收账款"），如图4-3所示。

注　　　以上设置的科目是在科目设置中设置了的末级科目的科目；只有设置了"银行承兑科目"和"商业承兑科目"，才可以使用票据登记簿以及在期初余额中录入期初应收票据余额。

（3）基本科目设置完毕后，单击"控制科目设置"选项，录入各控制科目，进行应收科目、预收科目的设置，如图4-4所示。

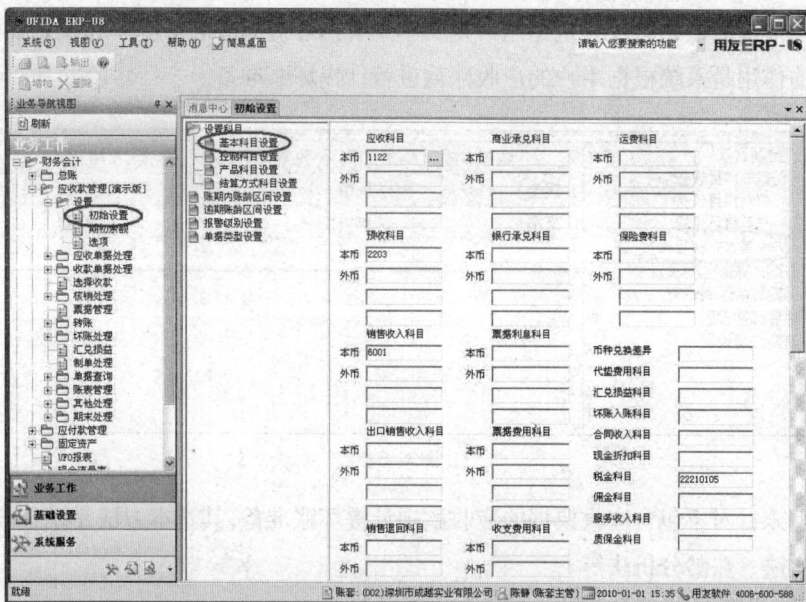

图 4-3

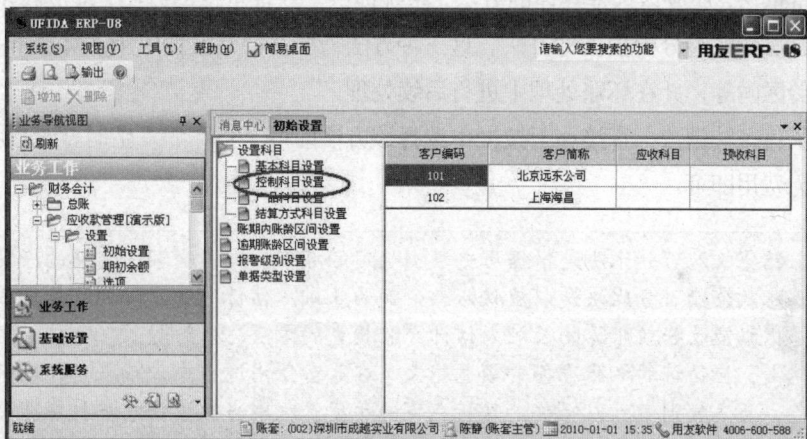

图 4-4

> 注　　　录入的控制科目与应收款系统账套参数中的控制科目设置有关，而且还与总账系统中的科目设置有关。如在总账系统中明细科目是客户分类或地区分类，则在此设置每一客户对应的应收、预收科目。在此没有设置科目的客户所生成的业务凭证使用基本科目的设置。

（4）单击"结算方式科目设置"选项，在弹出的"结算方式科目设置"窗口中，进行结算方式、币种、科目的设置，参照实验资料录入结算方式科目。对于现结的发票、收付款单，系统根据单据上的结算方式查找对应的结算科目，并在系统制单时自动带出，如图 4-5 所示。

2. 坏账准备设置

坏账是指无法核销的应收账款（如客户公司破产倒闭）。坏账准备是以应收账款余额为基础，估计可能发生的坏账损失，避免当坏账突然发生时当月的财务费过高（因为坏账发生时，是要将坏账记入到财务费用中）。坏账初始设置是指用户定义本系统内计提坏账准备比率和设置坏账准备期初余额的功能，它的作用是系统根据用户的应收账款进行计提坏账准备。

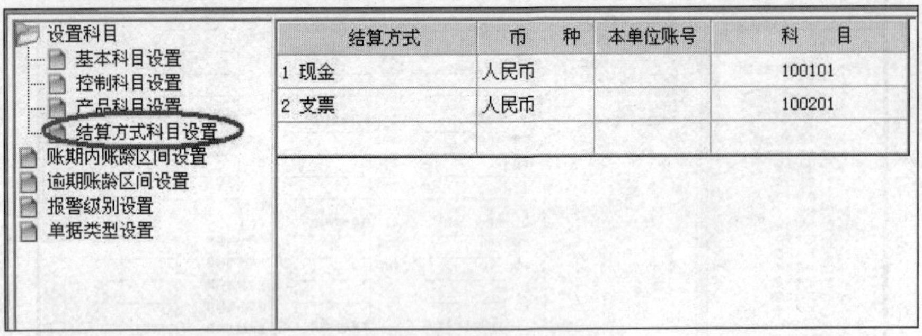

图 4-5

企业应于期末针对不包含应收票据的应收款项计提坏账准备，其基本方法是销售收入百分比法、应收余额百分比法、账龄分析法等。

系统提供了两种坏账处理的方式，即备抵法和直接转销法。

如果选择备抵法，还应该选择具体的方法，系统提供了三种备抵的方法，即应收余额百分比法、销售收入百分比法和账龄分析法三种方法。这三种方法需要在初始设置中录入坏账准备期初和计提比例或输入账龄区间等，并在坏账处理中进行后续处理。

如果选择了直接转销法，直接在下拉框中选择该方法即可。当坏账发生时，直接在坏账发生处将应收账款转为费用即可。

> **提示** 销售收入百分比法是根据历史数据确定的坏账损失占全部销售额的一定比例估计；应收账款余额百分比法是以应收账款余额为基础，估计可能发生的坏账损失；账龄分析法是根据应收账款账龄的长短来估计坏账损失的方法。账龄越长，账款被拖欠的可能性也越大，应估计的坏账准备金额也越大。在账套使用过程中，如果当年已经计提过坏账准备，此参数则不可以修改，只能在下一年度修改。当做过任意一种坏账处理（坏账计提、坏账发生及坏账收回）后，就不能再修改坏账准备数据，只允许查询。

（1）打开"设置"目录下的"初始设置"项，系统弹出"初始设置"窗口，然后选择"坏账准备设置"（注意：如果在应收款管理系统的选项中，坏账处理方式为直接转销法，该功能菜单则不显示），如图 4-6 所示。

（2）设置应收账系统中的坏账提取率为1%，坏账期初为0，最后单击"确定"按钮保存设置。

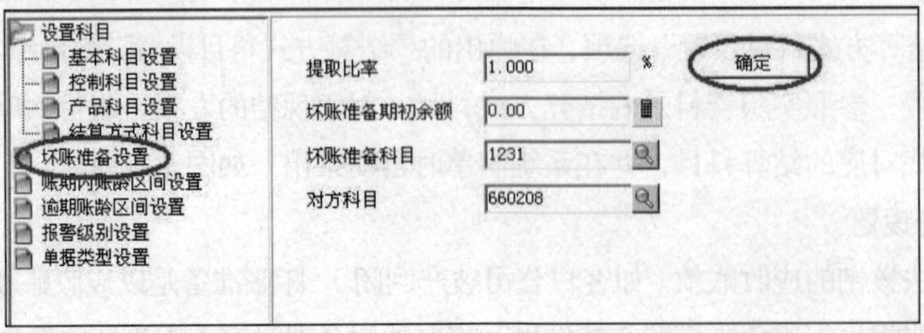

图 4-6

3. 设置账龄区间

账龄区间设置指用户定义应收账款或收款时间间隔。其作用是便于用户根据自己定义的账款时间间隔，进行应收账款或收款的账龄查询和账龄分析，清楚了解一定期间内所发生的应收款及收款情况。

在实际业务中，企业高层管理常会要求财务人员提供一个在某一个时间段内的收款预测，就会使用到账龄区间。

（1）打开"设置"目录下的"初始设置"项，系统弹出"初始设置"窗口，如图 4-7 所示。

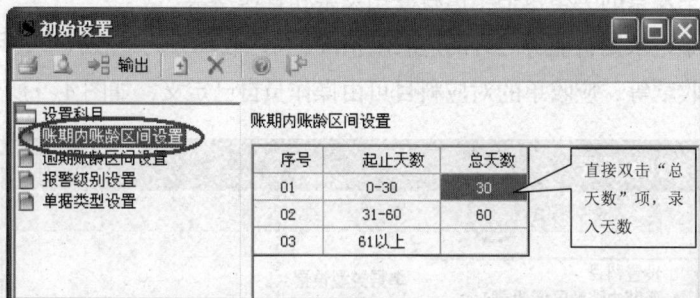

图 4-7

（2）单击"账龄区间设置"项，然后单击"增加"菜单，系统新增一空项账龄区间，在序号栏处录入"01"，总天数栏处录入"30"，然后再录入 60 天账龄区间。

（3）最后单击"退出"按钮保存并退出设置。

4. 逾期账龄区间设置

逾期账龄区间设置指用户定义逾期应收账款或收款时间间隔的功能。它的作用是便于用户根据自己定义的账款时间间隔，进行逾期应收账款或收款的账龄查询和账龄分析，清楚了解在一定期间内所发生的应收款及收款情况。逾期账龄区间设置与账龄期间设置一样。

提示　　可参照前面的账龄区间设置应收账系统中的逾期账龄区间。

5. 报警级别设置

设置报警级别，可以根据欠款余额与信用额度的比例将客户分为不同的级别。

（1）打开"设置"目录下的"初始设置"项，系统弹出"初始设置"窗口，如图 4-8 所示。

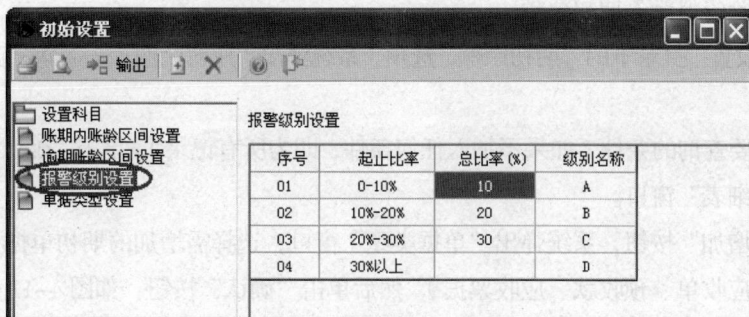

图 4-8

（2）选中"报警级别设置"项，然后单击"增加"菜单，系统新增一空项报警级别，在序号栏中录入"01"，在总比率栏中录入"10"，在级别栏中录入"A"，然后录入其他报警级。

（3）单击"退出"按钮保存并退出设置。

6. 单据类型设置

单据类型设置指用户将自己的往来业务与单据类型建立对应关系，达到快速处理业务以及进行分类汇总、查询、分析的目的。在"单据类型设置"选项中可以设置单据的类型——"发票"和"应收单"两大类型。

在应收款系统中发票的类型包括增值税专用发票和普通发票。

可以根据应收单记录销售业务之外的应收款情况，将应收单分为应收代垫费用款、应收利息款、应收罚款和其他应收款等，应收单的对应科目可由操作员自己定义，如图 4-9 所示。

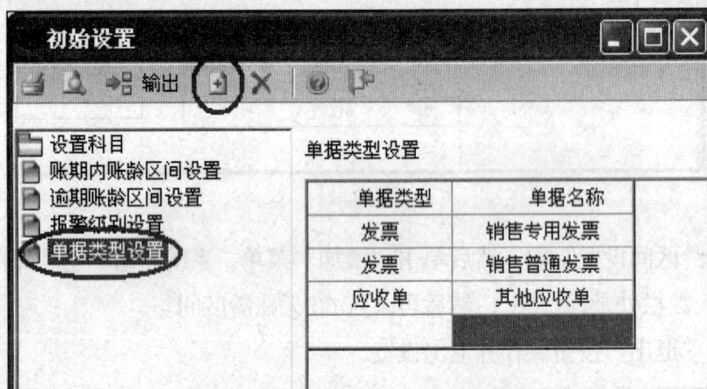

图 4-9

4.3 | 期初余额

应收款管理系统的期初余额需与总账系统中的会计科目期初余额一致，比如在应收款管理系统中的应收款余额为 10 万元人民币，在总账系统中的应收款会计科目余额也应该是 10 万元人民币，否则会造成应收款管理系统与总账系统对账错误，此时必须检查到底是哪一个系统的期初余额录入有误。

参照本节实验资料录入期初余额。

（1）展开"设置"目录下的"期初余额"选项，系统弹出"期初余额——查询"窗口，如图 4-10 所示。

（2）选择需要查询的条件（如果不加入任何条件，即为所有记录），单击"确认"按钮，系统打开"期初余额明细表"窗口。

（3）单击"增加"按钮，系统弹出"单据类型"窗口，选择需增加的期初单据类型（单据名称分为销售发票、应收单、预收款、应收票据），然后单击"确认"按钮，如图 4-11 所示。

（4）选择增加一张应收单，单击"确认"按钮，系统弹出"应收单"界面，如图 4-12 所示。

图 4-10

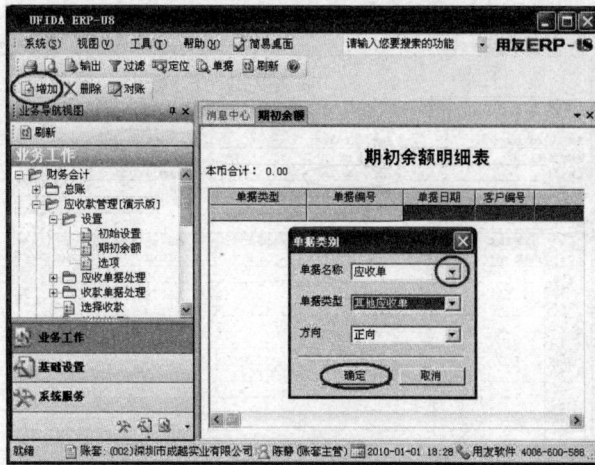

图 4-11

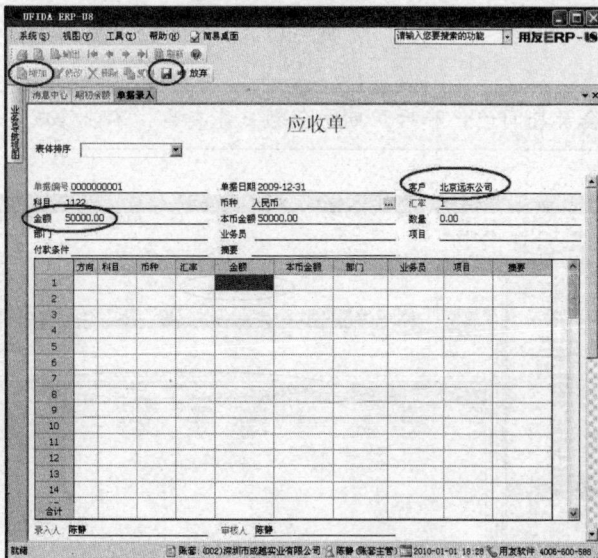

图 4-12

注	应收单中的单据日期可以更改，但必须是在应收款系统的启用日期之前，因为只有这样才会是期初数据。

（5）选择增加一张预收款单据，系统将会打开"期初单据录入"窗口，如图4-13所示。

在此录入期初预收款（录入远东公司1万元人民币预收款），录入后单击"保存"按钮保存，最后单击"退出"按钮退出。

（6）应收款的期初余额录入完成后，进行"期初对账"工作。在"期初余额明细表"中单击"对账"按钮，系统弹出"期初对账"窗口，如图4-14所示。

（7）查看应收款系统与总账系统的期初余额是否平衡。如果不平衡，需检查修改录入，直到达到平衡。

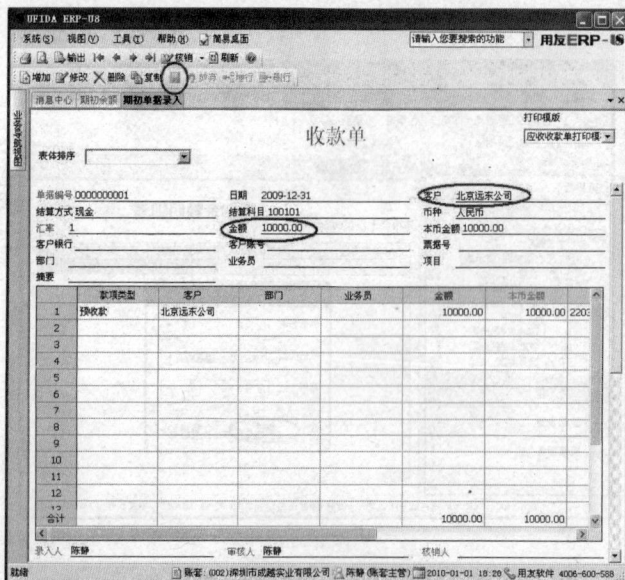

图4-13

注	第一个会计期间已记账后，期初余额只能查看，不能修改。

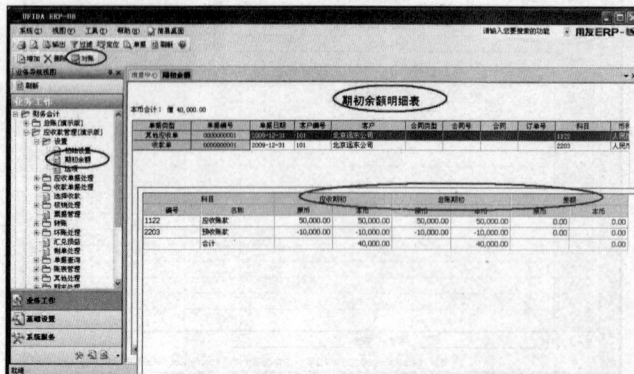

图4-14

实验二

应收日常业务处理

实验准备

在本章实验一的基础上，2010 年 1 月 1 日以"陈静"身份注册登录 002 账套，打开"UFIDA-ERP"操作平台。

实验要求

学会应收业务、收款业务处理，学会应收业务核销处理。

实验资料

- 增加其他应收单，客户名称：上海海昌；金额：3 600 元人民币。
- 增加一张收款单，客户名称：北京远东公司；结算方式：支票；金额：10 000 元人民币。
- 将上海海昌应收单生成的应收款与北京远东公司的收款单数据进行核销，核销金额 10 000 元。
- 将客户北京远东公司的预收款 6 000 元冲销应收账款。

实验指导

4.4

应收单处理

应收单是形成应收款的业务单据，应收单处理包括应收单录入和应收单审核。

当新增一笔销售业务或其他应收款业务时，需要填制相应的应收单据。

注	销售发票和应收单据都是应收款日常核算的原始单据，如果启用了销售管理系统，则销售发票在销售管理系统中填制，然后传递至应收款管理系统中。此时在应收款管理系统中只能增加应收单，而不能增加销售发票，但可对销售发票进行查询、核销、制单等操作。

参照本节实验资料，处理应收业务。

（1）展开"应收单处理"菜单，单击"应收单据录入"选项，系统弹出单据类别窗口，如图 4-15 所示。

（2）选择本次新增的单据类别，单击"确定"按钮，系统打开一张空白的应收单，如图 4-16 所示。

（3）参照实验资料录入应收单，单击"保存"按钮进行保存。

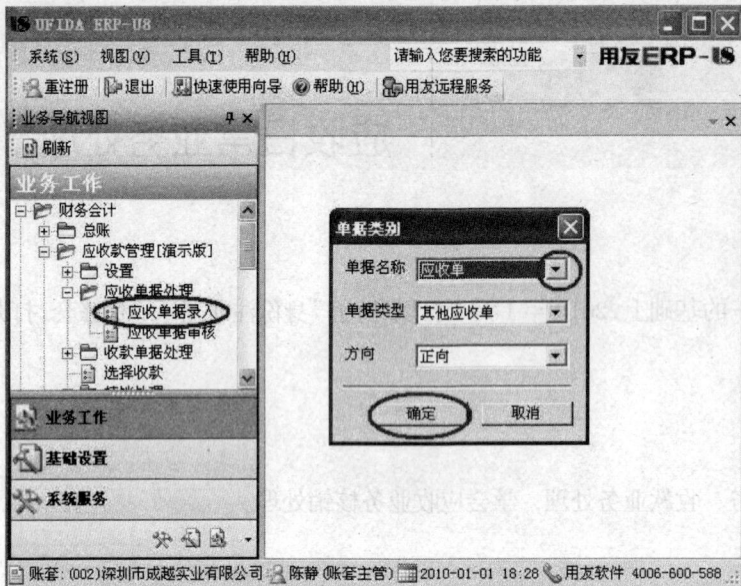

图 4-15

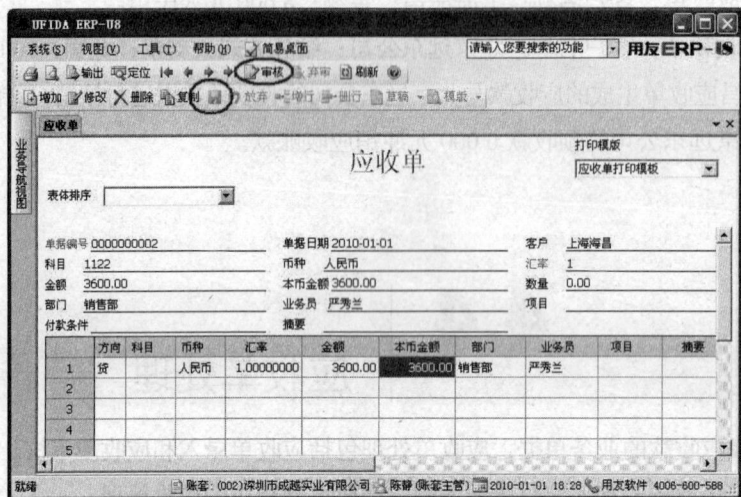

图 4-16

（4）单击"审核"按钮，系统弹出"是否立即制单"窗口，单击"是"按钮，则可以直接生成记账凭证；如单击"否"按钮，暂时不生成记账凭证，可以日后一起生成记账凭证。如图 4-17 所示，生成的记账凭证会直接传递到总账系统中，之后在总账系统中对该张记账凭证进行审核和记账，但是记账凭证的删除只能在应收系统中完成。

（5）对于已审核的单据，在没有生成凭证前，如需取消审核，可以在单据明细表中直接单击"弃审"按钮，或者双击该记录打开已审核的单据。然后单击该单据工具栏上的"弃审"按钮。

如果需要弃审已经生成了凭证的应收单据，则应先删除凭证后再对该应收单据进行弃审，方法如下所示。

① 选择"单据查询"中的"凭证查询"选项，找出并删除相应的凭证。如果该凭证已在总账系统中被记账，则需要在总账系统中取消该凭证记账之后再执行前面的操作，如图 4-18 所示。

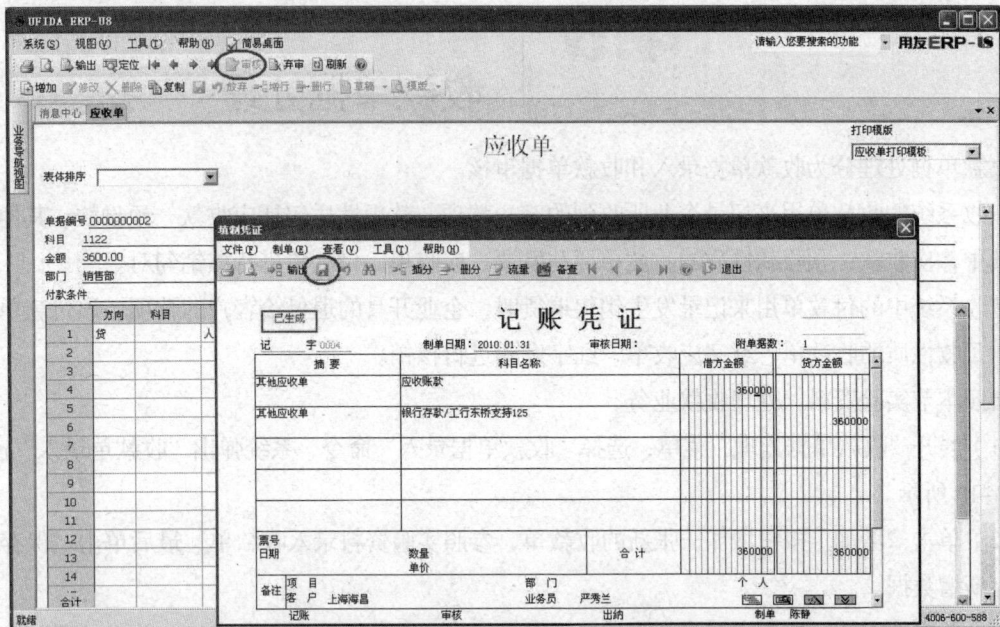

图 4-17

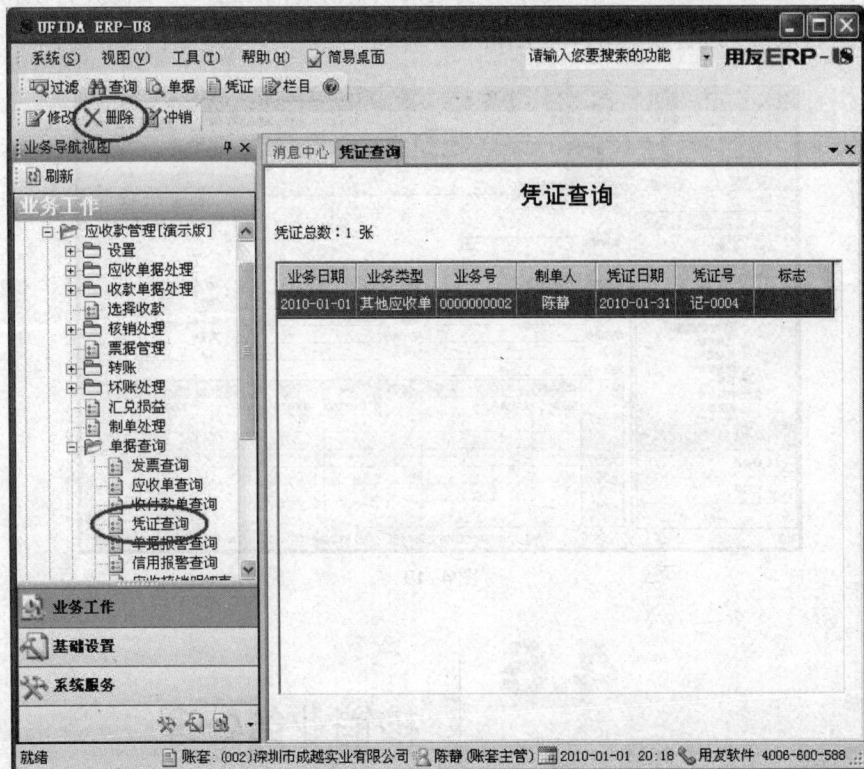

图 4-18

② 展开"日常处理"下"应收单据处理"中的"应收单据审核"选项,在"单据过滤条件"窗口中录入查询条件(注意,该单据是审核才生成了凭证,所以查询条件中需勾选"已审核"复选项),单击"确认"按钮,在查询出来的记录中选择需取消审核的记录,然后单击"弃审"按钮即可。

4.5

收款单据处理

收款单据处理分为收款单据录入和收款单据审核。

应收系统的收款单用来记录企业所收到的客户款项。款项性质包括应收款、预收款、其他费用等。其中，应收款、预收款性质的收款单要与发票、应收单、付款单进行核销勾对。

应收系统中的付款单用来记录发生销售退货时，企业开具的退付给客户的款项。该付款单可与应收、预收性质的收款单、红字应收单、红字发票进行核销。

参照本节实验资料，处理收款业务。

（1）展开"收款单据处理"菜单，选择"收款单据录入"命令，系统弹出"收款单录入"窗口，如图4-19所示。

（2）单击"增加"按钮增加一张新的收款单，参照实验资料录入收款单，最后单击"保存"按钮保存新增数据。

（3）单击"审核"按钮审核该张收款单后系统弹出"是否立即制单"窗口，单击"否"按钮则不会立即制单，以后统一制单。单击"核销"旁边的向下箭头，可进入本张收款单与原来的应收单（应收单需先进行审核）进行核销窗口的工作。

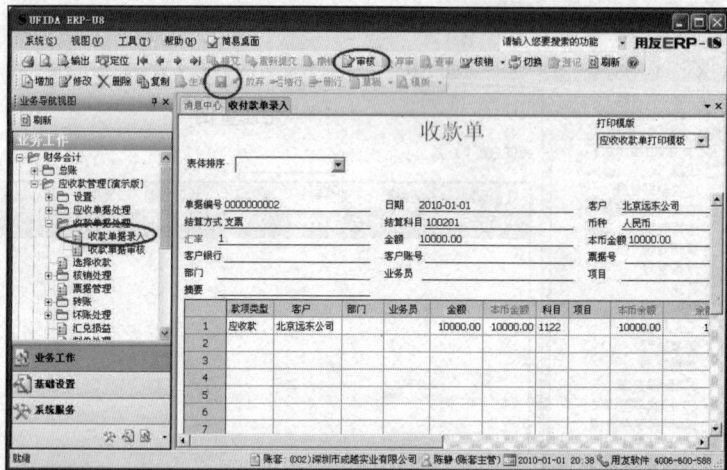

图4-19

4.6

核销业务处理

单据核销是指收回客户款项，核销该客户应收款，可以建立收款与应收款的核销记录，监督应收款及时核销，加强往来款项的管理。

用友系统提供两种核销方式，即手工核销和自动核销。手工核销指由用户手工确定收款单核销与它们对应的应收单。自动核销指由系统来确定收款单核销与它们对应的应收单。

参照本节实验资料，进行核销业务处理。

（1）展开"核销处理"菜单，选择"手工核销"命令，系统弹出"核销条件"窗口，如图 4-20 所示。

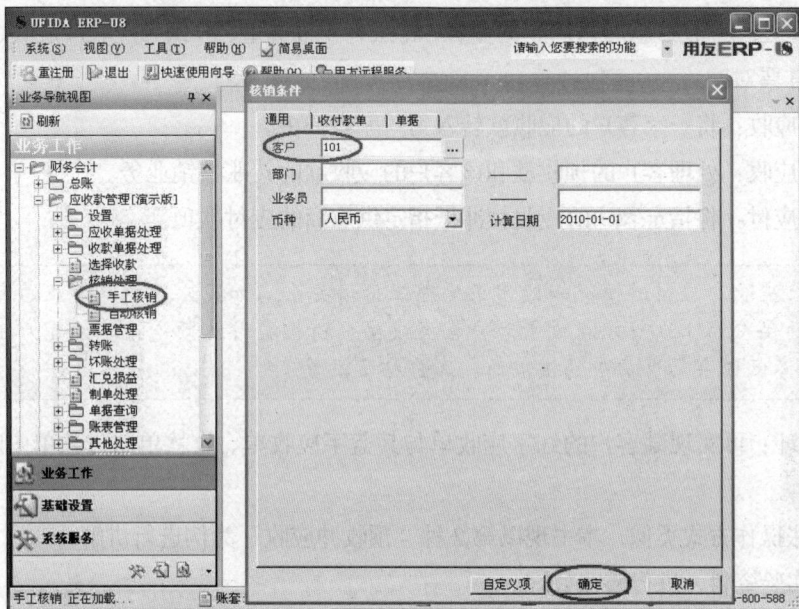

图 4-20

在"通用"选项卡中选择客户编号 101、部门、业务员、币种的过滤条件。

在"结算单"选项卡中输入收付款单据的编号、日期、结算方式、金额等查询信息。

在"单据"选项卡中输入其他单据的编号、日期、结算方式、金额等查询信息。

（2）然后单击"确定"按钮，系统列出符合条件的记录，如图 4-21 所示。

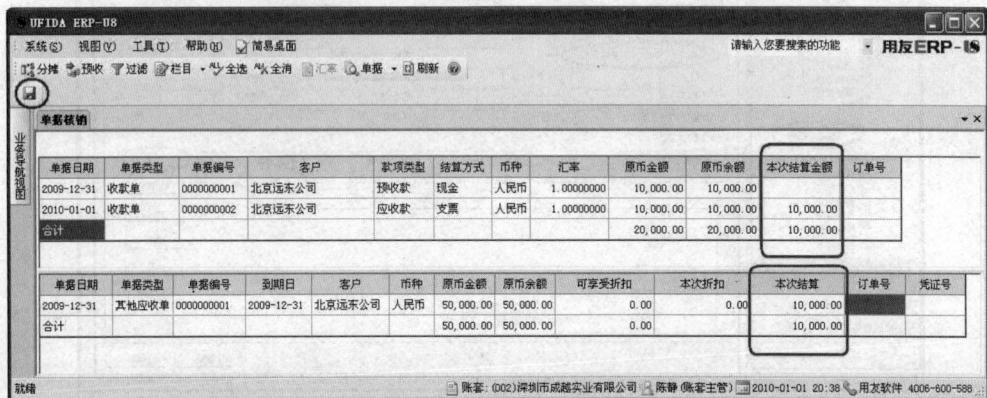

图 4-21

（3）如图 4-21 所示，上面的记录是收款单记录，下面是应收款记录，双击"本次结算金额"、"本次结算"项目栏，填写本次的结算金额 10 000 元，最后单击"保存"按钮完成本次结算。

| 注 | 取消已核销的操作，请参阅本章中的取消操作。 |

4.7 | 转账

转账业务是处理应收账款时常遇到的业务，转账有4种类型，分别为应收冲应收、预收冲应收、应收冲应付和红票对冲。

- 应收冲应收：将一家客户的应收款转入另一家客户中。
- 预收冲应收：处理客户的预收款和该客户的应收款的转账核销业务。
- 应收冲应付：将指定客户的应收款冲抵指定供应商的应付款项。

提示	应收冲应付的情况一般用来处理三角债关系。如某公司既是企业的客户，又是企业的供应商，则可以在设置客户档案或供应商档案时就预先将其设置为相对应的关系（请参阅本书第2章中的供应商、客户档案设置）。

- 红票对冲：可实现某客户的红字应收单与其蓝字应收单、收款单与付款单中间进行冲抵的操作。

这4种转账操作方式类似，本书现以第2种"预收冲应收"为例进行讲解。

参照本节实验资料，进行转账处理。

（1）展开"转账"菜单，选择"预收冲应收"命令，系统弹出"预收冲应收"窗口，如图4-22所示。

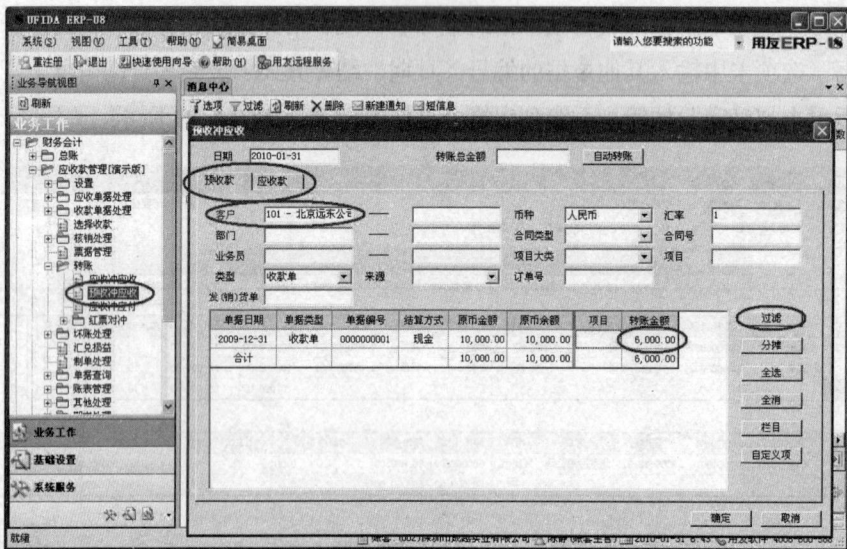

图 4-22

（2）在"预收款"选项卡中选择需要进行转账的客户"北京远东集团"，单击"过滤"按钮，让系统列出该客户的所有预收账款。

（3）在需要进行转账的单据"转账金额"栏中录入转账金额6 000元。

（4）打开"应收款"选项卡，如图 4-23 所示，单击"过滤"按钮，系统列出选定客户的所有应收款账，双击"转账金额"处录入本次转账金额 6 000 元。

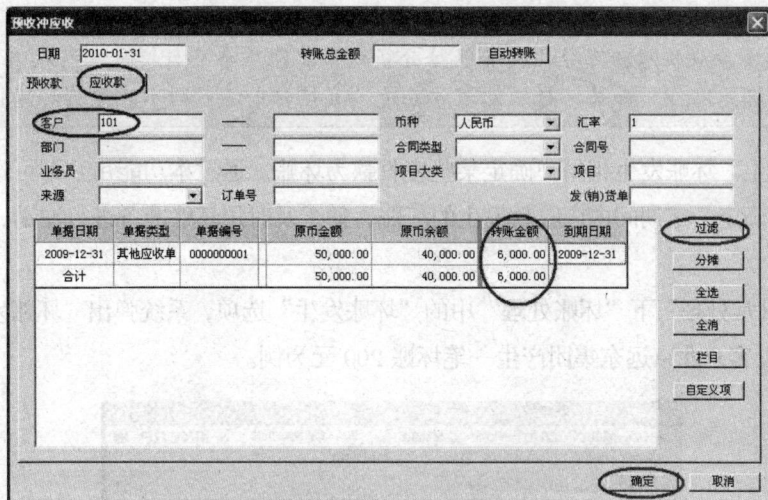

图 4-23

（5）单击"确定"按钮，系统弹出"是否立即制单"的窗口，单击"否"按钮，暂不制单，以后一起制单。

4.8 坏账处理

坏账处理功能包括计提应收坏账准备处理、坏账发生后的处理、坏账收回后的处理等。

（1）计提坏账准备。坏账计提是指预先估计经营风险，按预先进行坏账准备设置的参数（请参阅本章中应收款管理系统业务参数设置中的坏账准备设置），计提可能发生的相应坏账金额。

① 选择"坏账处理"中"计提坏账准备"选项，结果如图 4-24 所示。

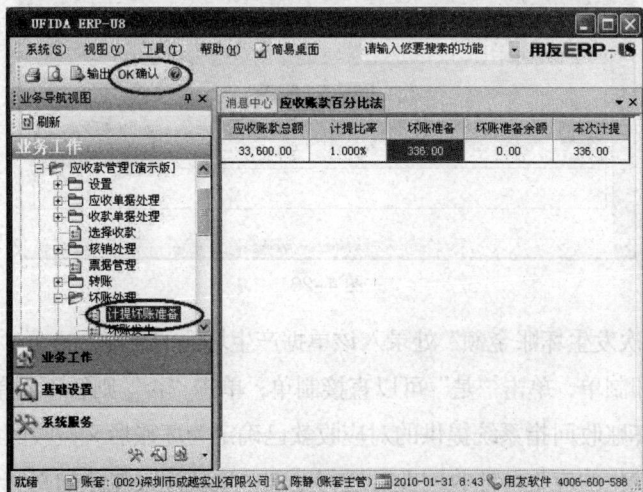

图 4-24

② 单击"确认"按钮，系统弹出"是否立即制单"窗口，如单击"否"按钮，暂不制单。

注	坏账计提方法在进入应收系统时在基础设置处预先进行设置，主要有销售收入百分比法、应收账款百分比法和账龄分析法；坏账准备已计提成功，则本年度不能再做计提坏账准备。如果坏账的处理方式是"直接转销法"则不能进行坏账计提。

（2）坏账发生。坏账发生指用户确定某些应收款为坏账。通过本功能用户即可选定发生坏账的应收业务单据，确定一定期间内应收款发生的坏账，便于及时用坏账准备进行冲销，避免应收款长期呆滞的现象。

① 单击"日常处理"下"坏账处理"中的"坏账发生"选项，系统弹出"坏账发生"窗口，如图 4-25 所示。以客户北京远东集团产生一笔坏账 200 元为例。

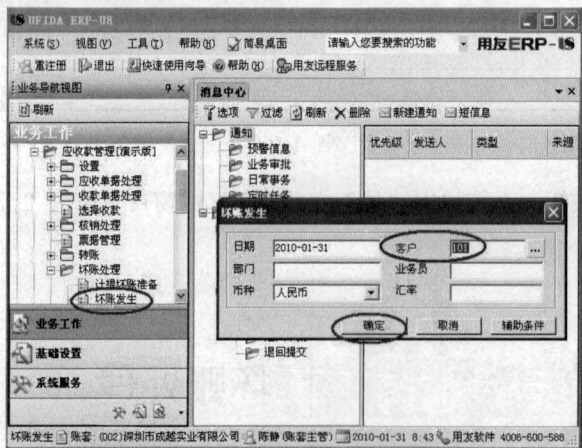

图 4-25

② 录入客户名称"北京远东集团"等过滤条件，然后单击"确定"按钮，系统进入"坏账发生单据明细"窗口，如图 4-26 所示。

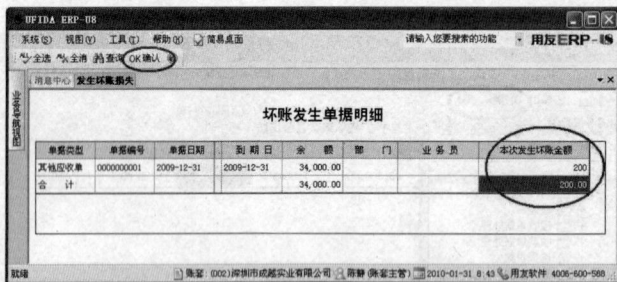

图 4-26

③ 在坏账的"本次发生坏账金额"处录入该单据产生坏账的金额 200 元，然后单击"确认"按钮，系统提示是否立即制单，单击"是"可以直接制单；单击"否"则暂不制单，可待以后再制单。

（3）坏账收回。坏账收回指系统提供的对应收款已确定为坏账后又被收回的业务处理。通过本功能可以对一定期间发生的应收坏账收回业务进行处理，反映应收账款的真实情况，便于对应收款管理。

① 展开"坏账处理"菜单,选择"坏账收回"命令,系统弹出"坏账收回"窗口,如图 4-27 所示。

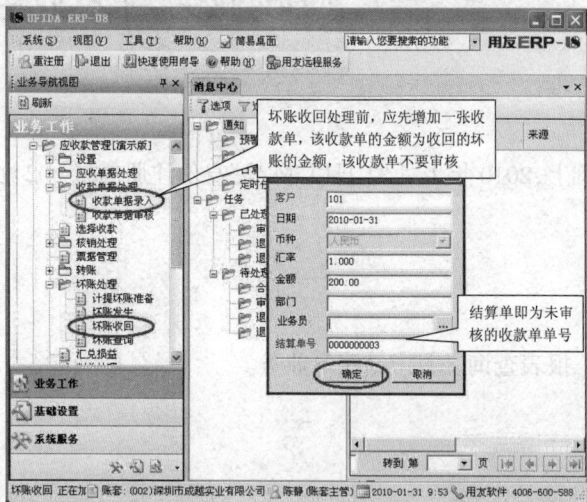

图 4-27

② 在窗口中输入坏账收回的客户编号、结算单(结算单为未审核的收款单)等过滤条件,然后单击"确定"按钮,系统提示是否立即制单,可单击"否"按钮暂不制单。

| 注 | 当收回一笔坏账时,应首先在"收款单据录入"中录入一张收款单,该收款单的金额即为收回的坏账的金额,不要审核该收款单,否则将无法选择此处的结算单。 |

(4)坏账查询。用户可利用坏账查询功能查找一定期间内发生的应收坏账业务处理情况及处理结果,加强对坏账的监督。

展开"坏账处理"菜单,选择"坏账查询"命令,系统弹出"坏账查询"结果,如图 4-28 所示。

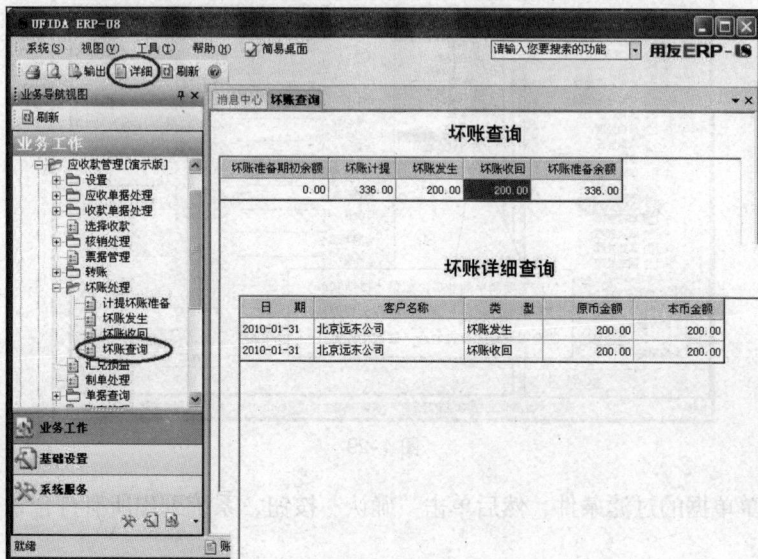

图 4-28

实验三

应收业务月末业务处理

实验准备

在本章实验二的基础上,2010 年 1 月 31 日以"陈静"身份注册登录 002 账套,打开"UFIDA-ERP"操作平台。

实验要求

学会应收业务制单、报表查询、月末结账等业务。

实验指导

4.9

制单处理

制单,即生成凭证,之后将其传递到总账系统并记账。前面讲解了应收款的产生、收款业务、核销业务、坏账业务,这些业务经确认之后,系统都会提示用户是否需要立即制单。可选择立即制单,也可选择否。如不立即制单则可以在此统一制单,也可根据规则合并制单。

(1)选择"制单处理"命令,系统弹出"制单查询"窗口,如图 4-29 所示。

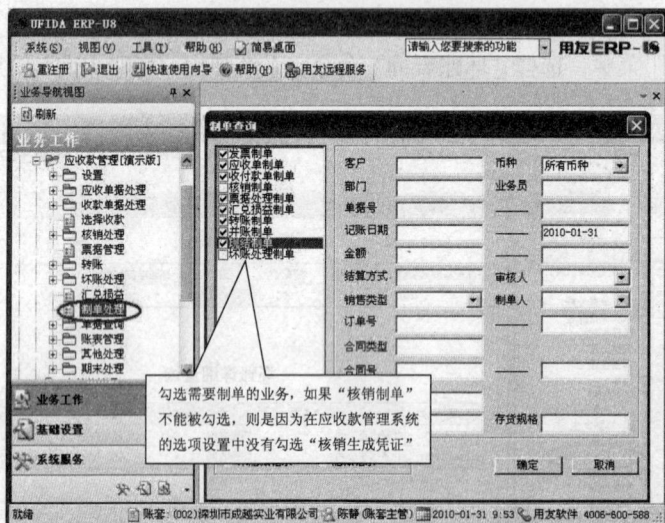

图 4-29

(2)录入制单单据的过滤条件,然后单击"确认"按钮,系统列出所有符合条件的记录,如图 4-30 所示。

不要勾选此处的"核销制单"项,因为在应收系统选项中没有勾选"核销生成凭证"项,所以不管核销双方单据的入账科目是否相同均不需要对这些记录进行制单。

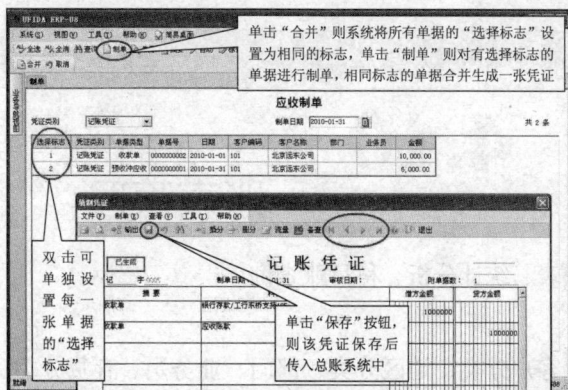

图 4-30

(3)在"选择标识"中输入任一序号。如果需要几张单据合并制单,则在选择标识栏中输入相同的序号;单击"全选"则所有单据都分别制单,单击"合并"则全部单据合并生成一张凭证。

注 系统默认制单日期为当前业务日期。制单日期应大于等于所选单据的最大日期,小于等于当前业务日期。如同时使用了总账系统,则所输入的制单日期应该满足总账制单日期要求,如制单序时控制,则需大于等于同月同类别凭证的日期;原始单据制单后,将不能再次制单。

(4)单击"制单"按钮,系统给出制单信息。检查无误后单击"保存"按钮,该张凭证会出现"已生成"字样,并直接传递到总账系统。在总账系统用查询凭证功能就可以查到。

如果制单错误,或需要重新修改原始单据,则需要删除制单,操作方法如下。

(1)展开"单据查询"菜单,选择"凭证查询"命令,系统弹出"凭证查询条件"窗口,如图4-31所示。

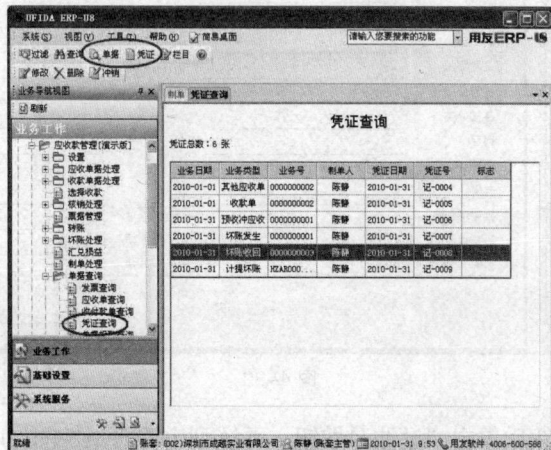

图 4-31

（2）输入查询条件，然后单击"确认"按钮，系统列出所有符合条件的记录。

（3）选定需要删除的凭证，然后单击"删除"按钮，系统弹出"确实要删除此张凭证吗"窗口，单击"是"按钮删除该张凭证，单击"单据"、"凭证"按钮可对选定的单据联查其原始单据或凭证。

注	只有在总账中未审核、未经出纳签字、未经主管签字的凭证才能删除。

4.10 账表管理

账表管理分为业务账表、统计分析、科目账查询。

4.10.1 业务账表

在此可以查看客户、客户分类、地区分类、部门、业务员、存货分类、存货、客户总公司、主管业务员、主管部门在一定期间内发生的应收及收款的明细情况。在应收业务明细账中可以完整查询既是客户又是供应商的业务单据信息，也可以查询未审核单据，联查未开票已出库发货单信息。

以"对账单"为例进行查询。

如展开"业务账表"菜单，选择"对账单"命令，系统弹出"应收对账单"查询条件窗口，如图4-32所示。

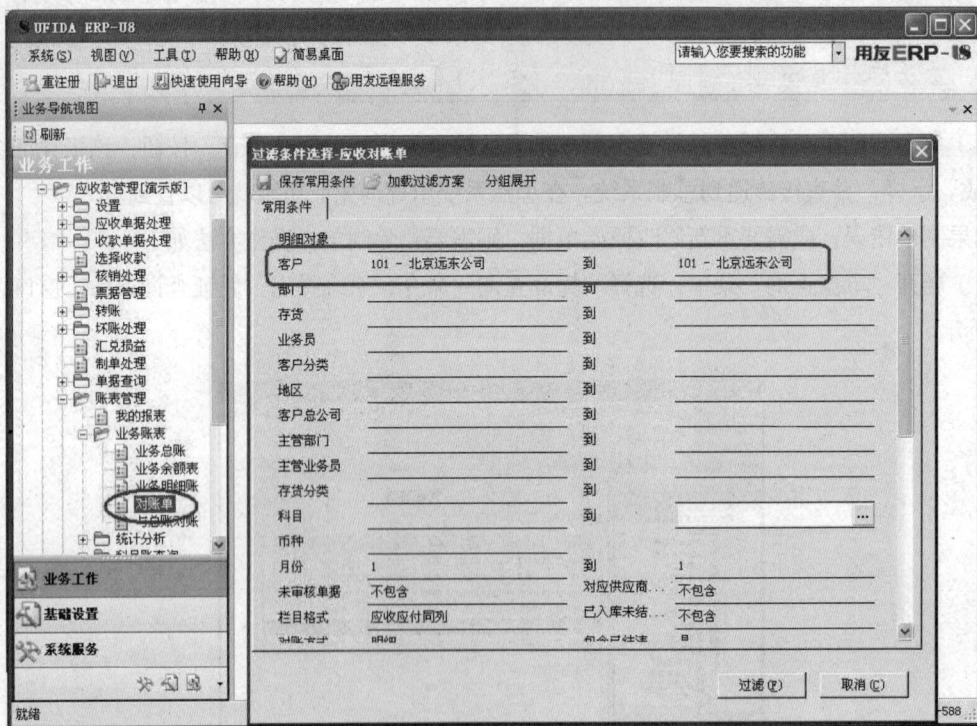

图 4-32

输入各项查询条件，然后单击"过滤"按钮，系统列出符合条件的应收对账单，如图 4-33 所示。单击"打印"按钮可打印出该对账单。

图 4-33

> **提示**　　用友软件的应收账款对账单在查询时，可以所有客户一起查询。在打印时，系统会自动将不同的客户分页打印，非常方便。所以核算单位在客户量大的情况下，要打印对账单就不必一个客户一个客户地单独查询打印了。

4.10.2　统计分析

统计分析可以进行应收账龄分析、收款账龄分析、欠款分析、收款预测。

以"应收账龄分析"为例。

用户可以通过本功能分析客户、存货、业务员、部门或单据的应收款余额的账龄区间分布，可以设置不同的账龄区间并进行分析。（既可以进行应收款的账龄分析，也可以进行预收款的账龄分析。）

（1）展开"统计分析"菜单，如选择"欠款分析"命令，系统弹出"欠款分析"条件窗口，如图 4-34 所示。

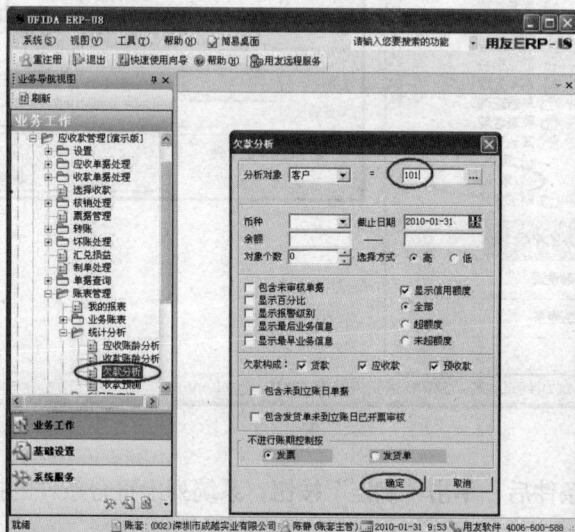

图 4-34

（2）录入各项分析条件，单击"过滤"按钮，系统会弹出"应收账龄分析"报表，如图 4-35 所示。

欠款分析

客户 [101 北京远东公司]　　　　币种：　　　　　　　　截止日期：2010-01-31

客户		欠款总计	信用额度	信用余额	货款 金额	应收款 金额	预收款 金额
编号	名称						
101	北京远东公司	29,800.00		-29,800.00		33,800.00	4,000.00
总计		29,800.00				33,800.00	4,000.00

图 4-35

4.11 取消操作

如果进行了核销、坏账处理、转账、汇兑损益、票据处理、对账操作后，发现操作失误，则可以使用"取消操作"命令将其恢复到操作前的状态，以便进行修改。

（1）展开"其他处理"菜单，选择"取消操作"命令，系统弹出"取消操作条件"录入窗口，如图 4-36 所示。

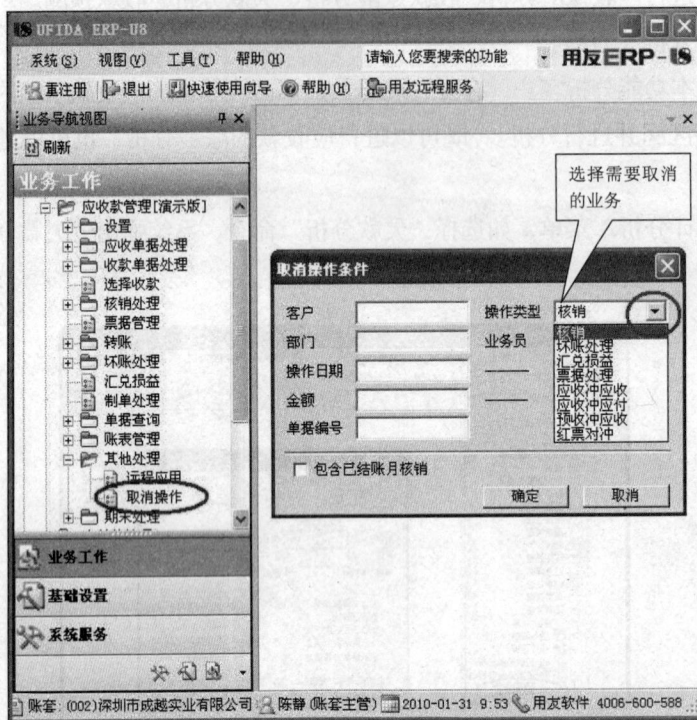

图 4-36

（2）录入取消操作条件后，单击"确定"按钮，系统列出符合条件的操作，如图 4-37 所示。

（3）双击需要取消操作记录的选择标志栏，使其为"Y"字样，单击"OK"按钮对有"Y"字样的记录，取消其操作。

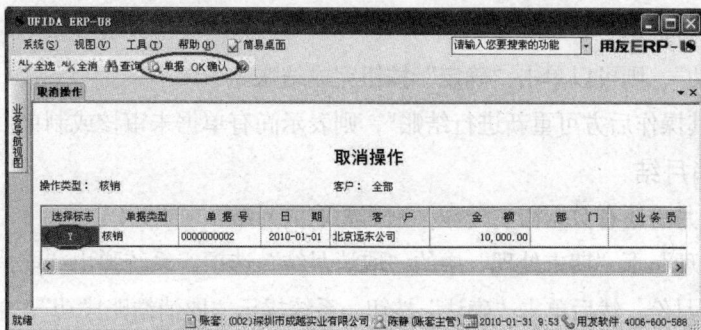

图 4-37

4.12 期末处理

期末处理指用户进行的期末结账工作。如果当月业务已全部处理完毕,就需要执行月末结账。只有月末结账后,才能开始下月工作。

4.12.1 结账

本月各项业务处理结束后就可以进行月末结账工作。执行月末结账后,该月不能再进行任何业务处理。

(1)展开"其他处理"下"期末处理"菜单,选择"月末结账"命令,系统弹出"月末处理"窗口,如图 4-38 所示。

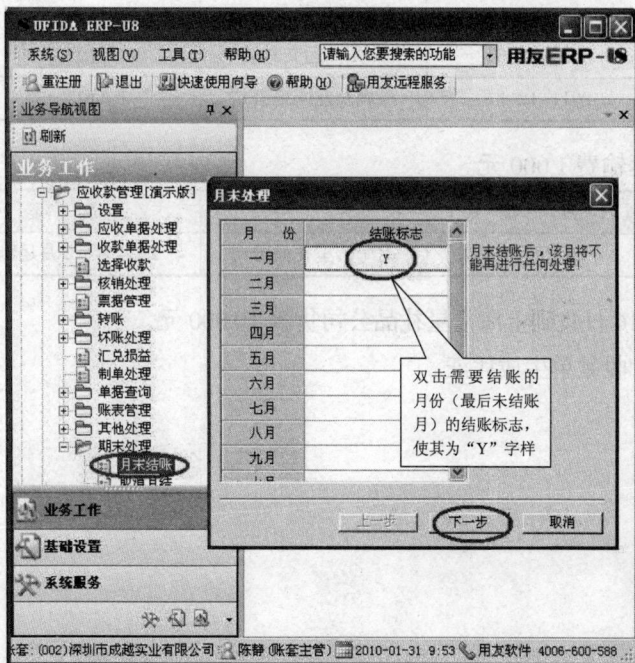

图 4-38

(2)双击需要结账月份的"结账标识"栏,出现"Y"字后,然后单击"下一步"按钮,系统会根据实际情况进行提示。

① "结账成功"，则可以单击"确定"按钮完成结账。

② "需完成其操作后方可重新进行结账"，则表示尚有单据未审核或制单。

4.12.2　取消月结

如果已结账的月份还有数据需要处理，则需要取消月结。

单击"其他处理"下"期末处理"中的"取消月结"选项，系统弹出"取消结账"窗口，选择最后一个已结账的月份，然后单击"确认"按钮，系统提示"取消结账成功"，单击"确定"按钮取消结账。

| 注 | 如果该月总账已结账，则需先取消总账的月结，然后再执行本月应收款系统的取消月结功能。用友软件中总账是最后一个结账的系统，取消结账时恰恰相反，因为每次只能取消最后一个月的结账，所以如果是要取消几个月前的结账，则需要多次执行取消结账操作。 |

课后练习　应收数据处理

1. 应收账款初始数据。

初始类型	日　期	客　户	往来科目	发 生 额
初始销售增税发票	2011-12-31	上海常星礼品公司	1122	12 000.00
初始销售增税发票	2011-12-31	广州鸿运文具店	1122	3 600.00
初始销售增税发票	2011-12-31	深圳长友网络公司	1122	6 500.00

2. 上海常星的运输费1 000元。

单据类型	日　期	客　户	摘　要	金　额
其他应收单	2012-1-10	上海常星礼品公司	2011年12月运输费	1 000.00

3. 2012年1月16日收到上海常星礼品公司货款10 000元。

4. 其他应收单和收款单生成凭证。

第5章 应付款管理系统

概述

应付款管理系统为核算单位提供应付单据、付款单据的录入、处理、核销、转账、汇兑损益、制单等处理，提供各类应付和付款单据、详细核销信息、报警信息、凭证等内容的查询，提供总账表、余额表、明细账等多种账表查询功能，提供应付账款分析、付款账龄分析、欠款分析等丰富的统计分析功能。

应付款管理系统应用流程如图 5-1 所示。

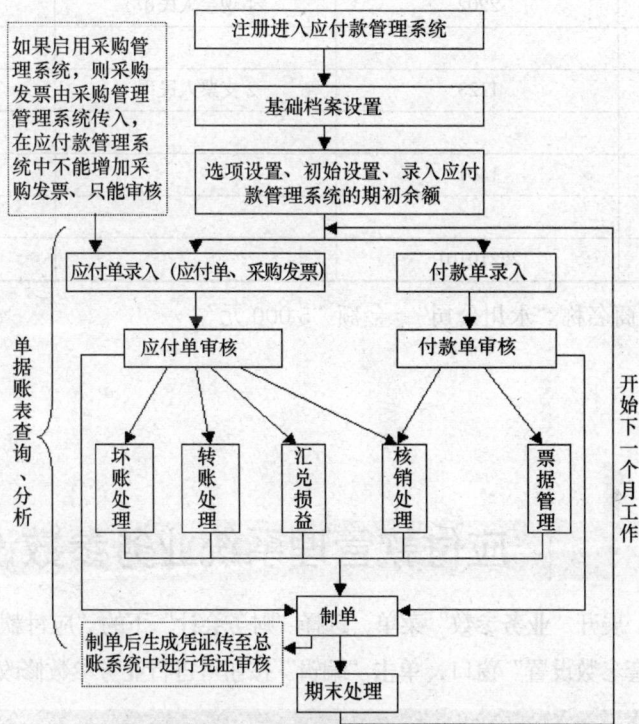

图 5-1

教学建议

建议本章讲授 3 课时，上机实验 3 课时。

实验一 | 初始化应用设置

实验准备

导入本书第 4 章完成之后的备账账套，2010 年 1 月 1 日以"陈静"身份注册登录 002 账套，打开"UFIDA-ERP"操作平台。

实验要求

学会设置应付款管理系统中的选项设置、设置应付业务在制单时生成记账凭证时的对应会计科目和账龄区间设置等，录入应付系统的期初余额。

实验资料

参见表 5-1。

表 5-1   科目设置

基本科目设置		结算方式科目设置	
应付科目本币	2202	1 现金人民币	100101
预付科目本币	1123	2 支票人民币	100201
采购科目本币	1401		
采购税金科目	22210101		

期初应付单，供应商名称"永川公司"，金额"5 000 元"。

实验指导

5.1 应付款管理系统业务参数设置

在"基础信息"中，展开"业务参数"菜单，选择"财务会计"下的"应付款管理"命令，系统打开应付款管理系统"账套参数设置"窗口，单击"编辑"按钮可进行业务参数修改，如图 5-2 所示。

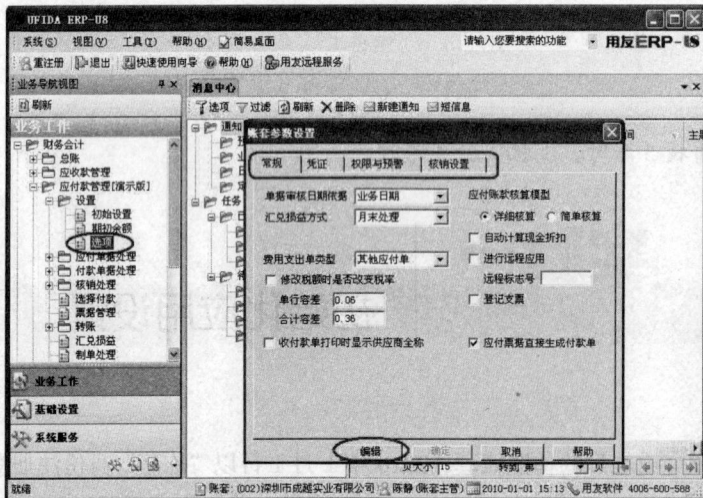

图 5-2

其中包含"常规"、"凭证"、"权限与预警"和"核销设置"四个选项卡，单击"编辑"按钮可修改其设置（设置修改之后，需要退出用友，然后重新登录才有效）。

提示：应付款管理系统中的选项设置，可参阅本书第 4 章中的应收款管理系统中的选项设置，在此不再详细讲解。

5.2 初始设置

初始设置包括会计科目设置、账期内账龄区间设置、逾期账龄区间设置、报警级别设置、单据类型的设置。初始设置的作用是建立应付款管理的基础数据，确定使用哪些单据处理应付业务，确定需要进行账龄管理的账龄区间。有了这功能，用户可以选择使用自己定义的单据类型，使应付业务管理更符合用户的需要。

1. 设置科目

依据用户定义的科目，依据不同的业务类型，生成凭证时自动带出科目。

参照本节实验资料设置科目。

（1）打开"应付款管理"系统，展开"设置"目录下的"初始设置"选项，系统弹出"初始设置"窗口。

（2）在"初始设置"窗口中，单击"设置科目"下的"基本科目设置"选项，参照实验资料录入基本科目，应付款本币"2202"（2202 会计科目名称为"应付账款"），如图 5-3 所示。

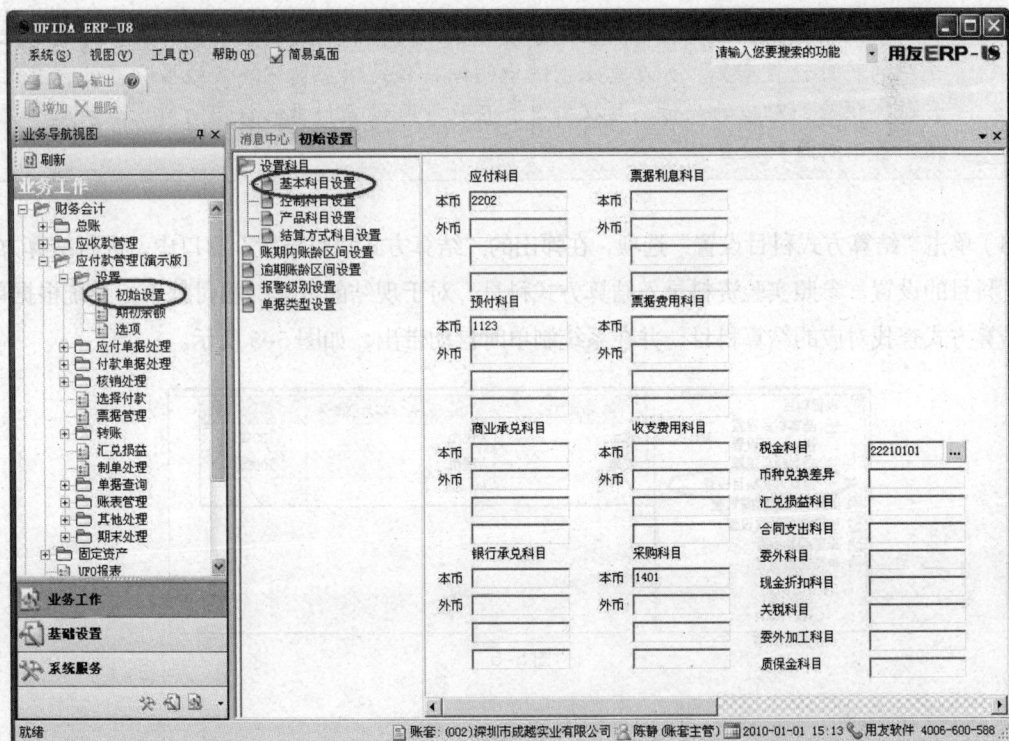

图 5-3

> **注**　以上设置的科目是在科目设置中设置了的末级科目的科目；只有设置了"银行承兑科目"和"商业承兑科目"，才可以使用票据登记簿以及在期初余额中录入期初应付票据余额。

（3）基本科目设置完毕后，单击"控制科目设置"选项，录入各控制科目，进行应付科目、预收科目的设置，如图5-4所示。

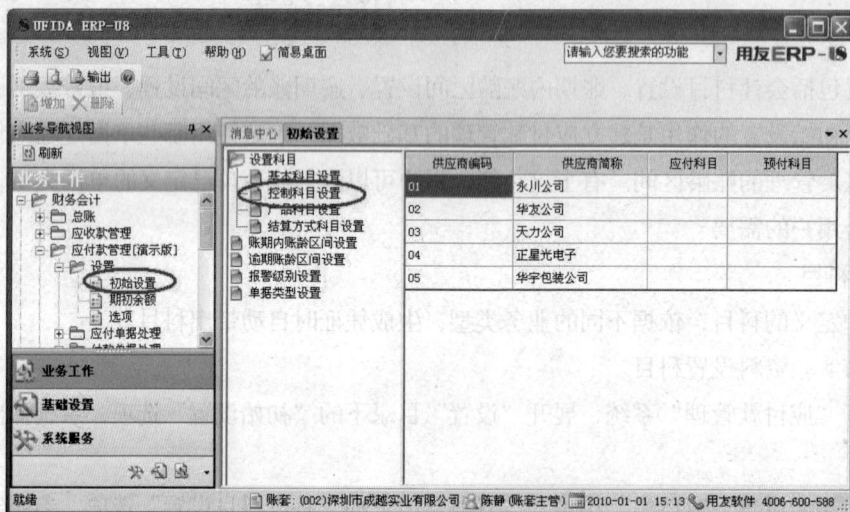

图 5-4

> **注**　录入的控制科目与应付款系统账套参数中的控制科目设置有关，而且还与总账系统中的科目设置有关。如在总账系统中明细科目是供应商分类或地区分类，则在此设置每一供应商对应的应付、预收科目。在此没有设置科目的供应商所生成的业务凭证使用基本科目的设置。

（4）单击"结算方式科目设置"选项，在弹出的"结算方式科目设置"窗口中，进行结算方式、币种、科目的设置，参照实验资料录入结算方式科目。对于现结的发票、收付款单，系统根据单据上的结算方式查找对应的结算科目，并在系统制单时自动带出，如图5-5所示。

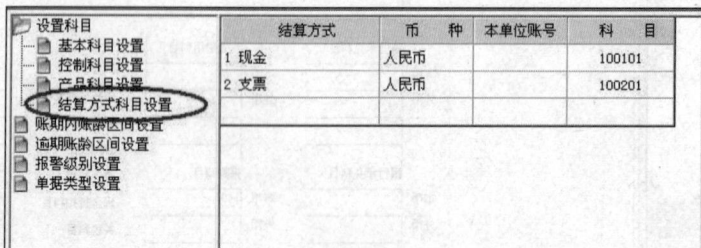

图 5-5

2．设置账龄区间

账龄区间设置指用户定义应付账款或付款时间间隔，作用是便于用户根据自己定义的账款时间间隔，进行应付账款或付款的账龄查询和账龄分析，清楚了解一定期间内所发生的应付款及付款情况。

在实际业务中，企业高层管理常会要求财务人员提供一个在某一个时间段内的付款预测，就会使用到账龄区间。

（1）打开"设置"目录下的"初始设置"项，系统弹出"初始设置"窗口，如图 5-6 所示。

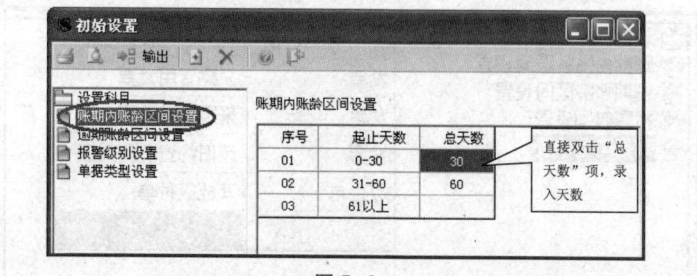

图 5-6

（2）单击"账龄区间设置"项，然后单击"增加"菜单，系统新增一空项账龄区间，在序号栏处录入"01"，总天数栏处录入"30"，然后再录入 60 天账龄区间。

（3）最后单击"退出"按钮保存并退出设置。

3. 逾期账龄区间设置

逾期账龄区间设置指用户定义逾期应付账款或付款时间间隔的功能，它的作用是便于用户根据自己定义的账款时间间隔，进行逾期应付账款或付款的账龄查询和账龄分析，清楚了解在一定期间内所发生的应付款及付款情况。逾期账龄区间设置与账龄期间设置一样。

4. 报警级别设置

设置报警级别，可以根据欠款余额与信用额度的比例将供应商分为不同的级别。

（1）打开"设置"目录下的"初始设置"项，系统弹出"初始设置"窗口，如图 5-7 所示。

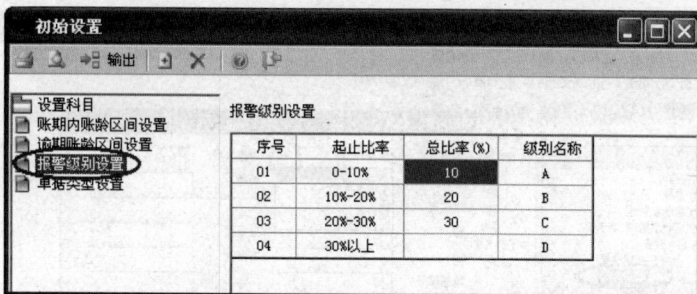

图 5-7

（2）选中"报警级别设置"项，然后单击"增加"菜单，系统新增一空项报警级别，在序号栏中录入"01"，在总比率栏中录入"10"，在级别栏中录入"A"，然后录入其他报警级。

（3）单击"退出"按钮保存并退出设置。

5. 单据类型设置

单据类型设置指用户将自己的往来业务与单据类型建立对应关系，达到快速处理业务以及进行分类汇总、查询、分析的目的。在"单据类型设置"选项中可以设置单据的类型——"发票"和"应付单"两大类型。

在应付款系统中发票的类型包括增值税专用发票和普通发票。

可以根据应付单记录采购业务之外的应付款情况，将应付单分为应付代垫费用款、应付利息款等，应付单的对应科目可由操作员自己定义，如图5-8所示。

单据类型	单据名称
发票	采购专用发票
发票	采购普通发票
发票	废旧物资收购凭证
应付单	其他应付单

图5-8

5.3 | 期初余额

应付款管理系统的期初余额需与总账系统中的会计科目期初余额一致，如在应付款管理系统中的应付款余额为10万元人民币，在总账系统中的应付款会计科目余额也应该是10万元人民币，否则会造成应付款管理系统与总账系统对账错误，必须检查到底是哪一个系统的期初余额录入有误。

参照本节实验资料录入期初余额。

（1）展开"设置"目录下的"期初余额"选项，系统弹出"期初余额——查询"窗口，如图5-9所示。

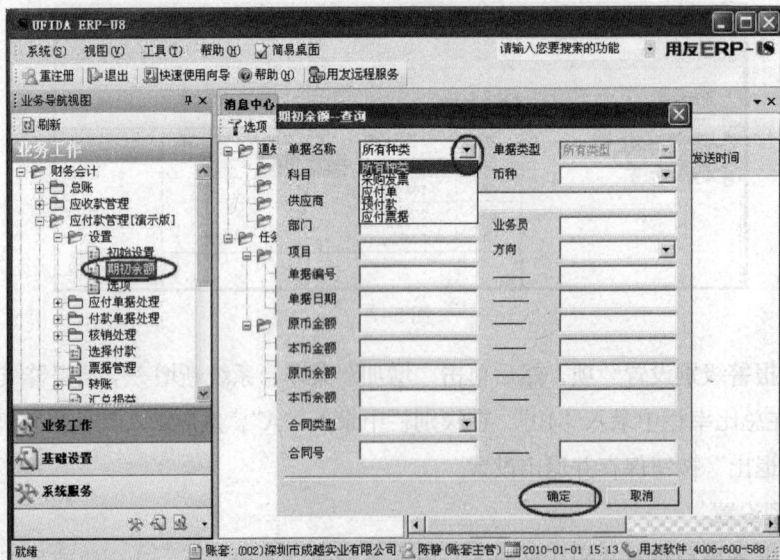

图5-9

（2）选择需要查询的条件（如果不加入任何条件，即为所有记录），单击"确定"按钮，系统打开"期初余额明细表"窗口。

（3）单击"增加"按钮，系统弹出"单据类型"窗口，选择需增加的期初单据类型（单据名称分为采购发票、应付单、预付款、应付票据），然后单击"确认"按钮，如图 5-10 所示。

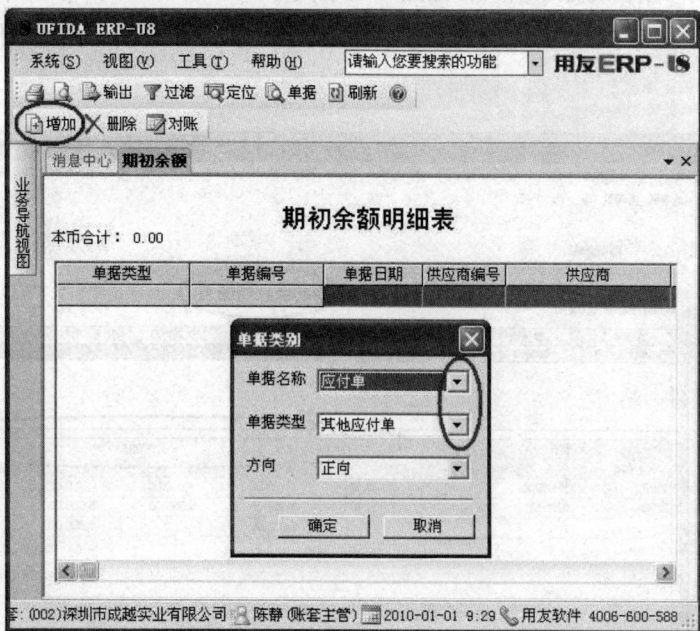

图 5-10

（4）选择增加一张应付单，单击"确定"按钮，系统弹出"应付单"界面，如图 5-11 所示。

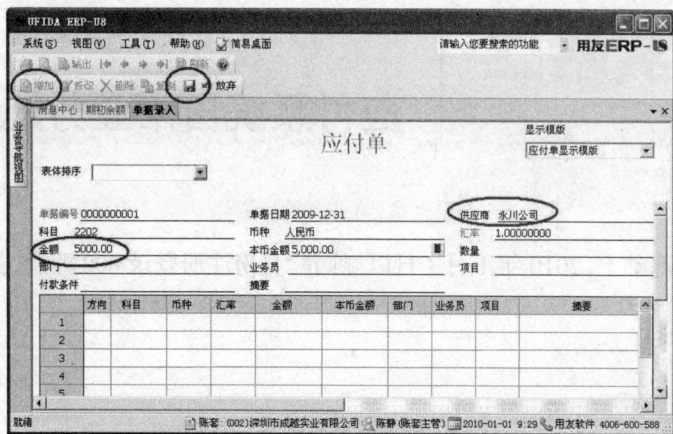

图 5-11

（5）新增一张期初应付单，供应商名称"永川公司"，金额"5 000"，最后单击"保存"按钮以保存该张新增期初单据，最后单击"退出"按钮。

注	应付单中的单据日期可以更改，但必须是在应付款系统的启用日期之前，因为只有这样才会是期初数据。

注	第一个会计期间已记账后，期初余额只能查看，不能修改。

（6）应付款的期初余额录入完成后，进行"期初对账"工作。在"期初余额明细表"中单击"对账"按钮，系统弹出"期初对账"窗口，如图5-12所示。

（7）查看应付款系统与总账系统的期初余额是否平衡。如果不平衡，需检查修改录入，直到达到平衡。

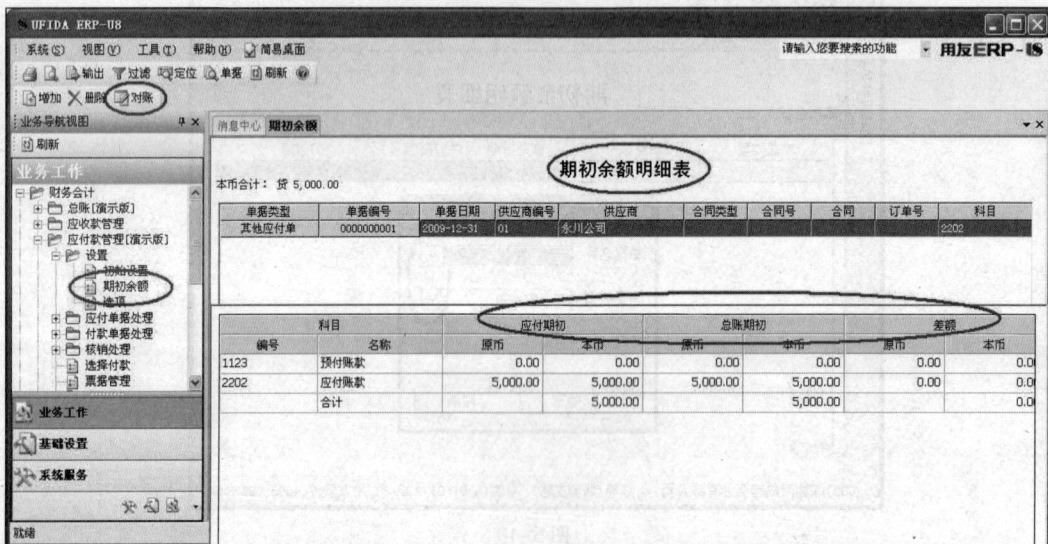

图5-12

实验二

应付系统日常业务处理

实验准备

在本章实验一的基础上，2010年1月1日以"陈静"身份注册登录002账套，打开"UFIDA-ERP"操作平台。

实验要求

学会应付业务、付款业务处理，学会应付业务核销处理。

实验资料

- 增加其他应付单，供应商名称：永川公司；金额：3 000元人民币。
- 增加一张付款单，供应商名称：永川公司；结算方式：现金；金额：4 500元人民币。
- 将永川公司应付单生成的应付款与永川公司的付款单数据进行核销，核销金额4 500元。

- 将永川公司的应付款 500 元转入供应商华友公司。

实验指导

5.4 应付单处理

应付单是形成应付款的业务单据，应付单处理包括应付单录入和应付单审核。

当新增一笔采购业务或其他应付款业务时，需要填制相应的应付单据。

注	采购发票和应付单据都是应付款日常核算的原始单据，如果启用了采购管理系统，则采购发票在采购管理系统中填制，然后传递至应付款管理系统中。此时在应付款管理系统中只能增加应付单，而不能增加采购发票，但可对采购发票进行查询、核销、制单等操作。

参照本节实验资料，处理应付业务。

（1）展开"应付单处理"菜单，单击"应付单据录入"选项，系统弹出单据类别窗口，如图 5-13 所示。

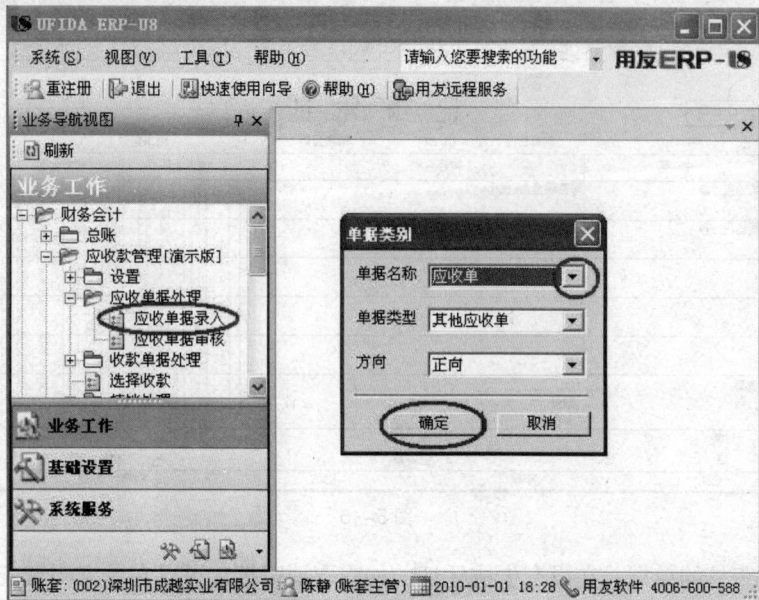

图 5-13

（2）选择本次新增的单据类别，单击"确定"按钮，系统打开一张空白的应付单，如图 5-14 所示。

（3）录入永川公司的 3 000 元应付款到应付单中，单击"保存"按钮进行保存。

（4）单击"审核"按钮，系统弹出"是否立即制单"窗口，单击"是"按钮，则可以直接生成记账凭证；如单击"否"按钮，暂时不生成记账凭证，可以日后一起生成记账凭证。如图 5-15 所示，生成的记账凭证会直接传递到总账系统中，之后在总账系统中对该张记账凭证进行审核和记账。但是记账凭证的删除只能在应付系统中完成。

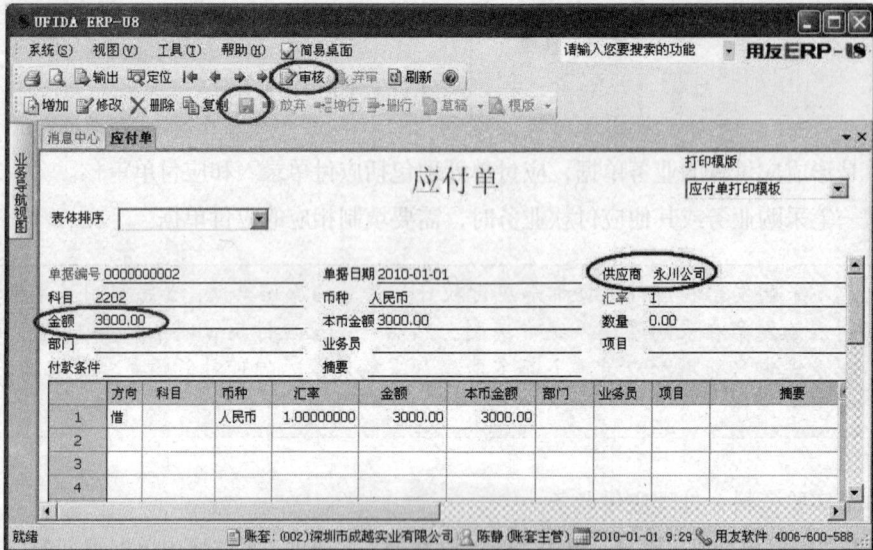

图 5-14

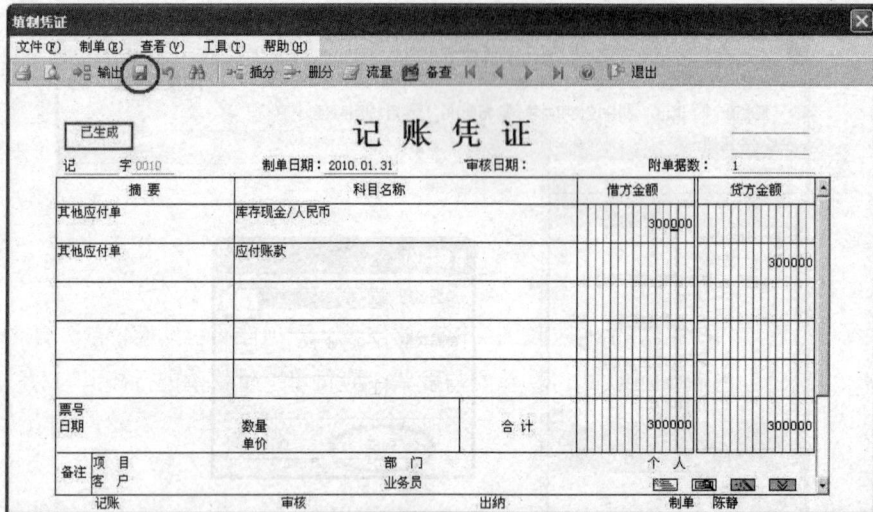

图 5-15

（5）对于已审核的单据，在没有生成凭证前如需取消审核，可以在单据明细表中直接单击"弃审"按钮，或者双击该记录打开已审核的单据，然后单击该单据工具栏上的"弃审"按钮。

如果需要弃审已经生成了凭证的应付单据，则应先删除凭证后，再对该应付单据进行弃审，方法如下所示。

① 选择"单据查询"中的"凭证查询"选项，找出并删除相应的凭证。如果该凭证已在总账系统中被记账，则需要在总账系统中取消该凭证记账之后再执行前面的操作，如图 5-16 所示。

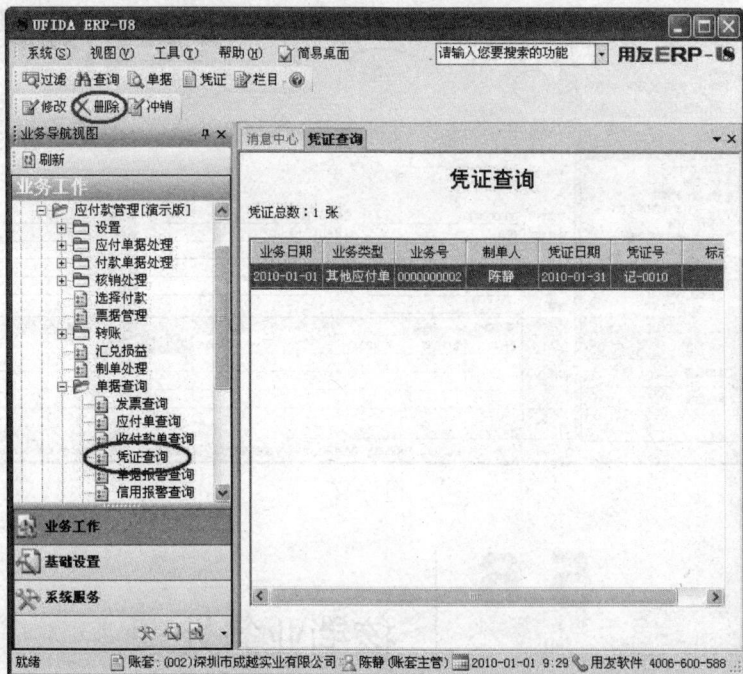

图 5-16

②　展开"日常处理"下"应付单据处理"中的"应付单据审核"选项，在"单据过滤条件"窗口中录入查询条件（注意，该单据是审核才生成了凭证，所以查询条件中需勾选"已审核"复选项），单击"确认"按钮，在查询出来的记录中，选择需取消审核的记录，然后单击"弃审"按钮即可。

5.5 付款单据处理

付款单据处理分为付款单据录入和付款单据审核。

应付系统的付款单用来记录企业所收到的供应商款项，款项性质包括应付款、预付款、其他费用等。其中，应付款、预付款性质的付款单要与发票、应付单、付款单进行核销勾对。

应付系统中的付款单用来记录发生采购退货时，企业开具的退付给供应商的款项。该付款单可与应付、预收性质的付款单、红字应付单、红字发票进行核销。

参照本节实验资料，新增付款业务。

（1）展开"付款单据处理"菜单，选择"付款单据录入"命令，系统弹出"付款单录入"窗口，如图 5-17 所示。

（2）单击"增加"按钮增加一张新的付款单，录入向永川公司付款 4 500 元，最后单击"保存"按钮保存新增数据。

（3）单击"审核"按钮审核该张付款单，系统弹出"是否立即制单"窗口，单击"否"按钮不立即制单，以后统一制单。单击"核销"旁边的向下箭头，可进入到本张付款单与原来的应付单（应付单需先进行审核）进行核销窗口。

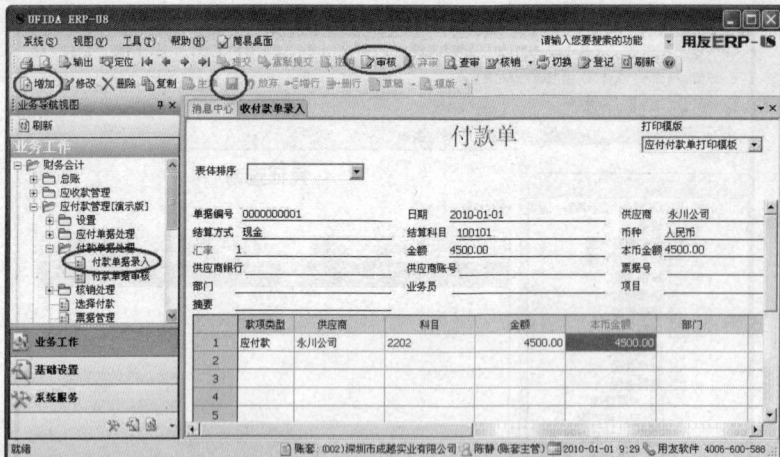

图 5-17

5.6

核销业务处理

单据核销是指收回供应商款项，核销该供应商应付款，可以建立付款与应付款的核销记录，监督应付款及时核销，加强往来款项的管理。

用友系统提供两种核销方式——手工核销和自动核销。手工核销指由用户手工确定付款单核销与它们对应的应付单。自动核销指由系统来确定付款单核销与它们对应的应付单。

参照本节资料将永川公司应付单生成的应付款与永川公司的付款单数据进行核销，核销金额4 500元。

（1）展开"核销处理"菜单，选择"手工核销"命令，系统弹出"核销条件"窗口，如图5-18所示。

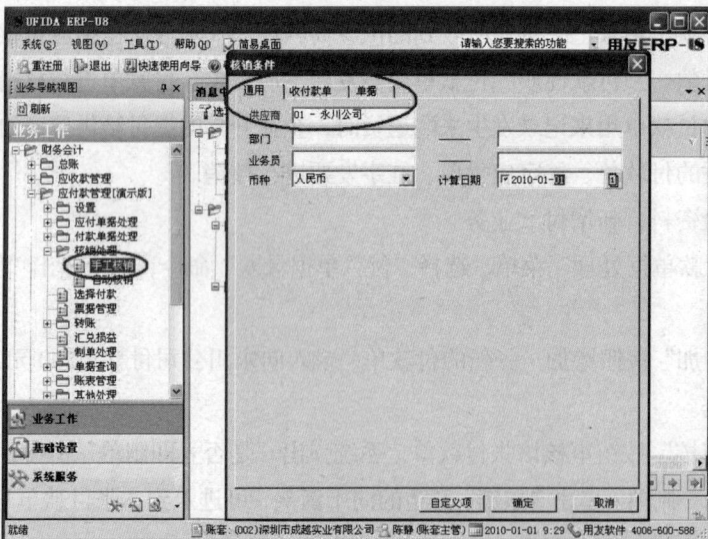

图 5-18

在"通用"选项卡中选择供应商编号 01 永川公司、部门、业务员、币种的过滤条件。

在"结算单"选项卡中输入收付款单据的编号、日期、结算方式、金额等查询信息。

在"单据"选项卡中输入其他单据的编号、日期、结算方式、金额等查询信息。

（2）然后单击"确定"按钮，系统列出符合条件的记录，如图 5-19 所示。

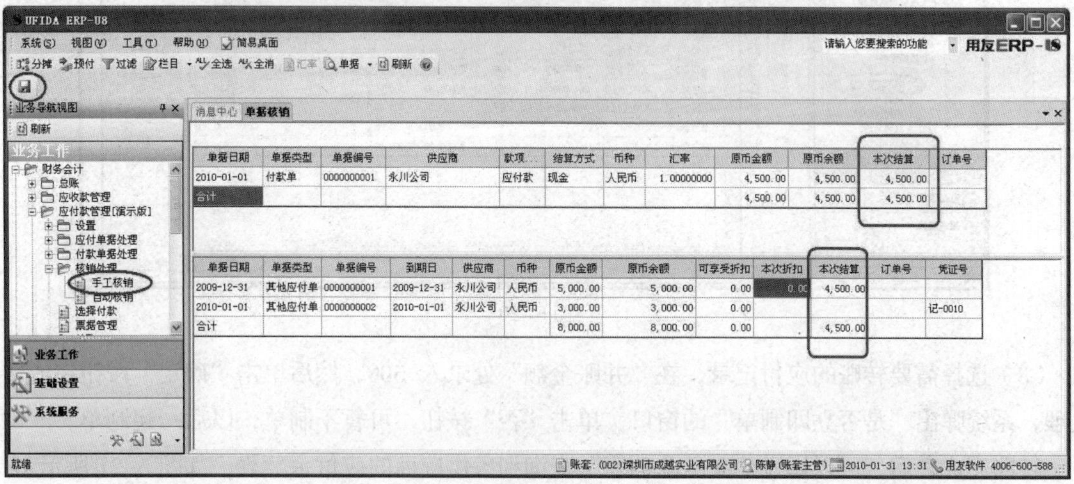

图 5-19

（3）上面的记录是付款单记录，下面是应付款记录，双击"本次结算金额"、"本次结算"项目栏，填写本次的结算金额 4 500 元，最后单击"保存"按钮完成本次结算。

5.7 转账

转账业务是处理应付账款时常遇到的业务，转账有 4 种类型，分别为应付冲应付、预收冲应付、应付冲应付和红票对冲。

- 应付冲应付：将一家供应商的应付款转入另一家供应商中。
- 预付冲应付：处理供应商的预付款和该供应商的应付款的转账核销业务。
- 应收冲应付：将指定客户的应收款冲抵指定供应商的应付款项。
- 红票对冲：将指定客户的红字应收单与蓝字应收单、收款单与付款单中间进行冲抵。

> 提示　　　应收冲应付的情况一般用来处理三角债关系，如某公司既是企业的客户，又是企业的供应商，则可以在设置客户档案或供应商档案时就预先将其设置为相对应的关系（请参阅本书第 2 章中的客户、供应商档案设置）。

参照本节实验资料，将永川公司的应付款 500 元转入供应商华友公司。

（1）展开"转账"菜单，选择"应付冲应付"命令，系统弹出"应付冲应付"窗口，如图 5-20 所示。

（2）在"转出户"中选择"永川公司"，转入户中选择"华友公司"，单击"过滤"按钮，让系统列出该"永川公司"的所有应付账款记录。

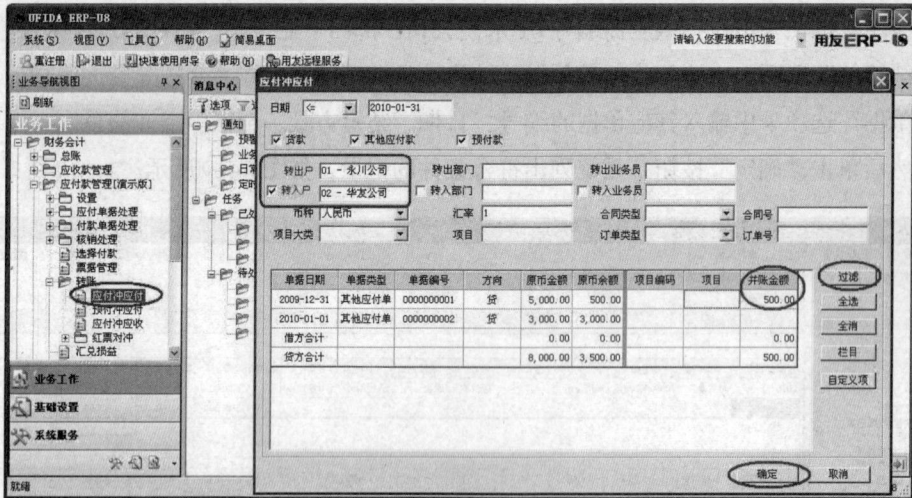

图 5-20

（3）选择需要转账的应付记录，在"并账金额"处录入 500，然后单击"确定"按钮完成转账处理，系统弹出"是否立即制单"的窗口，单击"否"按钮，可暂不制单，以后一起制单。

转账完成之后，可以通过"业务余额表"查询到各供应商的应付余额表，如图 5-21 所示。

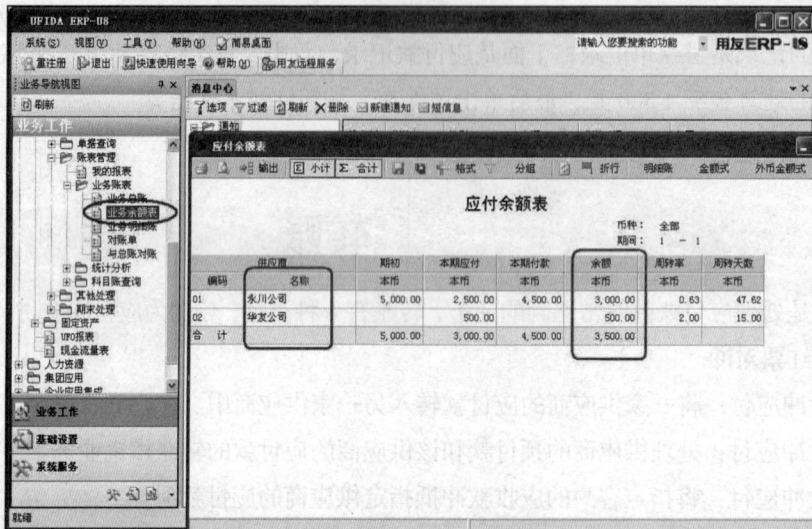

图 5-21

实验三
应付月末业务处理

实验准备

在本章实验二的基础上，2010 年 1 月 31 日以"陈静"身份注册登录 002 账套，打开"UFIDA-ERP"操作平台。

实验要求

学会应付业务制单、报表查询、月末结账等业务。

实验指导

5.8 制单处理

制单，即生成凭证，之后将其传递到总账系统并记账。前面讲解了应付款的产生、付款业务、核销业务，这些业务经确认之后，系统都会提示用户是否需要立即制单。可选择立即制单，也可选择否。如不立即制单则可以在此统一制单，也可根据规则合并制单。

（1）选择"制单处理"命令，系统弹出"制单查询"窗口，如图5-22所示。

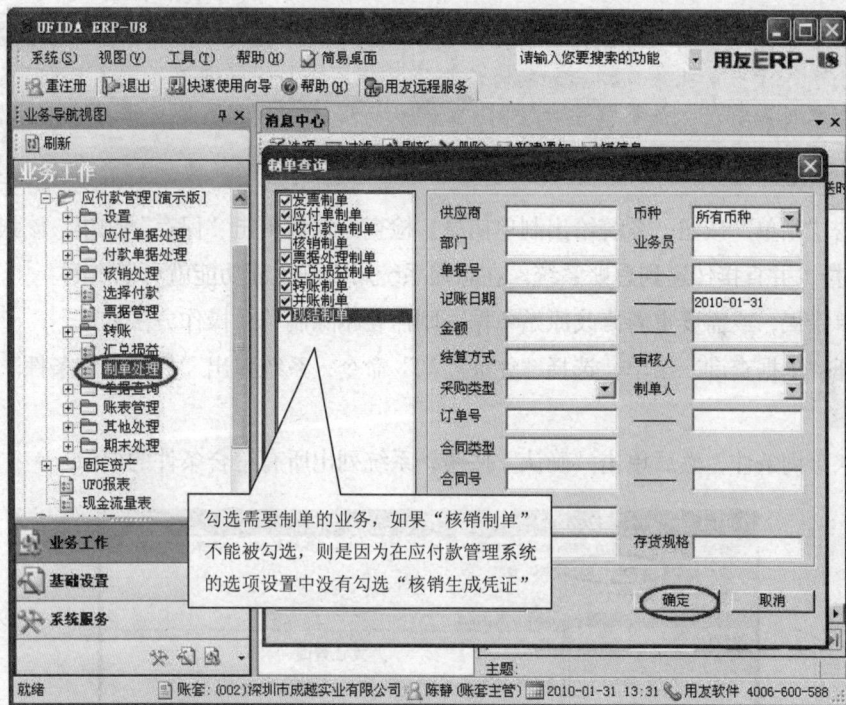

图 5-22

（2）录入制单单据的过滤条件，然后单击"确定"按钮，系统列出所有符合条件的记录，如图5-23所示。

（3）在"选择标识"中输入任一序号。如果需要几张单据合并制单，则在选择标识栏中输入相同的序号；单击"全选"按钮则所有单据都分别制单，单击"合并"按钮则全部单据合并生成一张凭证。

注	不要勾选此处的"核销制单"项，因为在应付系统选项中没有勾选"核销生成凭证"项，所以不管核销双方单据的入账科目是否相同均不需要对这些记录进行制单。

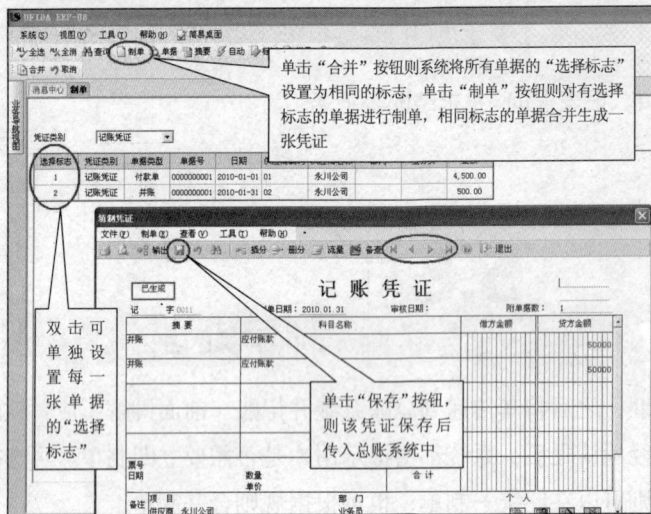

图 5-23

（4）单击"制单"按钮，系统给出制单信息。检查无误后单击"保存"按钮，该张凭证会出现"已生成"字样，并直接传递到总账系统。在总账系统用查询凭证功能就可以查到。

如果制单错误，或需要重新修改原始单据，则需要删除制单，操作方法如下。

（1）展开"单据查询"菜单，选择"凭证查询"命令，系统弹出"凭证查询条件"窗口，如图5-24所示。

（2）输入查询条件，然后单击"确认"按钮，系统列出所有符合条件的记录。

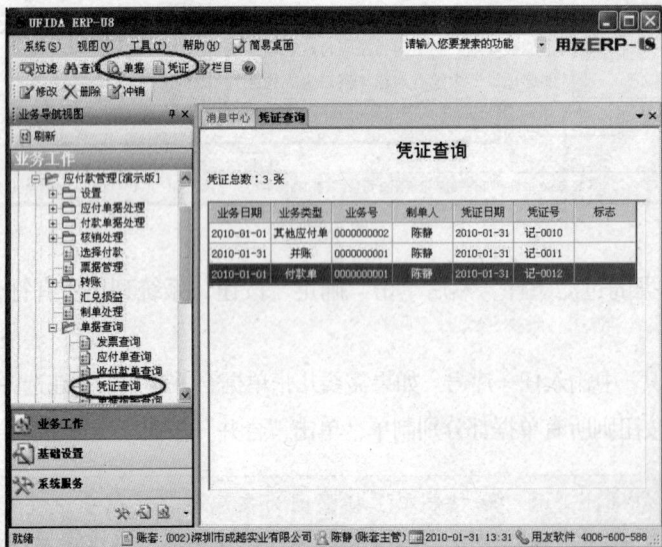

图 5-24

（3）选定需要删除的凭证，然后单击"删除"按钮，系统弹出"确实要删除此张凭证吗"窗口，单击"是"按钮删除该张凭证，单击"单据"、"凭证"按钮可对选定的单据联查其原始单据或凭证。

注	只有在总账中未审核、未经出纳签字、未经主管签字的凭证才能删除。

5.9 账表管理

账表管理分为业务账表、统计分析、科目账查询。

5.9.1 业务账表

在此可以查看供应商、供应商分类、地区分类、部门、业务员、存货分类、存货、供应商总公司、主管业务员、主管部门在一定期间内发生的应付及付款的明细情况。在应付业务明细账中可以完整查询既是客户又是供应商的业务单据信息，也可以查询未审核单据，联查未开票已入库信息。

以"对账单"为例进行查询。

如展开"业务账表"菜单，选择"对账单"命令，系统弹出"应付对账单"查询条件窗口，如图 5-25 所示。

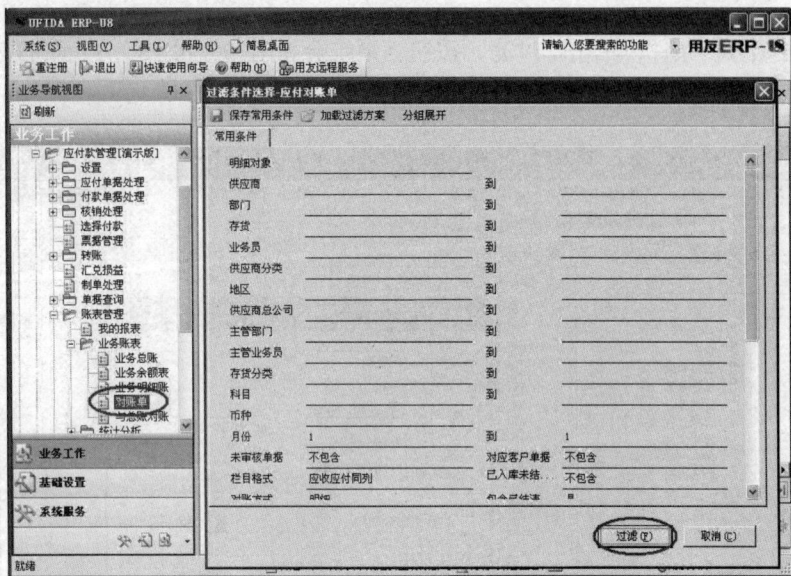

图 5-25

输入各项查询条件，然后单击"过滤"按钮，系统列出符合条件的应付对账单，如图 5-26 所示。单击"打印"按钮可打印出该对账单。

提示	用友软件的应付账款对账单在查询时可以所有供应商一起查询。在打印时，系统会自动将不同的供应商分页打印，非常方便，所以核算单位在供应商量大的情况下，要打印对账单时，就不必一个供应商一个供应商地单独查询打印了。

图 5-26

5.9.2 统计分析

统计分析可以进行应付账龄分析、付款账龄分析、欠款分析、付款预测。

以"应付账龄分析"为例。

用户可以通过本功能分析供应商、存货、业务员、部门或单据的应付款余额的账龄区间分布，可以设置不同的账龄区间并进行分析。（既可以进行应付款的账龄分析，也可以进行预付款的账龄分析。）

（1）展开"统计分析"菜单，如选择"欠款分析"命令，系统弹出"欠款分析"条件窗口，如图 5-27 所示。

（2）录入各项分析条件，单击"过滤"按钮，系统会弹出"应付账龄分析"报表，如图 5-28 所示。

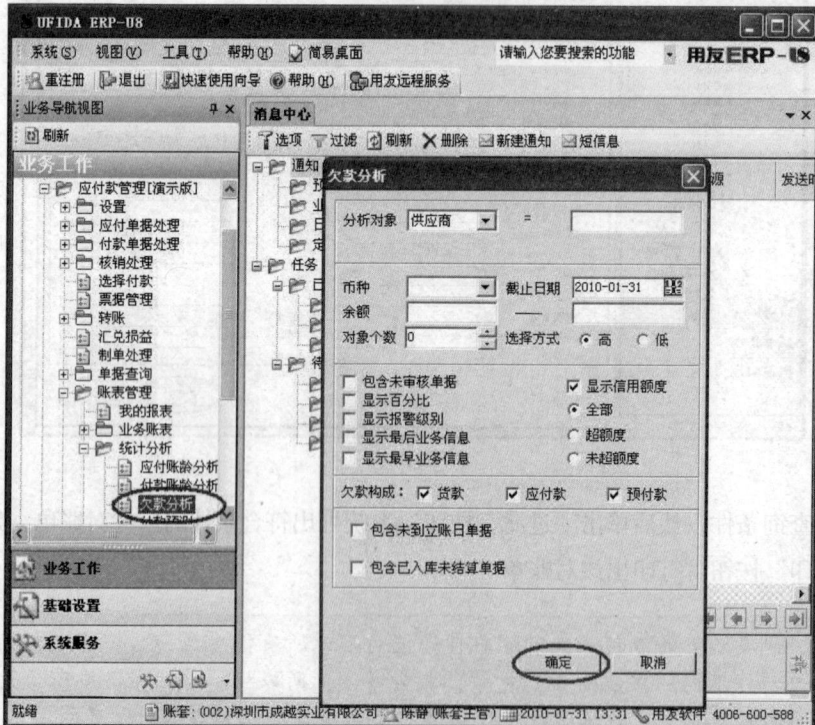

图 5-27

图 5-28

5.10

取消操作

如果进行了核销、转账、汇兑损益、票据处理、对账操作后，发现操作失误，则可以使用"取消操作"命令将其恢复到操作前的状态，以便进行修改。

（1）展开"其他处理"菜单，选择"取消操作"命令，系统弹出"取消操作条件"录入窗口，如图 5-29 所示。

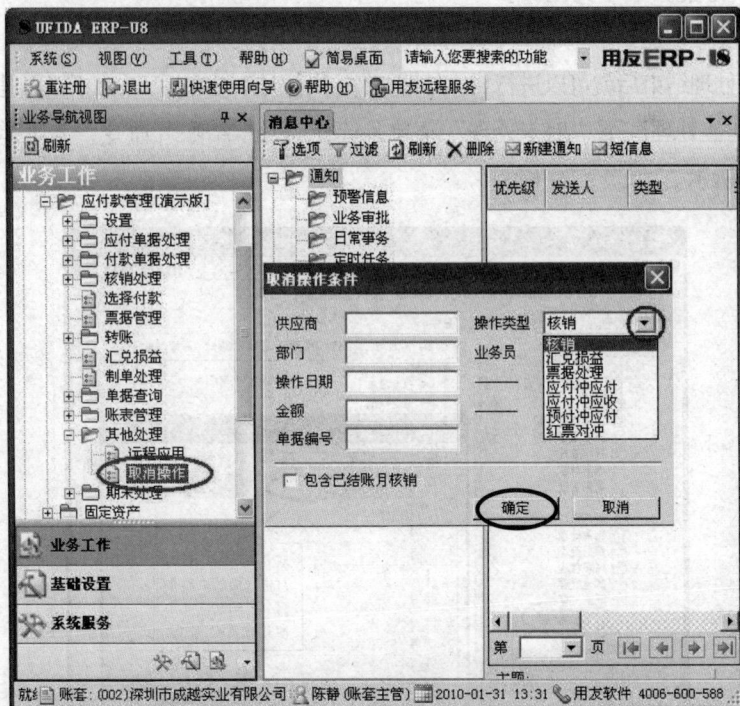

图 5-29

（2）录入取消操作条件后，单击"确定"按钮，系统列出符合条件的操作，如图 5-30 所示。

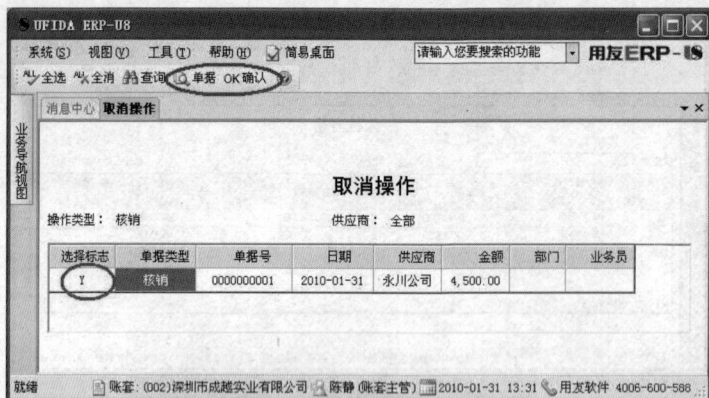

图 5-30

（3）双击需要取消操作记录的选择标志栏，使其为"Y"字样，单击"OK"按钮对有"Y"字样的记录，取消其操作。

5.11

期末处理

期末处理指用户进行的期末结账工作。如果当月业务已全部处理完毕，就需要执行月末结账，只有月末结账后，才能开始下月工作。

5.11.1 结账

本月各项业务处理结束后就可以进行月末结账工作。执行月末结账后，该月不能再进行任何业务处理。

（1）展开"其他处理"下"期末处理"菜单，选择"月末结账"命令，系统弹出"月末处理"窗口，如图 5-31 所示。

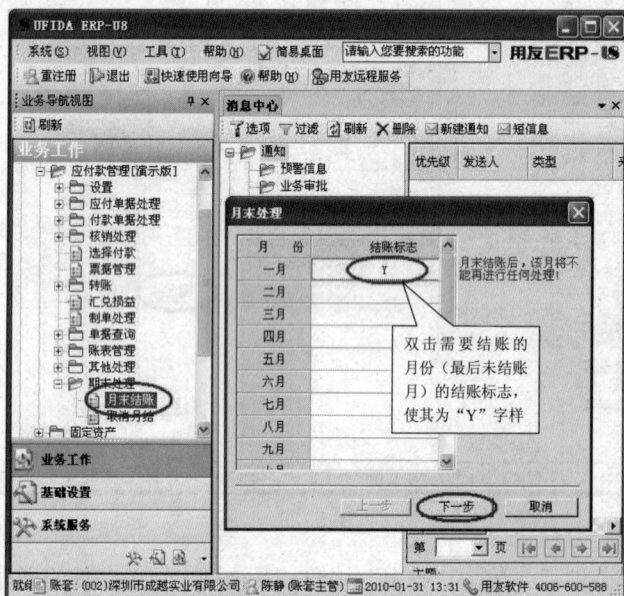

图 5-31

（2）双击需要结账月份的"结账标识"栏，出现"Y"字后，单击"下一步"按钮，系统会根据实际情况进行提示。

① "结账成功"，则单击"确定"按钮完成结账。

② "需完成其操作后方可重新进行结账"，则表示尚有单据未审核或制单。

5.11.2　取消月结

如果已结账的月份还有数据需要处理，则需要取消月结。

单击"其他处理"下"期末处理"中的"取消月结"选项，系统弹出"取消结账"窗口，选择最后一个已结账的月份，然后单击"确认"按钮，系统提示"取消结账成功"，单击"确定"按钮取消结账。

> 注　　如果该月总账已结账，则需先取消总账的月结，然后再执行本月应付款系统的取消月结功能。用友软件中总账是最后一个结账的系统，取消结账时恰恰相反，因为每次只能取消最后一个月的结账，所以如果是要取消几个月前的结账，则需要多次执行取消结账操作。

课后练习　应付款数据处理

1. 应付账款期初数据。

初始类型	日　　期	供　应　商	往来科目	发生额
初始采购增值税票	2011-12-31	广州浩友塑胶制品厂	2202	8 300.00
初始采购增值税票	2011-12-31	广州书名文具厂	2202	2 600.00

2. 广州浩友塑胶制品厂的运输费 660 元。

单据类型	日　　期	客　　户	摘　　要	金　　额
其他应付单	2012-1-13	广州浩友塑胶制品厂	2011 年 12 月运输费	660.00

3. 2012 年 1 月 20 日付广州书名文具厂货款 2 600 元。

4. 其他应付单和付款单生成凭证。

第6章 薪资管理系统

概述

核算单位员工众多，工资的核算、发放，工资费用分摊，工资统计分析和个人所得税核算，制作工资发放签名表、工资发放条、工资卡、部门工资汇总表、人员类别工资汇总表、条件汇总表、条件明细表、条件统计表等，需要很大的工作量。以记账凭证的方式来核算工资业务，是根本就无法完成的。

用友 V8.72 的薪资管理系统以工资报表的方式管理工资。核算单位可以根据自身的需求设置工资项目和计算公式，若工资发生变动，修改相应的工资项目即可，系统会自动计算出与之相关的结果。依据所设的税率自动计算出职工的个人所得税；对于工资发放，如果发放现金，可以自动处理找零工作，如果通过银行代发工资，可以自动输出各银行所需格式的工资表；自动完成工资及相关税费的分摊、计提、转账业务，制单生成凭证并将其传递到总账系统中。生产企业中，工资系统还向成本管理系统提供生产线的生产费用分摊数据，以便于计算产成品成本。

薪资管理系统的操作流程如图 6-1 所示。

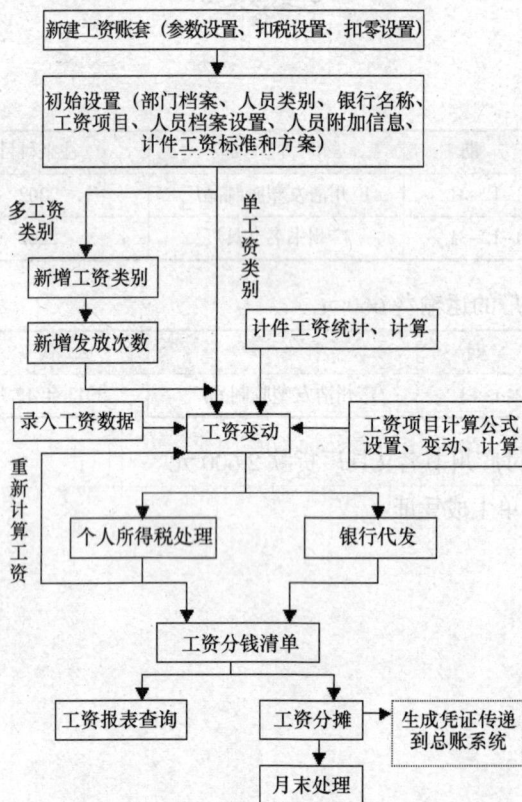

图 6-1

建议本章讲授 3 课时，上机实验 3 课时。

实验一 | 工资系统初始设置

实验准备

导入本书第 5 章完成之后的备账账套，2010 年 1 月 1 日以"陈静"身份注册登录 002 账套，打开"UFIDA-ERP"操作平台。

实验要求

学会薪资管理系统的初始设置，包含建立工资账套、人员档案信息设置、工资项目设置和工资项目之间的公式设置。

实验资料

参见表 6-1。

表 6-1　　　　　　　　　　　　　　人员档案信息

薪资部门名称	人员编号	人员姓名	人员类别	账号	中方人员	是否计税	工资停发	核算计件工资	现金发放	爱好
总经办	001	仁渴	在职人员	6225880000013921	是	是	否	否	否	书法
财务部	002	陈静	在职人员	6225880000013922	是	是	否	否	否	
财务部	003	何陈钰	在职人员	6225880000013923	是	是	否	否	否	
财务部	012	何玉琪	在职人员	6225880000013912	是	是	否	否	否	
销售部	004	严秀兰	在职人员	6225880000013924	是	是	否	否	否	
采购部	005	何采购	在职人员	6225880000013925	是	是	否	否	否	
工程开发部	006	王工程	在职人员	6225880000013926	是	是	否	否	否	
PMC 部（计划部）	007	游计划	在职人员	6225880000013927	是	是	否	否	否	体育
货仓	008	管仓库	在职人员	6225880000013928	是	是	否	否	否	
生产部	009	龚生产	在职人员	6225880000013929	是	是	否	否	否	
生产部	011	郑质量	在职人员	6225880000013911	是	是	否	否	否	
行政人事部	010	李子明	在职人员	6225880000013910	是	是	否	否	否	

工资管理系统中，进行工资项目设置——"交补"、"基本工资"、"迟到扣款"。

工资项目的计算公式设置如下：

应发合计=基本工资+交补

扣款合计=代扣税+迟到扣款

实发合计=应发合计−扣款合计

实验指导

6.1 初始化设置

初始化是使用工资管理系统的前提条件，直接关系到工资管理系统的日后使用和业务点控制便利与否。初始化时要建立基础档案。初始化设置是首次使用工资管理系统不可缺少的步骤。

6.1.1 启动工资管理系统并建立工资账套

建立工资账套是整个工资管理正确运行的基础，可通过系统提供的工资建账向导逐步完成整套工资的建账工作。

（1）如果是第一次打开薪资系统，系统会自动进入工资建账向导，弹出"1. 参数设置"界面，如图6-2所示。

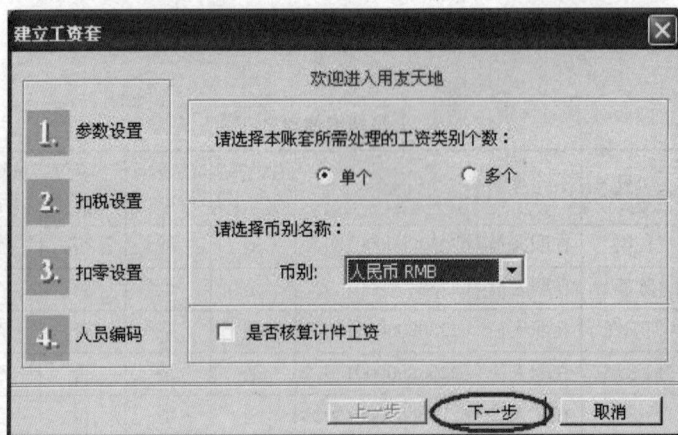

图6-2

（2）选择需要在本账套中处理的工资类别个数，每套账可以同时处理多种不同的工资类别。最终进行工资类别的汇总；选择工资计算的币种"人民币"（可选人民币或外币）。

根据是否勾选"是否核算计件工资"项，系统根据此参数判断是否显示计件工资核算的相关信息，是否在工资项目设置中显示"计件工资"项目，是否在人员档案中显示"核算计件工资"选项。

> **提示** 　　在用友系统中，计件工资的处理不在薪资管理系统中，而是由单独的一个系统模块"计件工资系统"来进行处理的，将计件工资的计算结果传递到薪资管理中，这部分内容不在本书涉及范围，所以在此不要勾选"是否核算计件工资"项。

（3）单击"下一步"按钮，进入"2. 扣税设置"界面。勾选"是否从工资中代扣个人所得税"，则系统根据所设定的所得税基数和所得税扣除方法自动计算个人所得税，如图6-3所示。

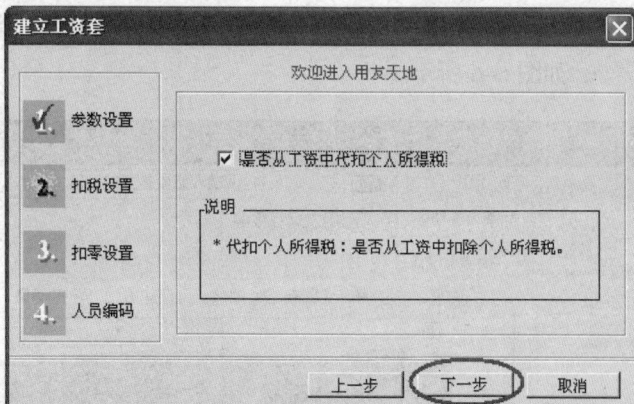

图 6-3

（4）单击"下一步"按钮，进入"3. 扣零设置"界面，扣零设置是将工资的零头扣下，本月不发放，下月累积起来，再发送。扣零设置是指扣除零头，而不是四舍五入。需勾选"扣零"，选择"扣零至元"项，如图 6-4 所示。

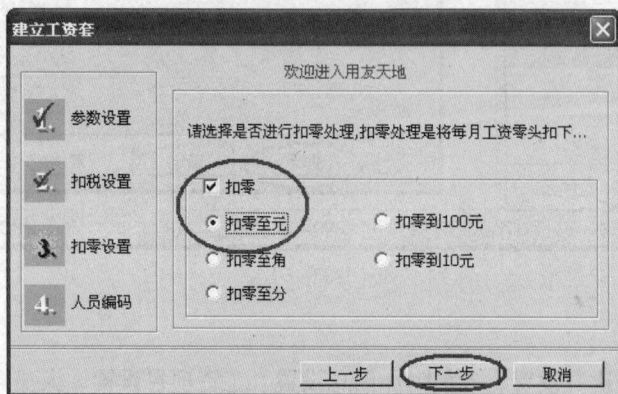

图 6-4

（5）单击"下一步"按钮，进入"4. 人员编码"，系统提示需要对员工进行统一编号，人员编码同公共平台的人员编码保持一致（请参阅本书第 2 章机构设置中的职员档案设置），如图 6-5 所示。最后单击"完成"按钮进入工资管理窗口。

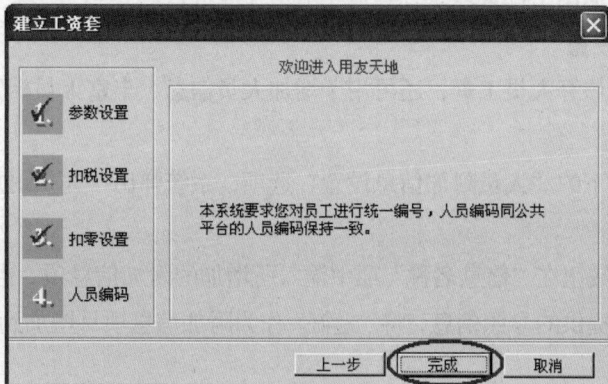

图 6-5

（6）在工资窗口中，展开"设置"菜单，单击"选项"命令，系统弹出"选项"窗口，单击"编辑"按钮可修改选项设置，如图6-6所示。

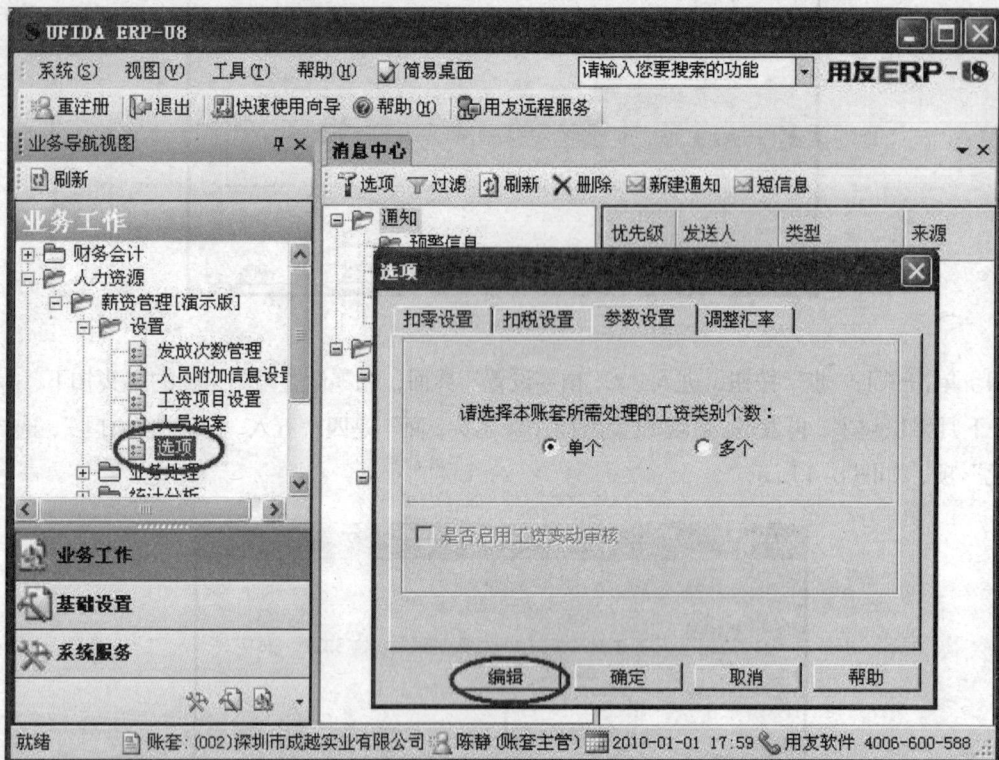

图 6-6

6.1.2 基础设置

基础设置包括发放次数设置、人员附加信息设置、工资项目设置、人员档案设置和选项设置。

1. 发放次数设置

发放次数管理是对发放次数进行增加、修改、删除以及停用的功能。

如果企业中每个月发放工资或薪金的次数不只一次，就要建立新的发放次数。如周薪、补发以前期间工资、年终奖等都要用到多次发放。

发放次数管理要在退出工资管理系统其他功能后才能进入。

2. 人员附加信息设置

工资系统不仅可以核算人员工资，还可用于增加人员信息、丰富人员档案，这样可以对人员进行更加有效的管理。

（1）单击"设置"下的"人员附加信息设置"选项，系统弹出"人员附加信息设置"窗口，如图6-7所示。

（2）单击"增加"按钮在"信息名称"项中输入所增加的附加信息项。也可以单击打开"参照"下拉列表，选择由系统提供的参照信息，将"爱好"作为附加信息项目增加到系统中，最后单击"确定"按钮确定设置。

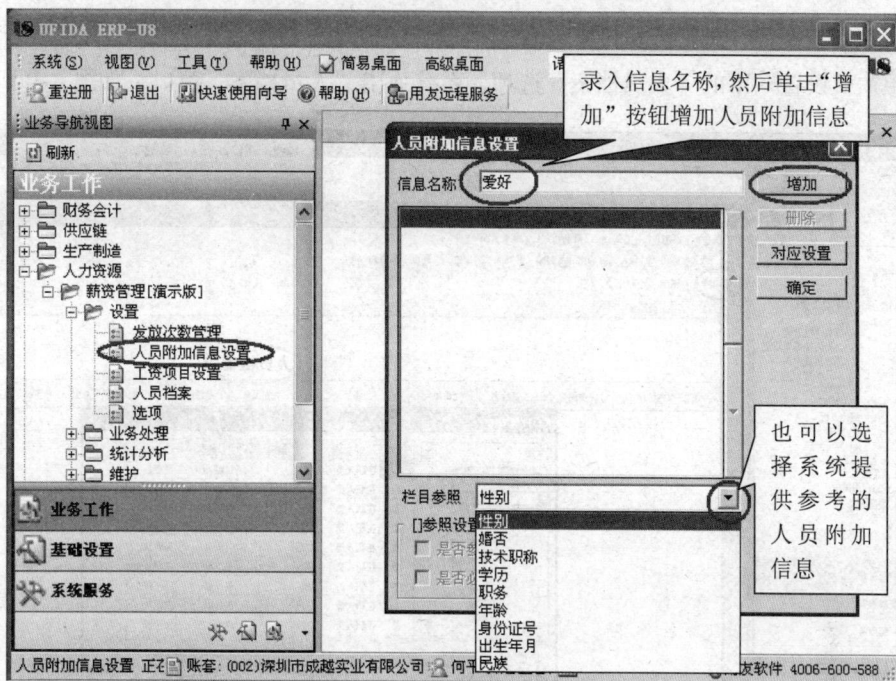

图 6-7

（3）首先选择已设置好的附加信息，然后可以设置该附加信息是否必输。如果在录入人员档案时必输，则勾选"是否必输项"，如果勾选"是否参照"项，则可以单击"参照档案"按钮为该附加信息设置参照档案，如性别的参照档案是"男"和"女"。如图 6-8 所示。

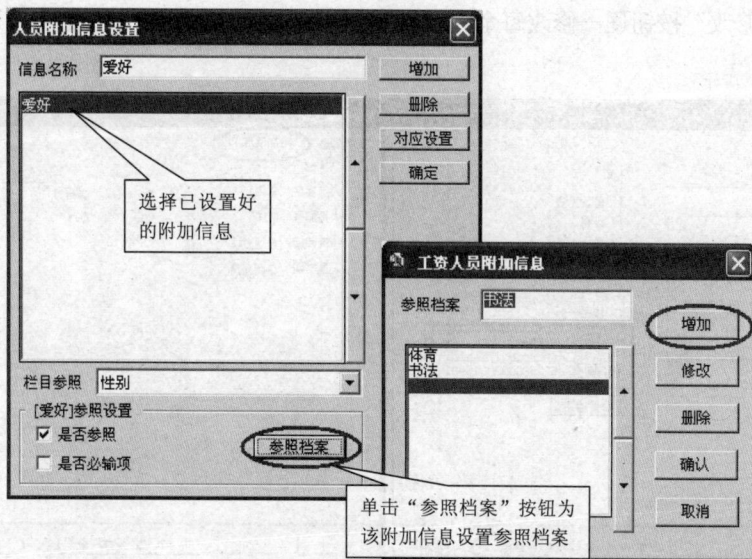

图 6-8

3．人员档案设置和查询

人员档案设置用于登记工资发放人员的姓名、职工编号、所在部门、人员类别等信息，员工的增减变动必须先在本功能中处理。这里的人员档案与总账系统中的职员档案不同，要单独设置。

参照本节实验资料，进行人员档案设置。

（1）单击"设置"下的"人员档案"选项，系统弹出"人员档案"窗口，如图6-9所示。

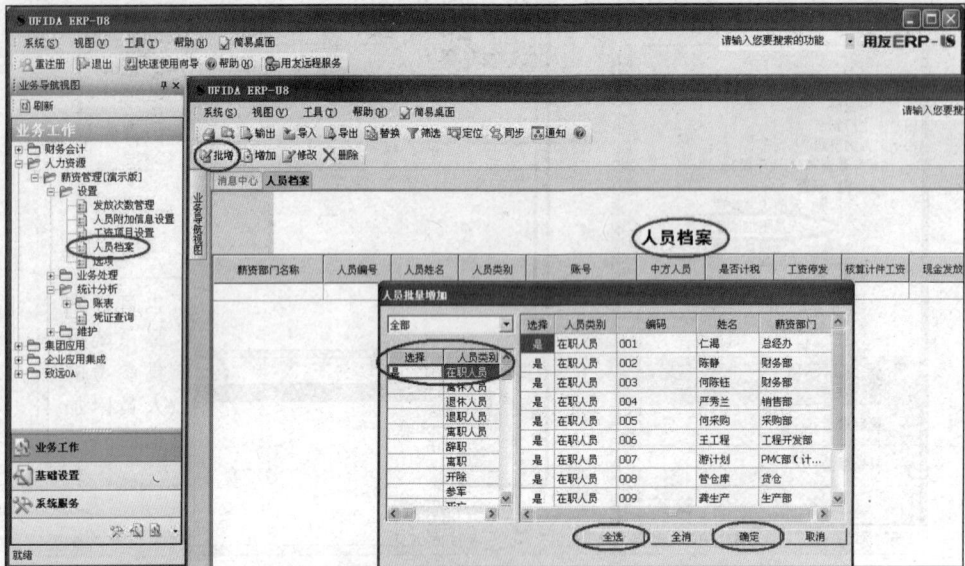

图6-9

（2）单击工具栏中的"增加"按钮，系统弹出"人员档案明细"录入窗口，人员姓名设置资料来源于本书第3章中的人员档案设置，依照实验资料补充完成人员档案基本信息。也可以单击"批增"按钮，将基础档案中的职员信息增加过来。

（3）单击"修改"按钮逐一修改每个人员档案信息，如图6-10所示，单击"确定"按钮保存退出该录入窗口。

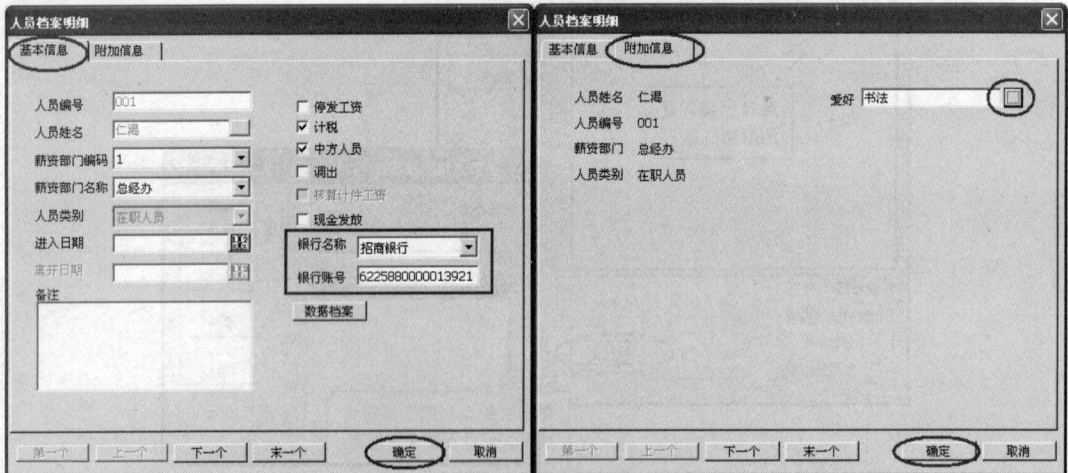

图6-10

4. 工资项目设置

工资项目是计算工资的基础载体，可以设置其名称、类型和宽度。系统提供了一些固定的工资项目，核算单位也可以根据需求自定义工资项目。

参照本节实验资料，进行工资项目公式设置。

（1）单击"设置"下的"工资项目设置"选项，系统弹出"工资项目设置"窗口，如图 6-11所示。

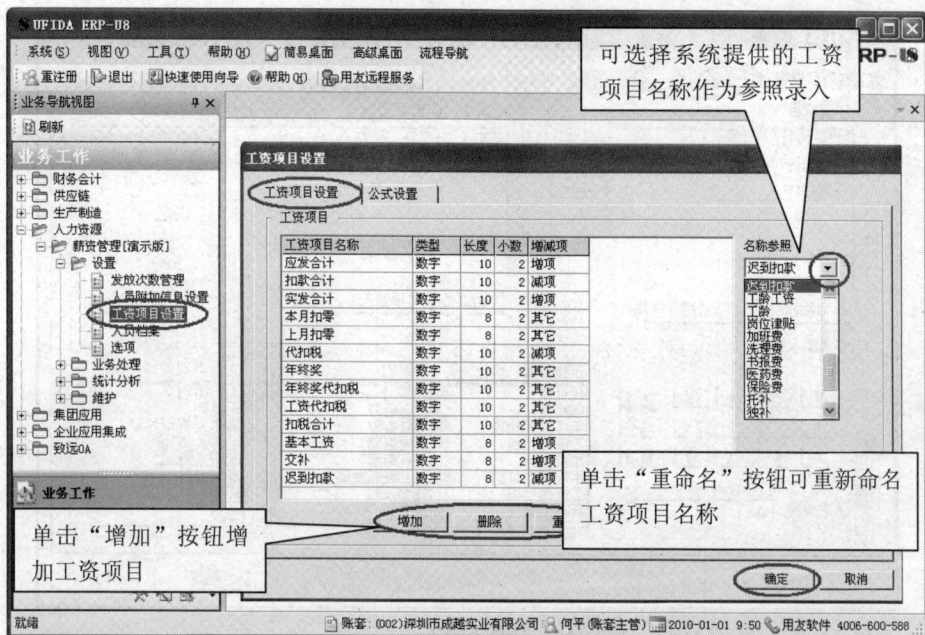

图 6-11

（2）单击"增加"按钮，在工资项目列表的末尾增加一个空白的工资项目，在此输入工资项目或在"名称参照"列表中选择工资项目名称，并设置新建工资项目的类型、长度、小数位数和工资增减项。增项直接计入应发合计，减项直接计入扣款合计。若工资项目类型为字符型，则小数位不可用，增减项被定义为其他。

提示：定义为"其他"，则表示该项目不能直接作为工资的增项或减项使用，而是作为其他工资项目的计算项目使用，比如，可以增加两个工资项目"迟到次数"、"单次迟到扣款金额"，将其设置为"其他"，然后在公式设置中，设置公式为"迟到扣款"＝"迟到次数"×"单次迟到扣款金额"。

选定工资项目，然后单击向上、向下移动箭头可以调整工资项目的排列顺序。

● 单击"确定"按钮保存设置，单击"取消"按钮取消设置并返回。

● 单击"重命名"按钮可修改工资项目名。

● 选定要删除的工资项目，单击"删除"按钮可删除该工资项目。

注	多类别工资管理时，关闭工资类别后，才能新增工资项目。
	项目名称必须是唯一的。
	工资项目一旦使用，就不允许修改数据类型。
	数字型的工资项目，长度包含小数点的长度（1 位）。如长度为 10，小数位为 2，那么整数位为 7 位。

如果在选项设置中勾选了"是否核算计件工资"，在此则可以看到计件工资的项目属性，否则将不显示。

（3）单击选择"公式设置"选项卡，如图6-12所示。

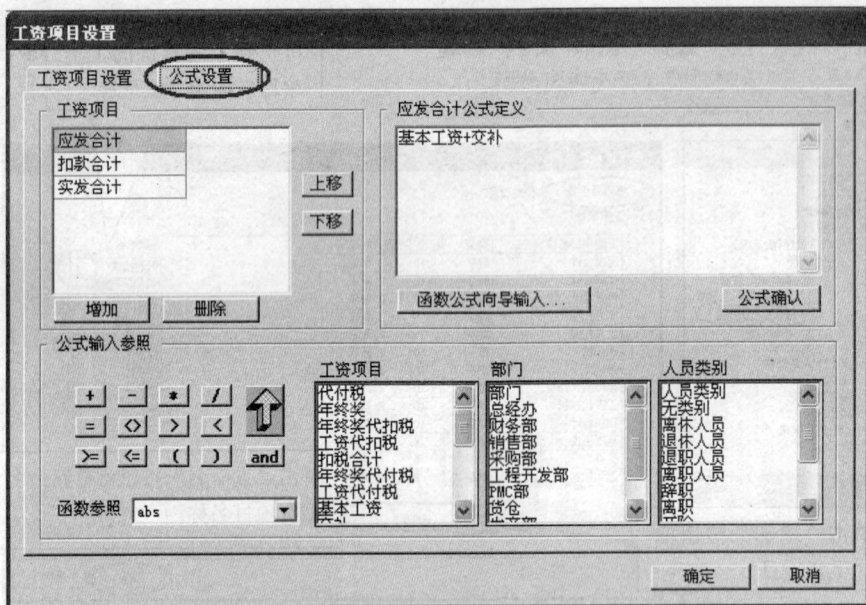

图6-12

（4）设置工资项目的计算公式。首先单击"增加"按钮新增一个工资项目，然后在右边的公式定义栏中输入计算公式。计算公式中的工资项目、部门和人员类别需要在系统提供的工资项目、部门和人员类别列表中选取，也可以用函数来定义公式。将实验资料中的工资计算公式设置到系统中。

（5）公式设置完毕，单击"公式确认"按钮保存所设置的公式，最后单击"确定"按钮退出。

实验二 ｜ 工资日常业务处理

实验准备

在本书实验一的基础上，2010年1月1日以"陈静"身份注册登录002账套，打开"UFIDA-ERP"操作平台。

实验要求

学会薪资管理中的工资变动处理，扣缴所得税处理、银行代发等业务处理。

实验资料

如表 6-2 所示，首先录入成越公司 2010 年 1 月各职员的基本工资、交补、迟到扣款，然后将所有销售部人员的交通补助都增加 10%。

表 6-2

人员编号	姓名	交补	迟到扣款	基本工资
001	仁渴	2 000	0	8 000
002	陈静	1 000	0	6 000
003	何陈钰	500	50	4 000
012	何玉琪	500	0	3 500
004	严秀兰	1 500	0	4 500
005	何采购	1 200	0	4 500
006	王工程	1 000	0	5 000
007	游计划	500	30	5 000
008	管仓库	500	0	3 000
009	龚生产	200	0	1 800
011	郑质量	500	0	3 500
010	李子明	500	0	3 500

实验指导

6.2

业务处理

业务处理包括工资变动、工资分钱清单、扣缴所得税、银行代发、工资分摊、月末处理和反结账。

6.2.1　工资变动

工资变动是常发生的业务，如岗位升迁、水电费扣发、事病假扣发、发放奖金等。

参照本节实验资料，进行工资变动处理。

（1）单击"业务处理"下的"工资变动"选项，系统弹出"工资变动"窗口，如图 6-13 所示。

注	工资变动单中，上月的工资内容是本月的参考，所以本月的工资数据在上月的基础上进行变动即可。如果是第一次使用工资系统，则工资系统中各职员的工资项目内容都为空，需要人为地补充，可单击"编辑"菜单进行录入。计件工资数据不能在此更改，因为计件工资数据来源于计件工资统计。

（2）录入各职员的基本工资和交补，然后单击工具栏中的"替换"按钮，在"将工资项目"处选择"交补"，在"替换成"中输入"交补*1.1"，然后单击"确定"按钮即可完成替换。

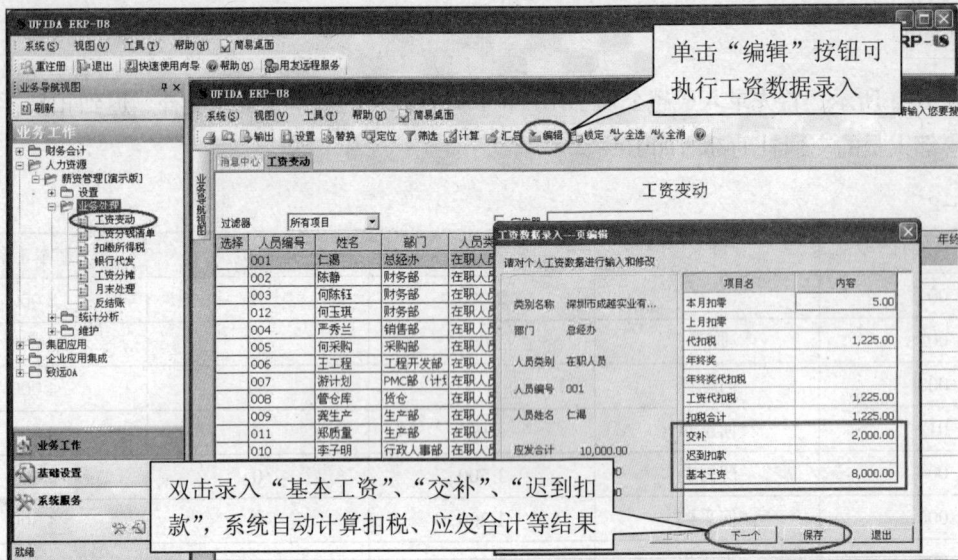

图 6-13

（3）人员信息比较多的情况下，可以单击"筛选"按钮进行过滤。单击"编辑"按钮，系统可以按照每一个人的信息单独进行编辑，如图6-14所示。

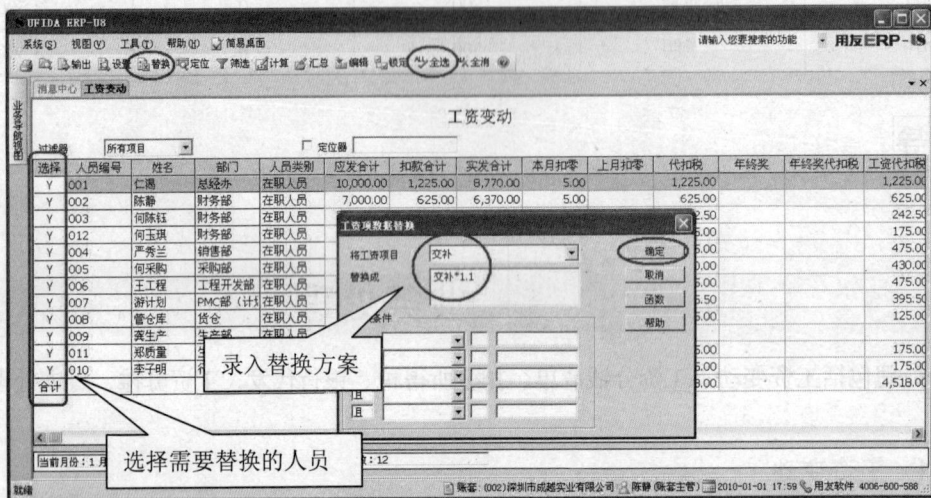

图 6-14

（4）在进行了数据、公式等修改之后，先单击"计算"按钮，然后再单击"汇总"按钮，系统重新计算刚才所修改的数据，然后进行汇总处理，以保证数据的正确性。

6.2.2　工资分钱清单

工资分钱清单是指核算单位在工资发放时的分钱票面额清单，该功能适合以现金形式发放工资的核算单位使用。

（1）单击"业务处理"下的"工资分钱清单"选项，系统弹出"分钱清单"窗口，如图6-15所示。

（2）单击选择"部门分钱清单"、"人员分钱清单"或"工资发放取款单"选项卡，可进行不同的查询。单击工具栏中的"设置"按钮可以进行"票面额设置"。

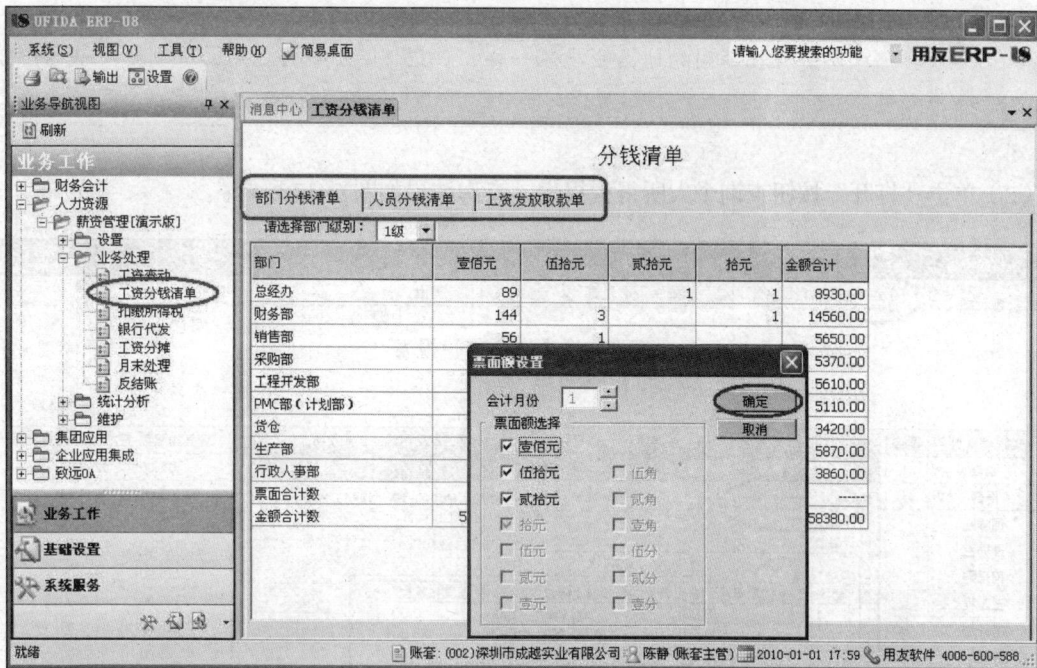

图 6-15

6.2.3 扣缴所得税

系统中个人所得税的计算依据只与工资系统中的数据有关。用户可以自定义所得税率，之后由系统自动计算个人所得税。这样既减轻了用户的工作负担，又提高了工作效率。

（1）单击"业务处理"下的"扣缴所得税"选项，系统要求选择"个人所得税申报模板"，如图6-16所示。

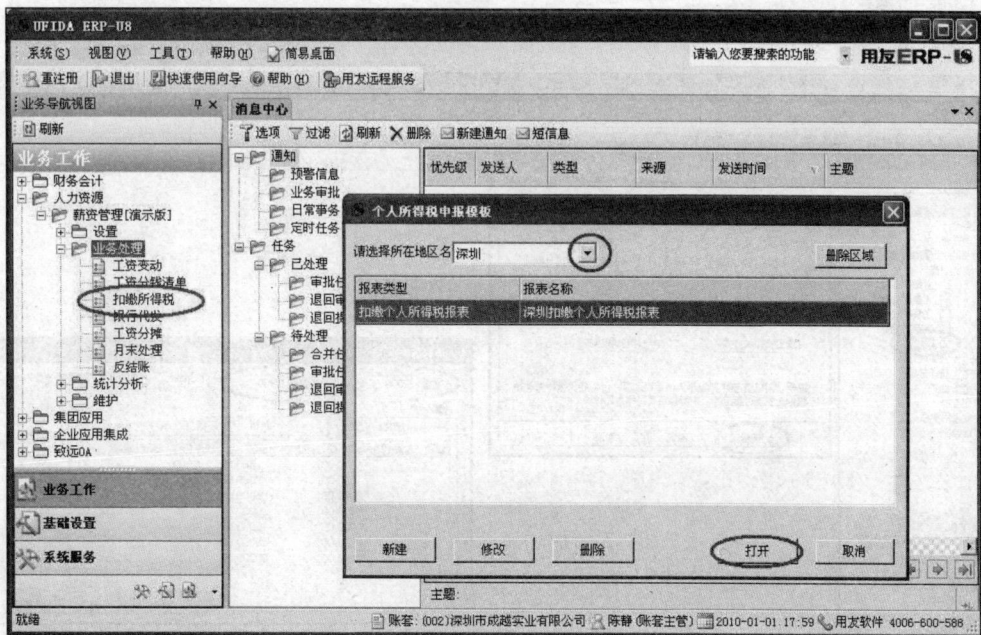

图 6-16

（2）单击"打开"按钮查询个人所得税报表，查询结果如图 6-17 所示。

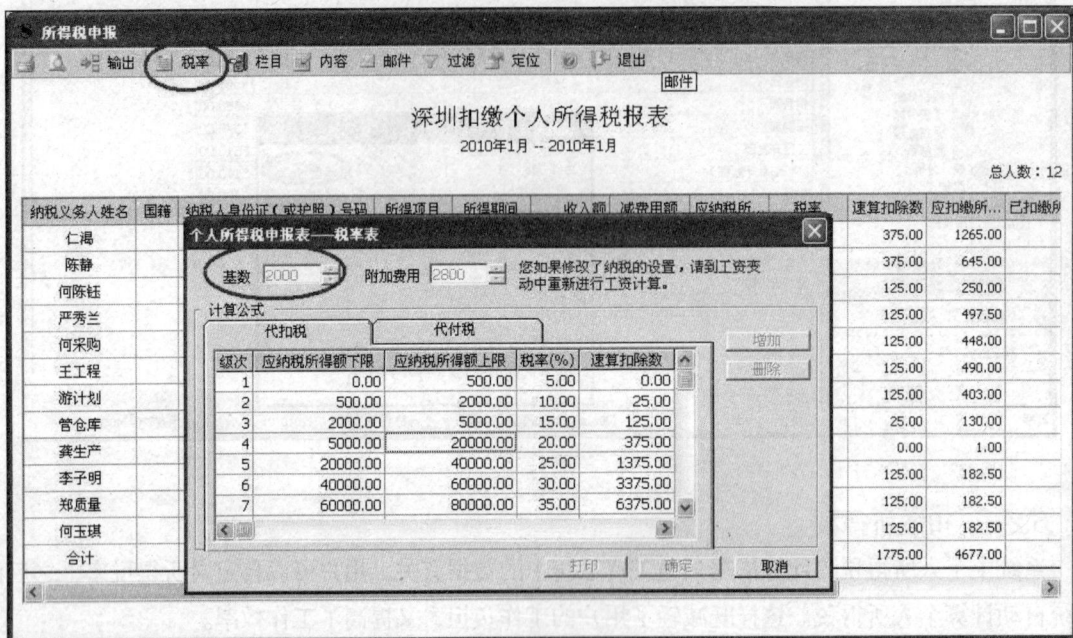

图 6-17

（3）单击"税率"按钮可以查询个人所得税税率，个人所得税税率可在薪资管理系统中的选项中进行修改，如图 6-18 所示。

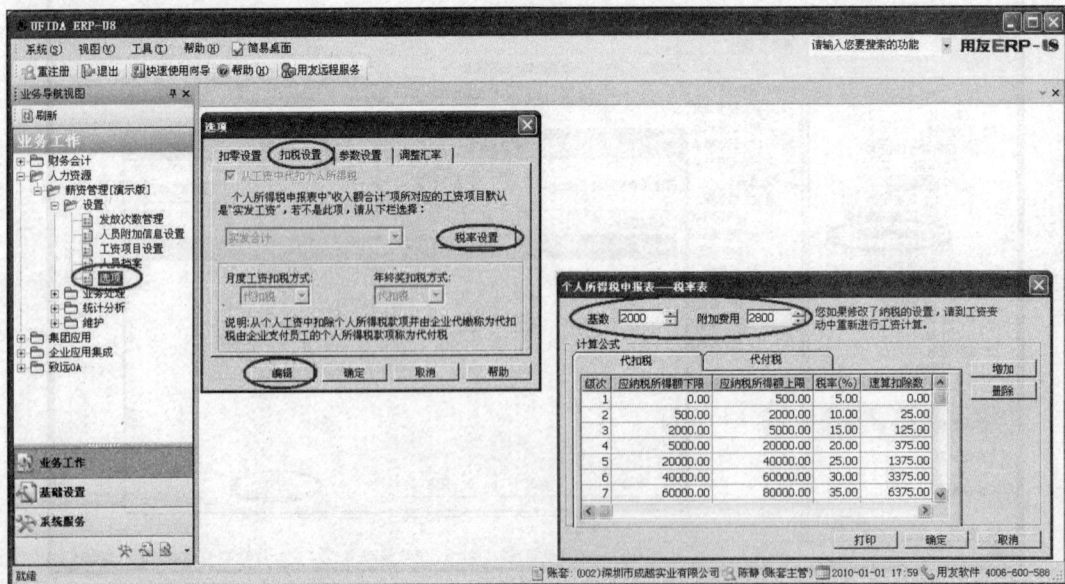

图 6-18

（4）最后单击"确定"按钮。

6.2.4　银行代发

银行代发是指核算单位在月底将工资报表输入成银行所需的数据格式，然后直接打印或报盘给银行，由指定的银行直接将工资发放到人员档案的银行账号中。

（1）单击"业务处理"下的"银行代发"命令，系统弹出"银行代发一览表"窗口，如图 6-19 所示。

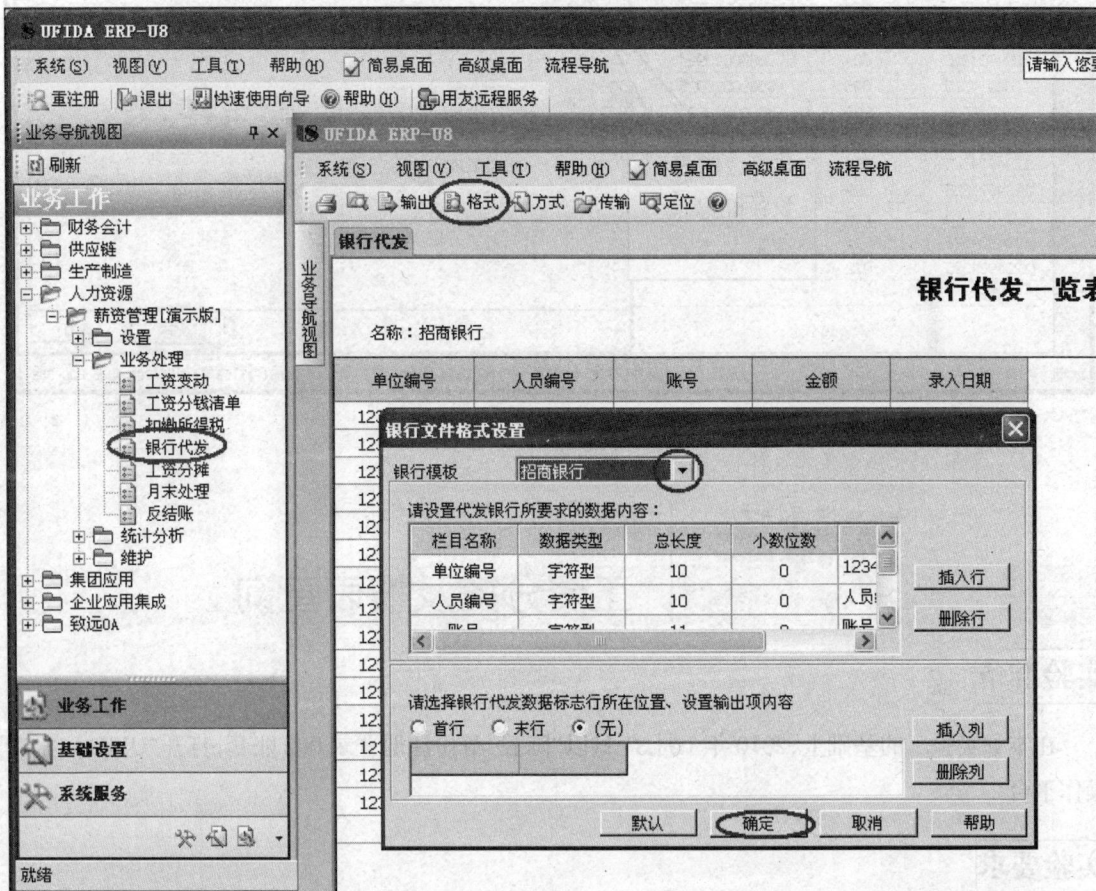

图 6-19

（2）单击"格式"按钮，系统弹出"银行文件格式设置"窗口，选择银行模板（可选择的银行名称是在工资系统基础设置中预先设置的）。

（3）单击"插入行"按钮或"删除行"按钮可以为选择的银行模块修改格式。

（4）在"银行代发一览表"窗口中，单击工具栏中的"方式"按钮以选择该表输入的数据形式——TXT、DAT 和 DBF。单击工具栏中的"传输"菜单来选择输出的路径，如图 6-20 所示。

> **注**　设置了工资在指定的银行中发放的人员，才会在此显示；否则不显示。

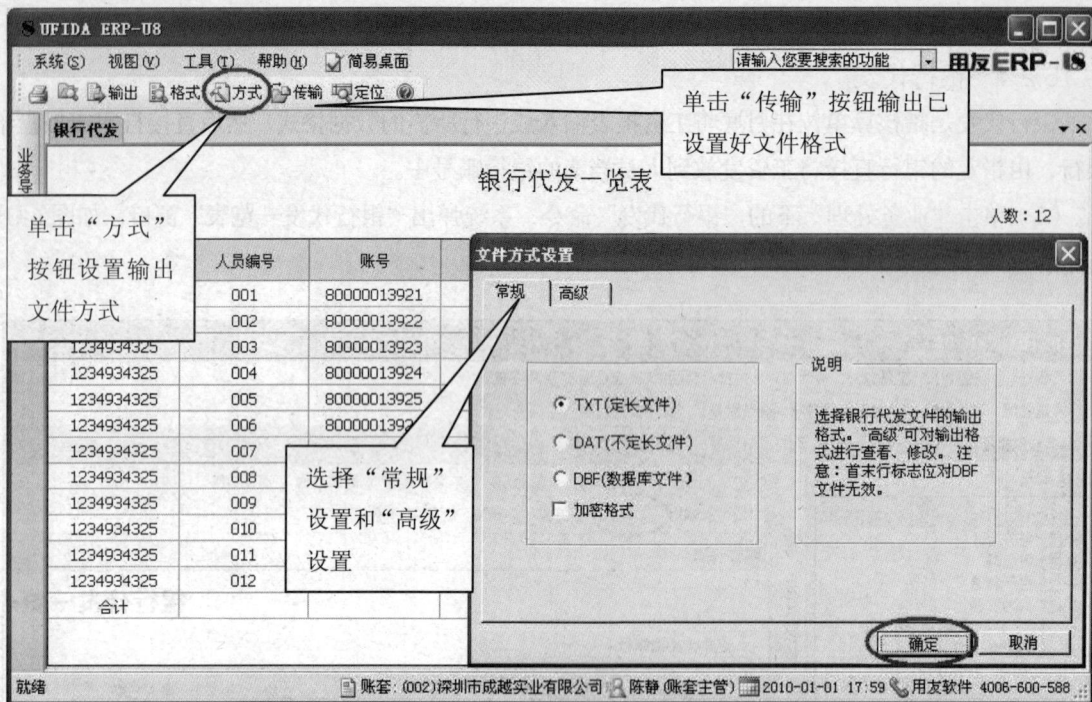

图 6-20

实验三

工资分摊及报表查询

实验准备

在本章实验二的基础上,2010 年 1 月 31 日以"陈静"身份注册登录 002 账套,打开"UFIDA-ERP"操作平台。

实验要求

学会工资分摊及制单处理, 查询各种工资报表。

实验指导

6.3

工资分摊

财务部门根据工资费用分配表,编制转账会计凭证,供登账处理用。

(1)单击"业务处理"下的"工资分摊"命令,系统弹出"工资分摊"窗口,如图 6-21 所示。

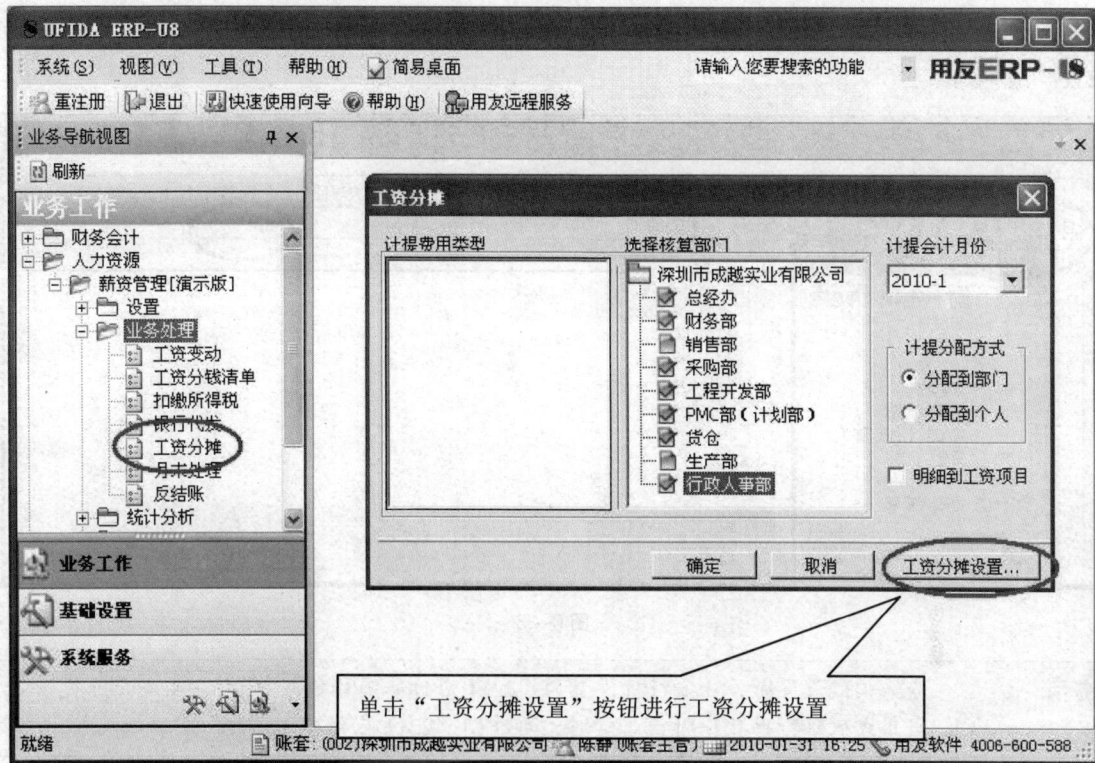

图 6-21

（2）首先选择计提费用类型，如果还没有设置计提费用类型，则单击"工资分摊设置"按钮，系统弹出"分摊类型设置"窗口，单击"增加"或"修改"按钮，在此进行工资分摊类型设置，如图 6-22 所示。

提示	生产员工的薪资一般计入生产成本，销售员工的薪资一般计入销售费用，其他的员工的薪资一般计入管理费用。

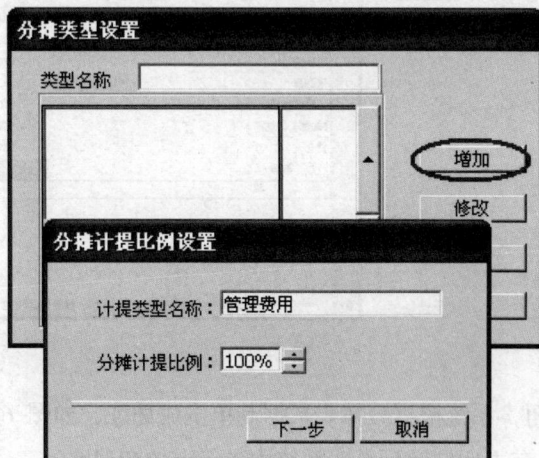

图 6-22

（3）单击"下一步"按钮，进入分摊构成设置，如图 6-23 所示，最后单击"完成"按钮完成设置。

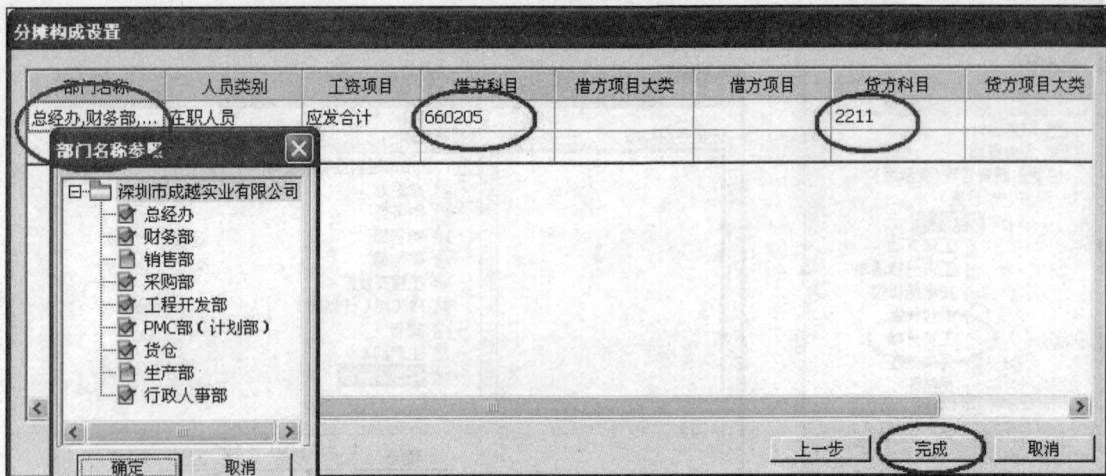

图 6-23

（4）设置完成之后，在"工资分摊"窗口中选择已经设置好的计提费用类型，选择核算部门，勾选"明细到工资项目"项，然后单击"确定"按钮，系统列出分摊表，如图 6-24 所示。

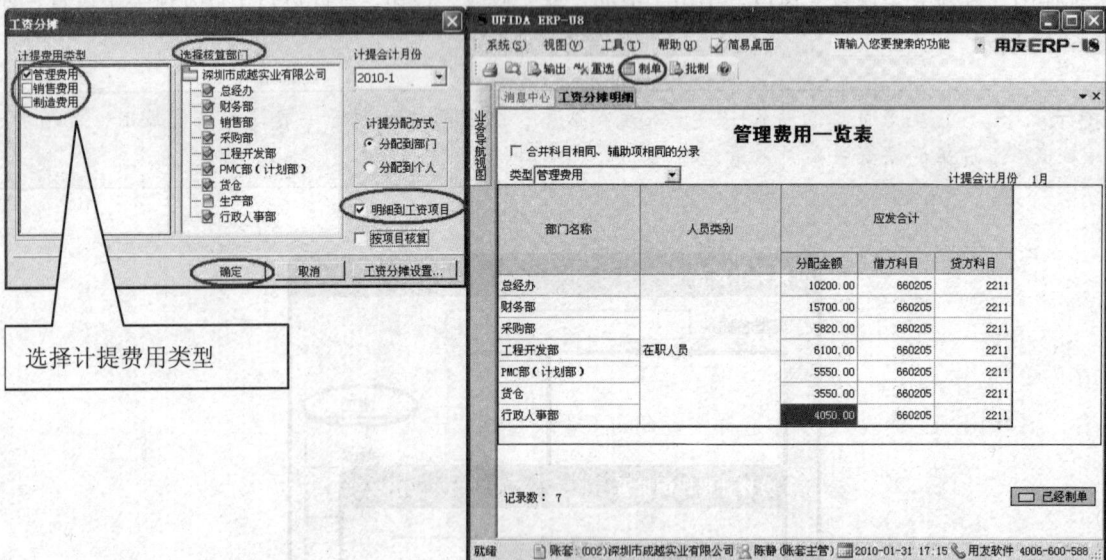

图 6-24

（5）单击"制单"按钮，系统根据分摊表数据制单生成凭证，如图 6-25 所示。单击凭证上的"保存"按钮，该凭证经保存之后传递到总账系统中进行审核和记账。

（6）单击工具栏中的"制单"按钮，系统生成凭证并传至总账。然后再生成销售部的工资分摊凭证和制造部的分摊凭证。

注	生成凭证的操作员必须是总账系统中有制单权限的人，并且日期必须大于或等于当前总账系统会计期最大凭证日期。

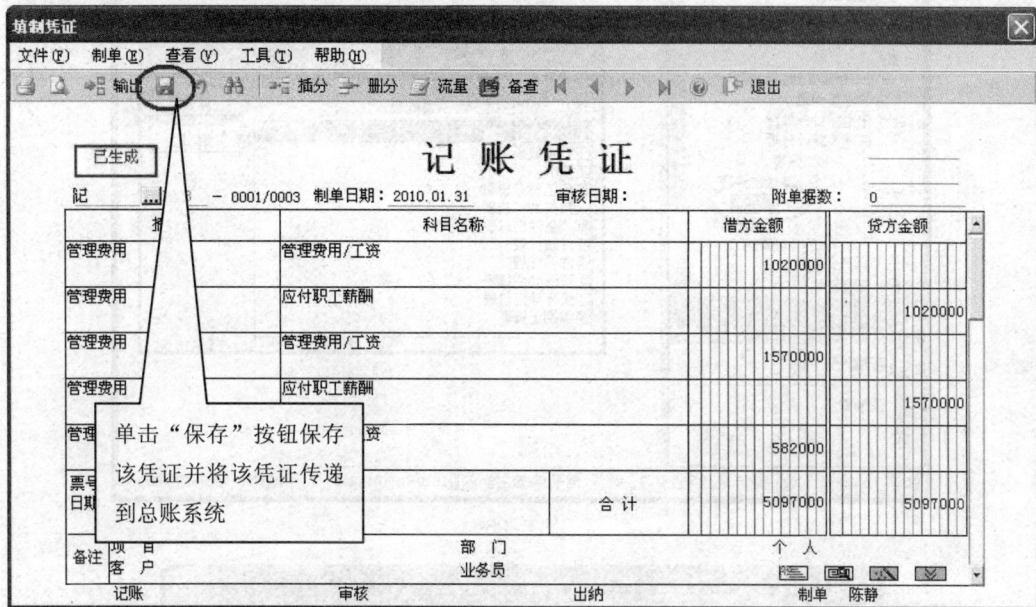

图 6-25

6.4 | 统计分析

统计分析主要是生成工资统计表和工资分析表。

6.4.1 工资表

工资表用于显示本月工资的发放和统计情况，用户可以查询和打印各种工资表。

（1）单击"统计分析"下的"账表"选项，单击选择"我的账表"，系统弹出"账表管理"窗口，如图 6-26 所示。

（2）单击"工资表"，从中选择要查询的工资表。如双击"工资发放签名表"，系统弹出"工资发放签名表"窗口，勾选查询部门，如图 6-27 所示。

单击"确定"按钮，系统列出所有符合条件的记录，如图 6-28 所示。

6.4.2 工资分析表

工资分析表是以工资数据为基础，对部门、人员类别的工资数据进行分析和比较，产生各种报表，供决策人员使用。

（1）单击"统计分析"下的"账表"选项，单击"工资分析表"命令，系统弹出"工资分析表"窗口。在"工资分析表"窗口中，选择需要进行工资分析的账表，如图 6-29 所示。

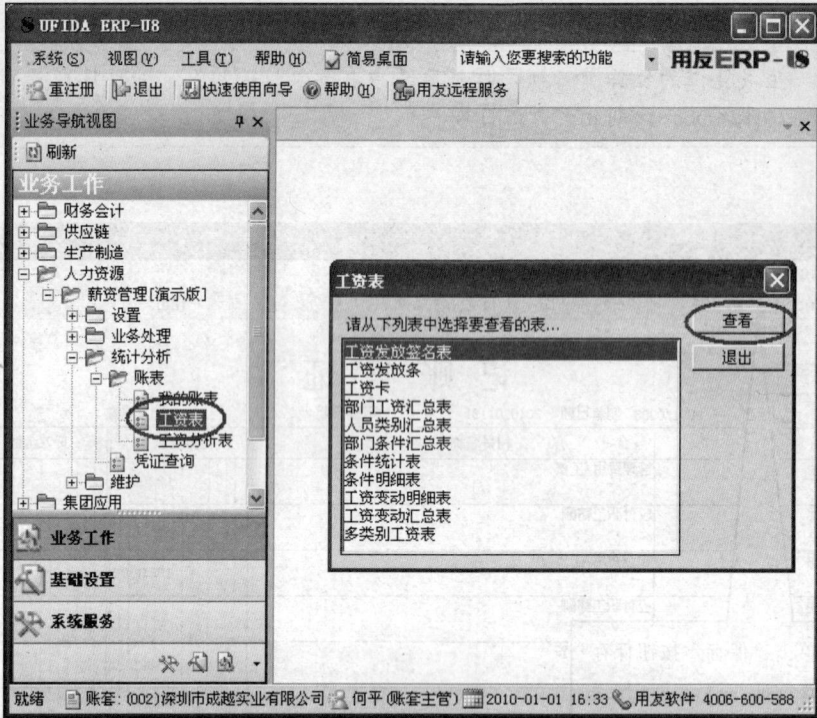

图 6-26

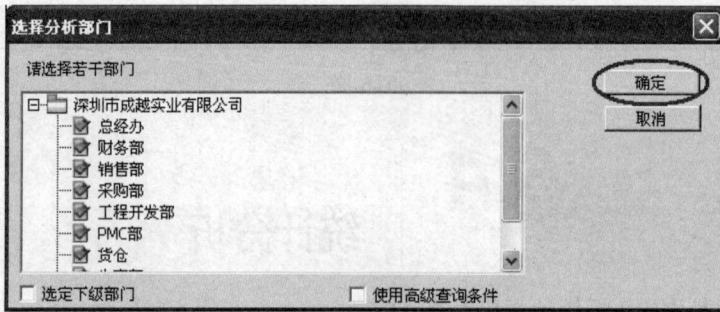

图 6-27

工资发放签名表
2010 年 01 月

部门：全部　　合计月份：一月　　　　　　　　　　　　　　　　　　　　　　人数：12

人员编号	姓名	应发合计	扣款合计	实发合计	本月扣零	代扣税	工资代扣税	扣税合计	交补	迟到扣款	基本工资	签名
001	仁满	10,200.00	1,265.00	8,930.00	5.00	1,265.00	1,265.00	1,265.00	2,200.00		8,000.00	
002	陈静	7,100.00	645.00	6,450.00	5.00	645.00	645.00	645.00	1,100.00		6,000.00	
003	何陈钰	4,550.00	300.00	4,250.00		250.00	250.00	250.00	550.00	50.00	4,000.00	
012	何玉琪	4,050.00	182.50	3,860.00	7.50	182.50	182.50	182.50	550.00		3,500.00	
004	严秀兰	6,150.00	497.50	5,650.00	2.50	497.50	497.50	497.50	1,650.00		4,500.00	
005	何采购	5,820.00	448.00	5,370.00	2.00	448.00	448.00	448.00	1,320.00		4,500.00	
006	王工程	6,100.00	490.00	5,610.00		490.00	490.00	490.00	1,100.00		5,000.00	
007	游计划	5,550.00	433.00	5,110.00	7.00	403.00	403.00	403.00	550.00	30.00	5,000.00	
008	管仓库	3,550.00	130.00	3,420.00		130.00	130.00	130.00	550.00		3,000.00	
009	龚生产	2,020.00	1.00	2,010.00	9.00	1.00	1.00	1.00	220.00		1,800.00	
011	郑质量	4,050.00	182.50	3,860.00	7.50	182.50	182.50	182.50	550.00		3,500.00	
010	李予明	4,050.00	182.50	3,860.00	7.50	182.50	182.50	182.50	550.00		3,500.00	
合计		63,190.00	4,757.00	58,380.00	53.00	4,677.00	4,677.00	4,677.00	10,890.00	80.00	52,300.00	

制表：　　　审核：　　　复核：

图 6-28

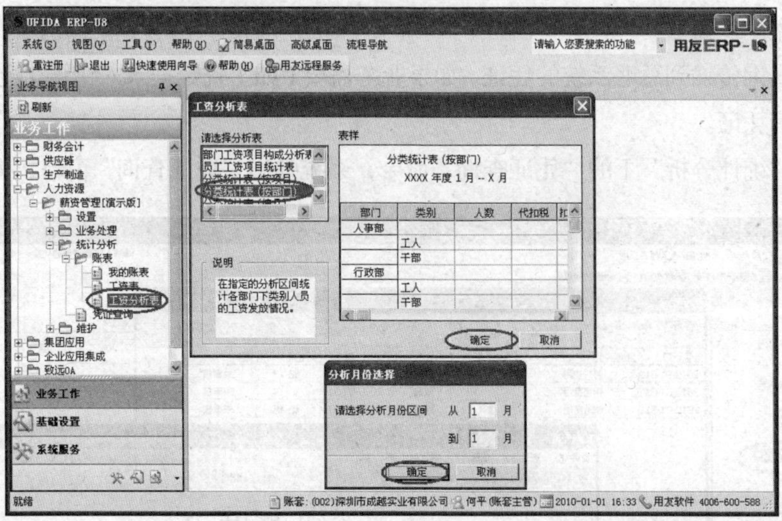

图 6-29

（2）如双击"分类统计表（按部门）"，单击"确定"按钮，系统弹出"分析月份选择"窗口。选定分析月份，单击"确定"按钮，系统弹出"选择分析部门"窗口，如图 6-30 所示。

（3）从左边项目列表中单击选择某一项目，再单击双箭头或单箭头按钮，将项目选入已选项目列表中，然后单击"确定"按钮，如图 6-31 所示。

（4）系统列出分析结果，如图 6-32 所示。

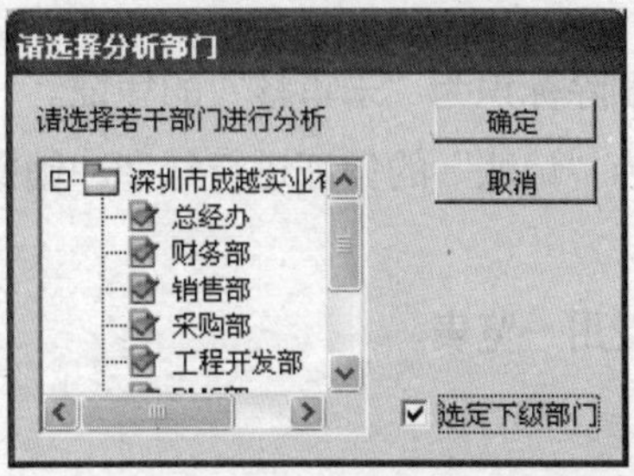

图 6-30

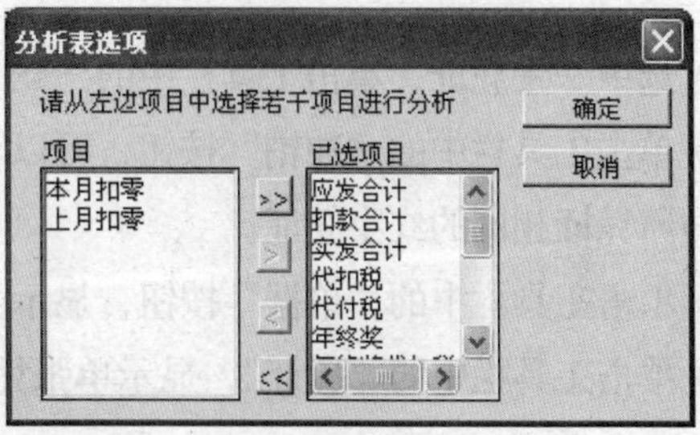

图 6-31

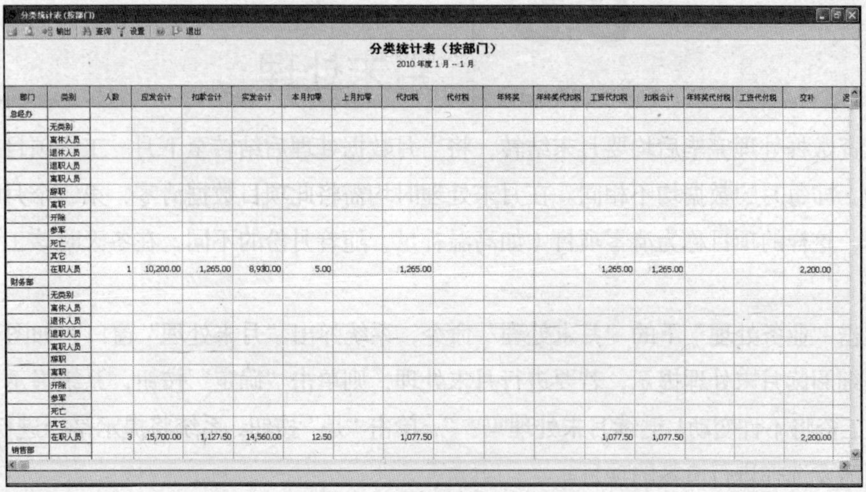

图 6-32

6.4.3　凭证查询

可以在此查询传输到总账系统的凭证。如果业务需要（如工资数据录入错误），也可以通过本功能来删除和冲销凭证。

（1）单击"统计分析"下的"凭证查询"命令，系统弹出"凭证查询"窗口，如图6-33所示。

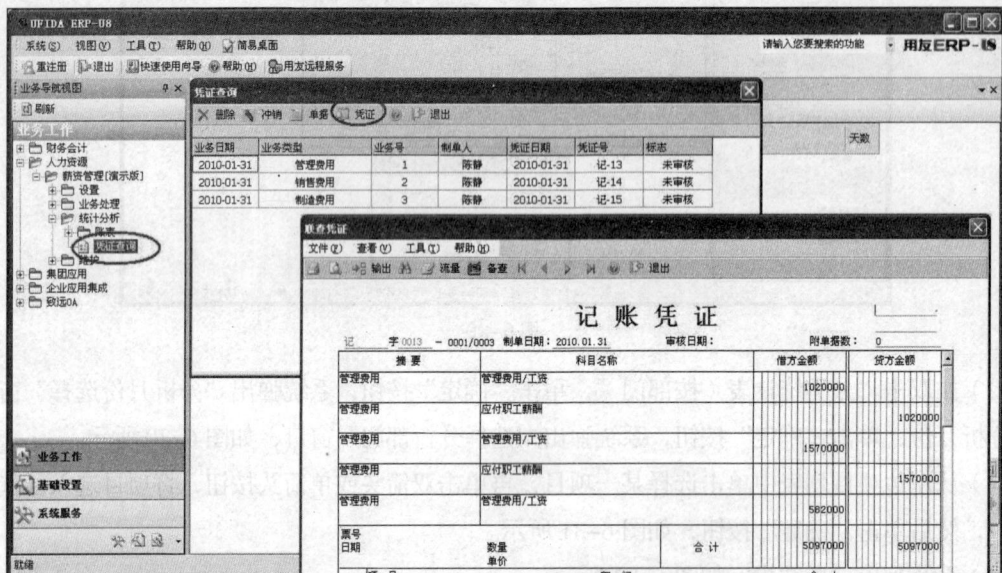

图 6-33

（2）选中一张凭证，单击工具栏中的"删除"按钮可删除标识为"未审核"的凭证。

（3）单击工具栏中的"冲销"按钮，可以对当前标识为"记账"的凭证进行红字冲销操作，自动生成与原凭证相同的红字凭证。

（4）单击工具栏中的"单据"按钮，显示生成凭证的费用一览表。

（5）单击工具栏中的"凭证"，显示单张凭证界面。

6.5　月末处理

每月工资数据处理完毕后均要月末结转，将当月数据处理后结转至下月。工资项目中，有的项目是变动的，即每月的数据均不相同。在月末处理时均需将此项目数据清零，第二个月时，再输入相应的数据，这样的项目称为清零项目（如高温补足，随着月份的不同，在冬天时该工资项目就需要清零）。

（1）单击"业务处理"下的"月末处理"命令，系统弹出"月末处理"窗口，如图6-34所示。

（2）仔细阅读月末处理提示，若要进行月末处理，则单击"确定"按钮，系统提示"月末处理之后，本月工资将不许变动！继续月末处理吗？"，单击"是"按钮，系统将提示是否进行清零工作，如果是，则需要选择进行清零的项目。

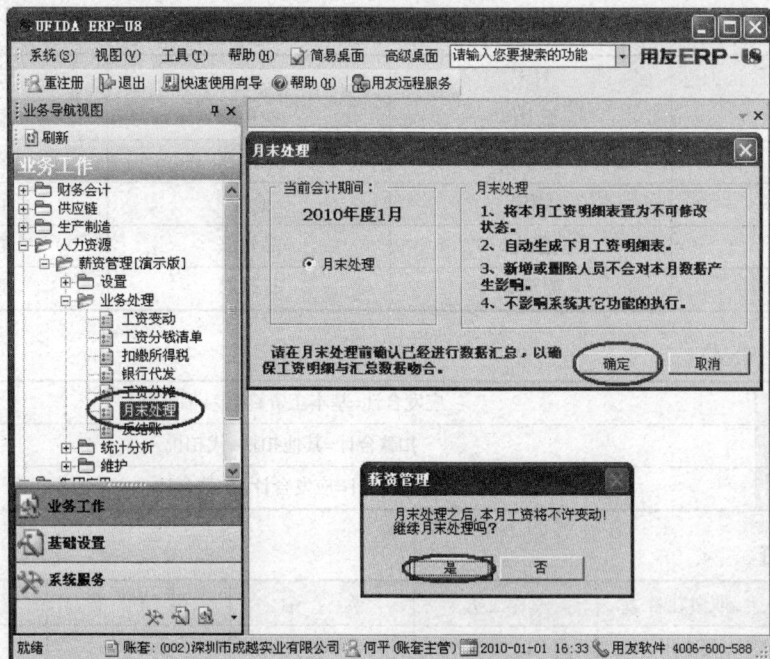

图 6-34

（3）最后系统提示月末处理结束。

课后练习　工资管理

1. 部门档案

代　　码	名　　　　称	工资类别
01	总经办	管理人员
02	财务部	管理人员
03	销售部	管理人员
04	采购部	管理人员
05	仓库	管理人员
06	生产部	管理人员
07	品管部	管理人员
08	行政部	管理人员

2. 职员档案

代码	姓名	部门	工资类别
01	何小川	总经办	管理人员
02	贺君兰	财务部	管理人员
03	李丽	财务部	管理人员

代码	姓名	部门	工资类别
04	王力保	销售部	管理人员
05	叶小英	采购部	管理人员
06	谭艳	仓库	管理人员
07	张先	品管部	管理人员
08	谢至星	行政部	管理人员

3. 工资项目公式

公式1	应发合计=基本工资+奖金+福利费
公式2	扣款合计=其他扣款+代扣税
公式3	实发合计=应发合计−扣款合计

4. 人员工资

职员代码	职员姓名	基本工资	奖　金	福　利　费	其他扣款
01	何小川	10 000	500	50	50.23
02	贺君兰	8 000	300	50	45.78
03	李丽	3 500	100	50	23.18
04	王力保	5 000	100	50	45
05	叶小英	3 200	100	50	59.30
06	谭艳	3 000	100	50	67
07	张先	2 800	100	50	23
08	谢至星	3 100	100	50	55

5. 人员的福利费统一增加20%

6. 费用分配凭证处理

第7章 总账

概述

　　总账系统是用友财务系统的核心系统，可以处理企业财务核算中的凭证管理、账簿处理、个人往来款管理、部门管理、项目核算和出纳管理等。

　　通过严密的制单控制保证填制凭证的正确性。提供资金赤字控制、支票控制、预算控制、外币折算误差控制以及查看科目最新余额等功能，加强对发生业务的及时管理和控制。制单赤字控制可控制出纳科目、个人往来科目、客户往来科目、供应商往来科目。

　　凭证填制权限可控制到科目，凭证审核权限可控制到操作员。

　　为出纳人员提供一个集成办公环境，加强对现金及银行存款的管理。提供支票登记簿功能，用来登记支票的领用情况；并可完成银行日记账、现金日记账，随时出最新资金日报表、余额调节表以及进行银行对账。

　　自动完成月末分摊、计提、对应转账、销售成本、汇兑损益、期间损益结转等业务。

　　进行试算平衡、对账、结账、生成月末工作报告。

　　总账系统与其他业务系统（如固定资产管理系统、应收款应付款管理系统）联合使用时，总账系统接收来自于其他系统的制单凭证。

　　总账系统应用流程如图7-1所示。

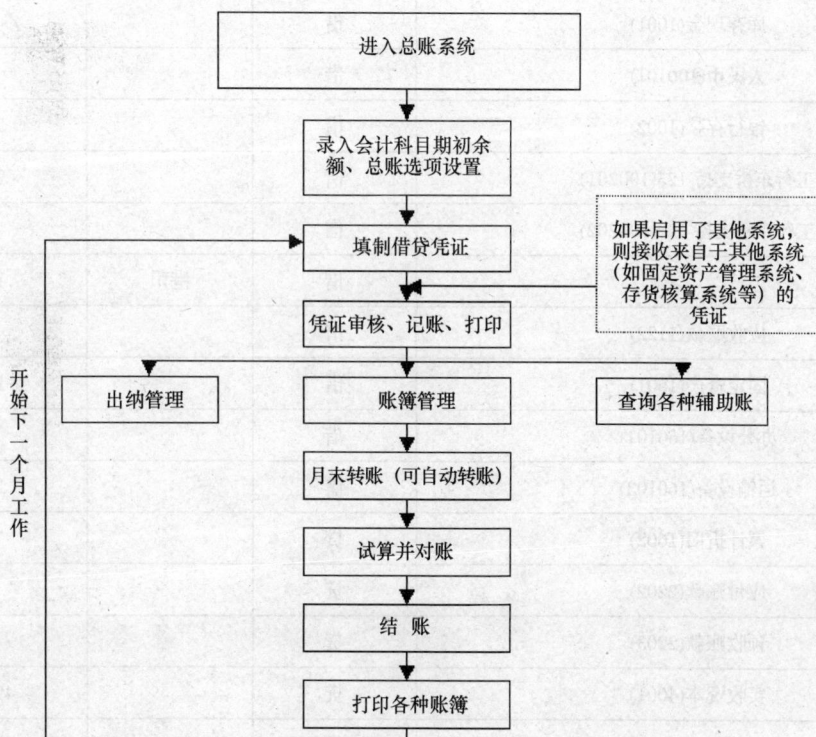

进入总账系统

录入会计科目期初余额、总账选项设置

填制借贷凭证

如果启用了其他系统，则接收来自于其他系统（如固定资产管理系统、存货核算系统等）的凭证

凭证审核、记账、打印

出纳管理　　账簿管理　　查询各种辅助账

月末转账（可自动转账）

试算并对账

结账

打印各种账簿

开始下一个月工作

图7-1

建议本章讲授3课时，上机实验3课时。

实验一 | 总账初始设置

实验准备

导入本书第6章完成之后的备账账套，2010年1月1日以"陈静"身份注册登录002账套，打开"UFIDA-ERP"操作平台。

实验要求

学会总账系统参数设置，录入会计科目期初余额。

实验资料

参见表7-1至表7-4。

表 7-1 会计科目期初余额

科目名称	方　向	币别/计量	期初余额
库存现金(1001)	借		50 000
人民币(100101)	借		50 000
银行存款(1002)	借		286 000
工行东桥支持125(100201)	借		200 000
工行东桥支持128(100202)	借		86 000
	借	港币	100 000
应收账款(1122)	借		50 000
固定资产(1601)	借		129 500
办公设备(160101)	借		10 500
运输设备(160103)	借		119 000
累计折旧(1602)	贷		7 927.6
应付账款(2202)	贷		5 000
预收账款(2203)	贷		10 000
实收资本(4001)	贷		492 572.4
仁渴(400101)	贷		400 000
龚冰冰(400102)	贷		92 572.4

表 7-2 往来科目（应收账款）的期初余额明细

客 户	方 向	金 额
北京远东公司	借	50 000

表 7-3 往来科目（应付账款）的期初余额明细

供 应 商	方 向	金 额
永川公司	贷	5 000

表 7-4 往来科目（预收账款）的期初余额明细

客 户	方 向	金 额
北京远东公司	贷	10 000

实验指导

7.1 参数设置

（1）在"基础信息"中，展开"业务参数"菜单，选择"财务会计"下的"总账"命令，系统打开总账"选项"设置窗口，单击"编辑"按钮可进行业务参数修改，如图 7-2 所示。

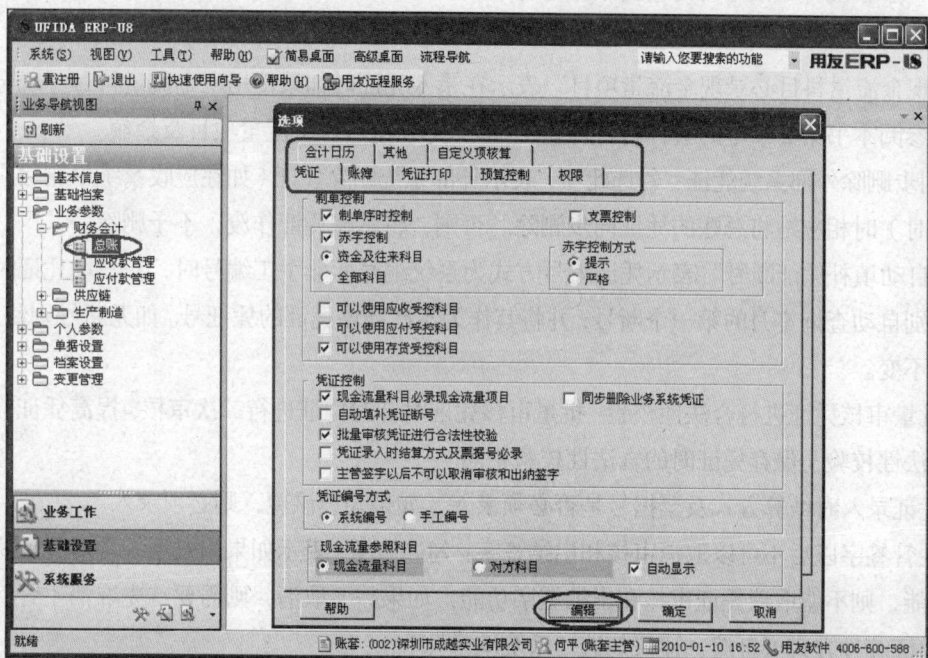

图 7-2

（2）在"选项"窗口中包含"凭证"、"账簿"、"凭证打印"、"权限"、"预算控制"、"会计日历"和"其他"选项卡。

① "凭证"选项卡，用于设置与凭证相关的控制参数。

● "制单序时控制"表示填制凭证时，凭证日期只能由前往后填。例如，填制了2010年1月5日的凭证就不能填制2010年1月4日的凭证。

● "支票控制"表示在制单时录入了未在支票登记簿中登记的支票号，系统将提供登记支票登记簿的功能。

● "赤字控制"表示在科目制单时如果最新余额出现负数，系统将予以提示，如果勾选该项，则可以选择是"资金及往来科目"进行控制或"全部科目"都进行控制；控制时只是显示提示信息不能再制单（即严格控制）。

● "可以使用应收、应付、存货受控科目"是指某科目为其他系统的受控科目（如客户往来科目为应收、应付系统的受控科目），为了防止重复制单，应只允许其受控系统使用该科目制单，总账系统不能使用此科目制单。

注	如果允许使用了受控科目，则有可能引起其他系统与总账对账不平。例如：在应收款管理系统中，A客户的应收账款为20万元，但是在总账系统中除了接收来自于应收款管理系统的A客户20万元的应收账款信息之外，又单独在总账中新增了A客户的应收账款5万元，这样就会造成应收款管理系统中的A客户的应收账款（20万元）与总账系统中的A客户的应收账款（25万元）对账不平。所以建议不要勾选这几项，将应收款、应付款、存货的业务处理完全交由应收款管理系统、应付款管理系统、存货核算系统进行，在总账系统中，这些科目都不能被用来填制凭证，当然，这是指这几个系统都已经启用的情况下才这样设置。

● "现金流量科目必录现金流量项目"表示在录入凭证时如果使用现金流量科目（现金流量科目设置请参阅本书第2章中的会计科目设置），那么必须输入现金流量项目及金额。

● 同步删除外部系统凭证：勾选此项，表示外部系统删除凭证（如在应收系统中删除应收系统中的凭证时）时相应地将总账的凭证同步删除。否则，将总账凭证作废，不予删除。

● "自动填补凭证断号"表示凭证编号方式为系统编号而非手工编号时，在新增凭证时，系统按凭证类别自动查询本月的第一个断号，并将其作为本次新增凭证的凭证号。如无断号则使用新号，编码规则不变。

● 批量审核凭证进行合法性校验：批量审核凭证时针对凭证进行二次审核，提高凭证输入的正确率，合法性校验与保存凭证时的合法性校验相同。

● 凭证录入时结算方式及票据号是否必须录入，如果勾选该项，则必须录入。

● 主管签字以后不可以取消审核和出纳签字：勾选该项，表示如果用友系统中对凭证执行了主管签字功能，则不能取消凭证审核和出纳签字功能，如果需要取消，则需要首先取消主管签字。

● 凭证编号方式可自选，建议勾选"系统编号"。

● 现金流量参照科目：选择现金流量录入界面的参照内容和方式，选择"现金流量科目"项时，系统只参照凭证中的现金流量科目；选择"对方科目"项时，系统只显示凭证中的非现金流量科目；选择"自动显示"项时，系统依据前两个选项将现金流量科目或对方科目自动显示在指定现金流量项目界面中，否则需要手工参照选择。

② "凭证打印"选项卡，用于设置与凭证打印相关的控制参数。

● 合并凭证显示、打印：勾选此项可以再次选择是"按科目、摘要相同方式合并"或"按科目相同方式合并"。在填制凭证、查询凭证、出纳签字和凭证审核时，以系统选项中的设置显示；在科目明细账显示或打印时，在明细账显示界面提供是否"合并显示"的选项。

● 打印凭证页脚姓名：在打印凭证时，是否自动打印制单人、出纳、审核人、记账人的姓名，不勾选则不打印。

● 打印包含科目编码：在打印凭证时，系统除了打印科目名称之外，是否要自动打印科目编码。

● 打印转账通知书：启用了此项，才能够在科目编辑时指定可打印的科目，在凭证中可打印转账通知单。

● 凭证、正式账每页打印行数：设置凭证、正式账的每页打印行数。

③ "账簿"选项卡，用于设置账簿打印相关的控制参数。

● 打印位数宽度（包括小数点及小数位）：定义正式账簿打印时各栏目的宽度，包括摘要、金额、外币、数量、汇率及单价。

● 凭证、账簿套打：选择凭证、账簿是否套打，套打是用友公司专门为用友软件用户设计的，适合于用各种打印机输出管理用表单与账簿，这些表单与账簿是带格式线的空表，套打时，系统只打印出具体的数据，而不打印这些格式线。

● 明细账（日记账、多栏账）打印输出方式：按月排页，即打印时从所选月份范围的起始月份开始将明细账顺序排页，再从第一页开始将其打印输出，打印起始页号为"1 页"。这样，若所选月份范围不是第一个月，则打印结果的页号必然从"1 页"开始排；按年排页，即打印时从本会计年度的第一个会计月开始将明细账顺序排页，再将打印月份范围所在的页打印输出，打印起始页号为所打月份在全年总排页中的页号，这样，若所选月份范围不是第一个月，打印结果的页号有可能就不是从"1 页"开始排。

● 打印设置按客户端保存：如果有多台电脑使用用友软件，不同的电脑上配置有多台不同型号的打印机时，选择此项则可以按照每台电脑上单独的打印机类型和打印选项设置，打印凭证和账簿。

④ "权限"选项卡，在此可以设置总账系统的权限。

● 制单权限控制到科目：若勾选此项，则在制单时，操作员只能使用具有相应制单权限的科目制单。这个功能要与在系统管理的"功能权限"中设置科目权限共同使用才有效。

● 制单权限控制到凭证类别：若勾选此项，则在制单时，只显示此操作员有权限的凭证类别，同时在凭证类别参照中按人员的权限过滤出有权限的凭证类别。此功能与系统管理的"功能权限"中设置凭证类别权限共同使用才有效。

● 操作员进行金额权限控制：选择此项可以对不同级别的人员进行金额大小的控制。例如，财务主管可以对 10 万元以上的经济业务制单，一般财务人员只能对 5 万元以下的经济业务制单，严格的金额权限设置可以防止经济损失。如果为外部凭证或常用凭证调用生成，则处理与预算处理相同，不做金额控制。

● 凭证审核控制到操作员：如只允许某操作员审核其本部门操作员填制的凭证，则应选择此选项。

● 出纳凭证必须经由出纳签字：若要求现金、银行科目凭证必须由出纳人员核对签字后才能记账，则选择"出纳凭证必须经由出纳签字"。

● 凭证必须经由主管会计签字：如要求所有凭证必须由主管签字后才能记账，则选择"凭证必须经主管签字"。

● 允许修改、作废他人填制的凭证：若选择了此项，在制单时可修改或作废别人填制的凭证，否则不能修改。

● 可查询他人凭证：如允许操作员查询他人凭证，则选择"可查询他人凭证"。

● 制单、辅助账查询控制到辅助核算：设置此项权限，制单时才能使用有辅助核算属性的科目录入分录，辅助账查询时只能查询有权限的辅助项内容。

● 明细账查询权限控制到科目：这里是权限控制的开关，在系统管理中设置明细账查询权限，必须在总账系统选项中打开，才能起到控制作用。

● 是否可以查询客户、供应商辅助账。

⑤ "会计日历"选项卡，可以查看各会计期间的开始日期与结束日期、启用会计年度和启用日期。如果要修改设置需要在系统管理中进行操作（会计期间可以任意位置，如可以是本月的 25 日到下个月的 24 日）。总账系统的启用日期不能在系统的启用日期之前，录入汇率后不能修改总账启用日期，总账中若已录入期初余额（包括辅助期初）则不能修改总账启用日期；总账的启用日期不能修改为总账中已制单的月份，总账的启用日期不能修改为其他系统中已制单的月份，第二年进入系统，不能修改总账的启用日期。

⑥ "其他"选项卡，用于设置部门、个人、项目的排序方式以及数量、单价、本位币的小数位。

⑦ "预算控制"选项卡，此功能与用友 V8.72 中的预算控制系统有关，本书中不涉及该内容，在此不做详细说明。

7.2 总账系统期初余额

总账系统期初余额是总账系统启用前的期初数据状态，将该数据录入到总账中，以此数据为开始节点，进行后期发生业务的数据起始点。总账系统中的期初余额就是指各会计科目的期初余额。

参照本节实验资料，录入会计科目期初余额。

（1）展开"设置"菜单，单击"期初余额"选项，系统弹出"期初余额"录入窗口，如图 7-3 所示。

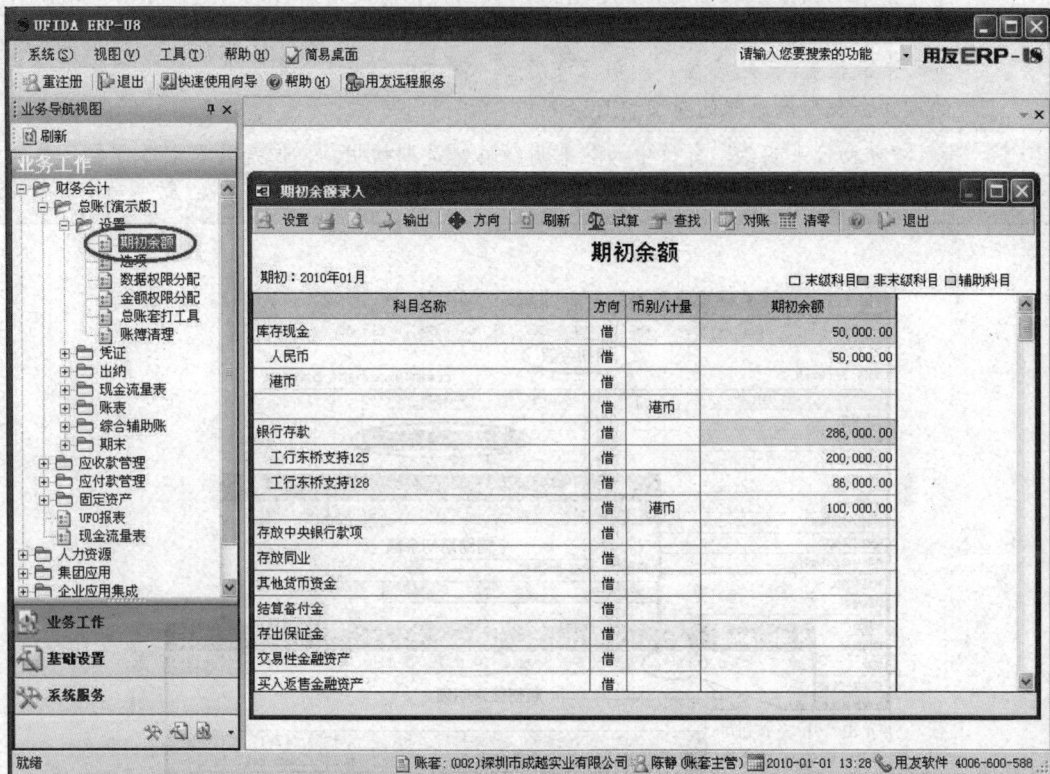

图 7-3

（2）双击"期初余额"栏以录入该科目的期初余额。如果该科目有下级明细科目，只录入末级明细科目的余额即可，上级科目的余额由系统自动汇总之后填入；有红字余额则先转入负号"–"，然后再输入余额；外币核算首先录入的是本币金额，然后录入外币金额。

科目设置中有 5 种辅助核算方式，当录入有辅助核算的会计科目的科目余额时，系统会自动弹出与辅助核算相对应的期初余额录入窗口，在该窗口中再录入明细的辅助核算的明细期初数据。

录入"应收账款"会计科目，该科目的辅助核算项为"部门客户核算"，系统打开"辅助期初余额"窗口，首先选择科目名称"应收账款"，然后单击"往来明细"命令，打开"期初往来明细"录入窗口，如图 7-4 所示，单击"增加"菜单，系统增加一空白应收账款记录，录入客户部门往来期初数据，录入完毕，单击"汇总"命令将录入的期初往来明细汇总到会计科目的期初余额中。

往来科目（如预收、预付、应付）如果辅助核算，并且系统也应用了应收管理系统和应付管理系统，则录入期初期余额的方式与"应收账款"一样，可将应收管理系统和应付管理系统中的期初引入过来。

> **提示**　　　会计科目的期初余额需与各功能子系统中的期初余额相对应。例如，总账系统中的应收款科目的期初余额需与应收款管理系统中期初余额相对应，总账系统中的原材料科目的期初余额需与存货核算系统中的原材料的期初余额相对应。
>
> 　　如果启用了应收应付系统，并且应收应付系统的启用日期与总账系统的启用日期一致，则可以先在应收应付系统中录入期初余额（请参阅本书第 5 章中的应收账款的期初余额设置），然后在"期初往来明细"窗口中，单击"引入"命令将应收应付系统的期初余额引入总账的对应科目余额中。
>
> 　　"期初往来明细"窗口中的往来明细虽然是期初明细，但是其发生日期会参与到往来账龄分析中。

图 7-4

（3）科目余额录入完毕之后，进行试算平衡操作来检验数据的正确性，即检验借方余额是否等于贷方余额。单击"期初余额录入"窗口上的"试算"按钮，如果试算平衡，系统会显示"试算结果平衡"，如图 7-5 所示。

如果试算不平衡，系统会显示不平衡的提示，此时用户需要检查前期所做的期初余额是否有误。将期初余额数据更正后，再运行试算功能，直到平衡为止。

"清零"是当某会计科目的下级科目的期初余额互相抵消而使得该科目的余额为零时，则系统自动清除该科目下级科目的所有期初余额。

（4）对账是系统自动完成的，用来检查总账与辅助账或明细账中的数据是否一致。单击"对账"按钮，系统弹出如图 7-6 所示的"期初对账"窗口，单击"开始"按钮开始对账，如果没有错误，系统会给出对账成功信息。

如果出现对账错误，系统会给出对账错误提示，可以单击"显示对账错误"按钮查看对账错误信息。

（5）最后单击"退出"菜单退出期初余额录入窗口。

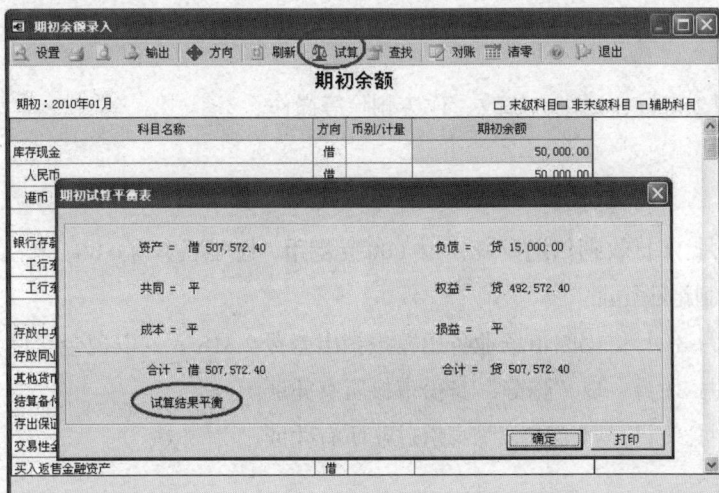

图 7-5

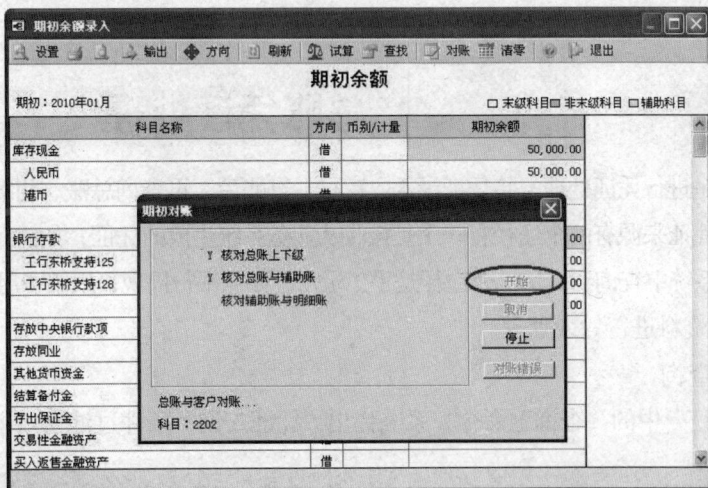

图 7-6

注	如果是年初（即 1 月 1 日）建账（本书中账套选择的是年初建账），则直接录入期初余额（即年初余额）。如果是年中建账（非年初建账），需要录入所建账月份的期初余额和从该年年初到该月份的借、贷方累计的发生额，之后，系统会自动计算年初余额；凭证记账后，期初余额只能浏览，不能修改，如果修改，需将所有记账的凭证取消记账方可。

实验二

凭证日常业务处理

实验准备

在本章实验一的基础上，2010 年 1 月 1 日以"陈静"身份注册登录 002 账套，打开"UFIDA-ERP"操作平台。

实验要求

学会凭证填制、审核、记账、修改、作废删除等操作。

实验资料

- 2010年1月31日收到仁渴投资款10 000元港币，处理汇率为0.86，已经汇入"人行东桥支行128"账户，填制记账凭证。
- 2010年1月31日仁渴因市场业务出差报销出差费2 315元，以现金支付，填制记账凭证。
- 2010年1月31日，以"陈静"身份审核所有凭证。
- 2010年1月31日，以"陈静"身份过账所有凭证。

实验指导

7.3 | 总账凭证处理

总账系统主要是进行凭证处理，将凭证录入、审核、过账后，再查询总账、明细账和科目余额表等数据。总账系统的凭证来源有两个途径：一个是接收从业务系统生成的凭证，如前面小节所生成的凭证都可以在"总账"系统中查询到；另一个途径是手工录入，如从银行提现、报销费用和付工资等凭证。

参照本节实验资料进行凭证处理。

7.3.1 凭证查询

（1）打开"凭证"中的"查询"命令，系统弹出"凭证查询"条件过滤窗口中，如图7-7所示。

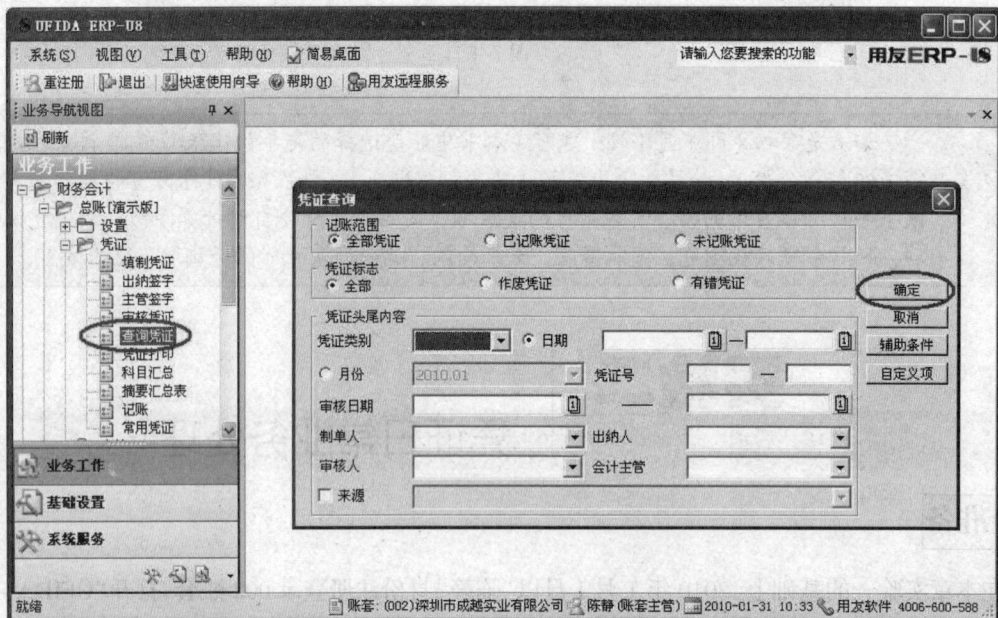

图 7-7

（2）录入查询条件，然后单击"确定"按钮，系统列出符合条件的凭证。在"查询凭证"窗口中，对于由其他系统生成的并传递过来的凭证，首先用鼠标单击会计科目，然后打开"查看"菜单，可以查看与当前分录中会计科目相关的"联查明细账"、"联查原始单据"等，如图 7-8 所示。

（3）单击凭证名称，可以看到该张凭证的来源信息，即本张凭证是由哪个系统生成传递过来的，如图 7-9 所示。

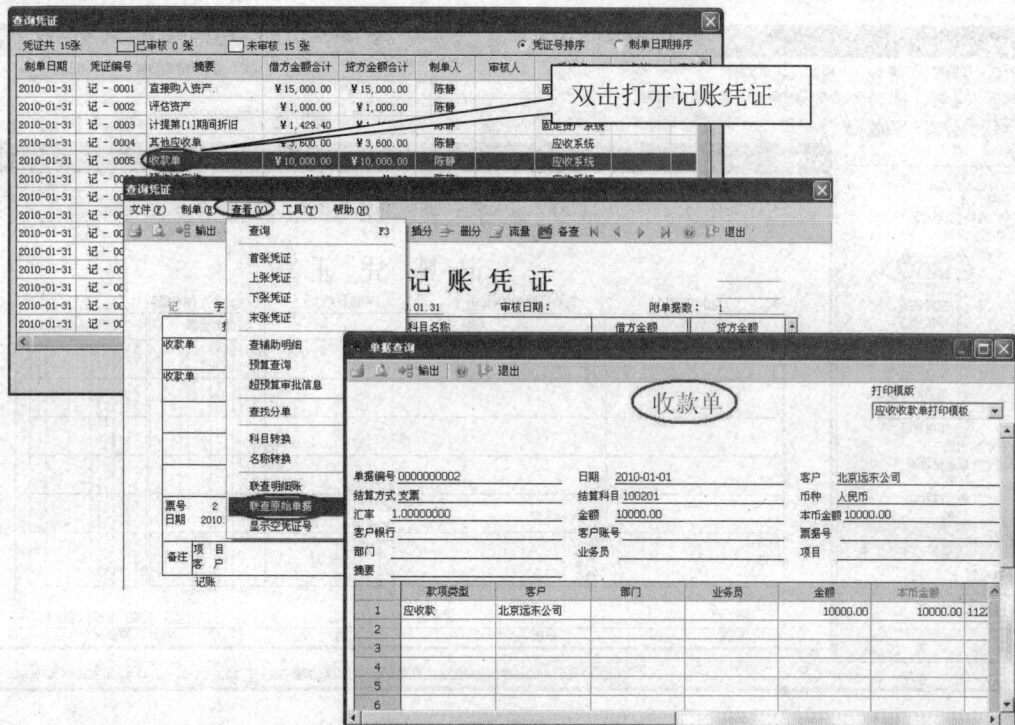

图 7-8

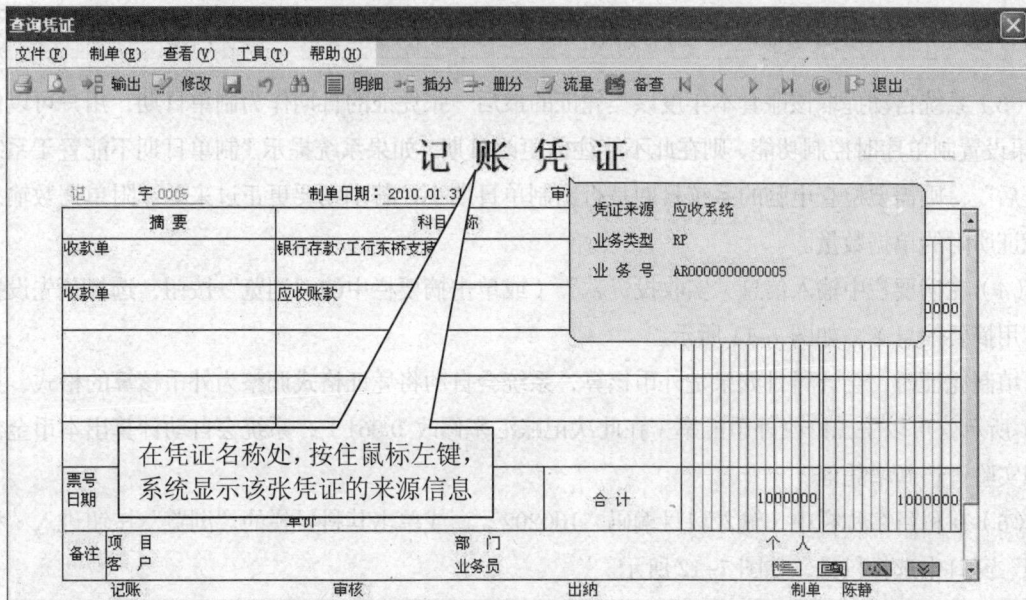

图 7-9

7.3.2 凭证录入

（1）单击"凭证"菜单下的"填制凭证"选项，系统弹出"填制凭证"窗口，单击"增加"按钮，结果如图7-10所示。

（2）在总账选项中已设置凭证编号由系统自动编号（不同的凭证类别，在每月初都重置号码为1）。若未设置也可以手工录入凭证编号。

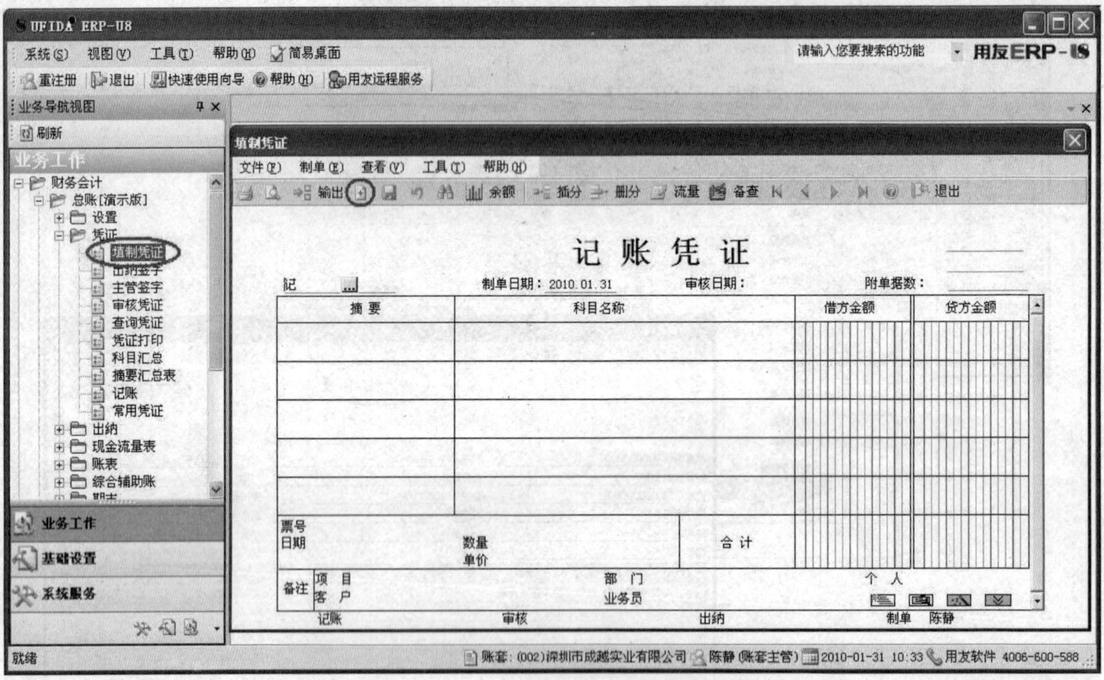

图 7-10

会计知识：记账凭证应连续编号，每月从第1号开始。

（3）系统自动提取该账套本年度该类凭证的最后一张凭证的日期作为制单日期，用户可以修改（如果设置制单序时控制功能，则在此不能往前更改日期。如果系统提示"制单日期不能置于系统日期之后"，则需要检查电脑的系统日期是否比制单日期小，若小则要更正过来）。附单据数输入该张凭证所附的单据数量。

（4）在摘要栏中输入信息"实收投资款"（或单击摘要栏中的"浏览"按钮，选择预先设置好的常用摘要信息），如图7-11所示。

填制凭证时，会计科目如果是外币核算，系统会自动将凭证格式调整为外币核算的格式，如图7-11所示，可以手工修改外币汇率（在此次记账汇率修改0.861），系统会自动计算出本币金额，参照实验资料新增凭证。

（5）在科目名称栏中，输入科目编码"100202"，或单击其科目栏的"浏览"按钮进入"科目参照"窗口中选择科目，如图7-12所示。

提示　　在"科目参照"窗口中，如果没有所需科目，可以直接在"科目参照"窗口中单击"编辑"按钮，进入新增科目设置窗口进行科目设置。

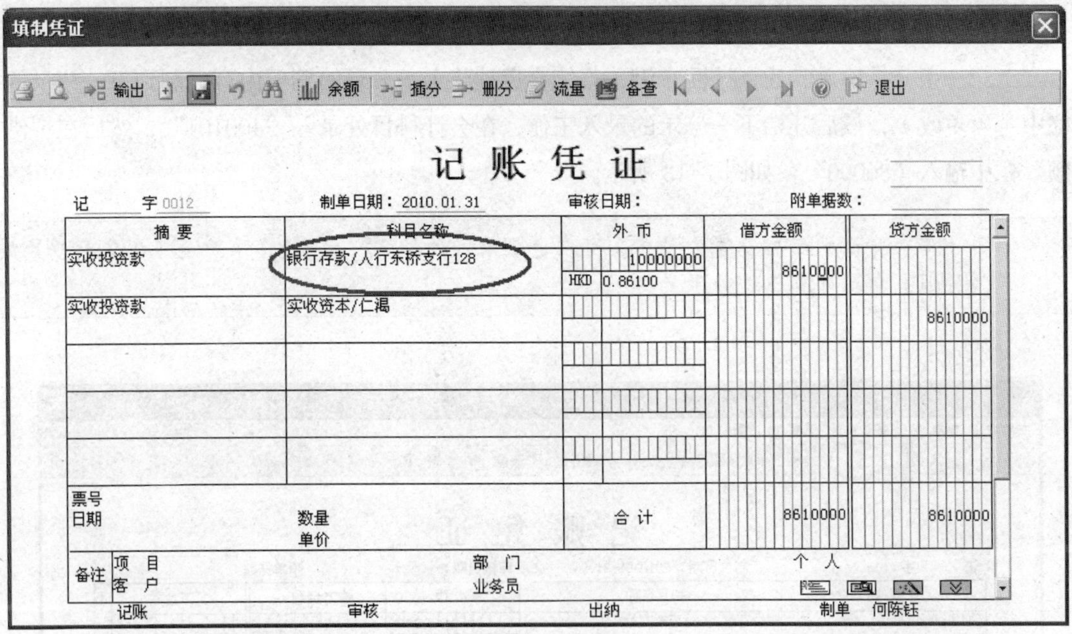

图 7-11

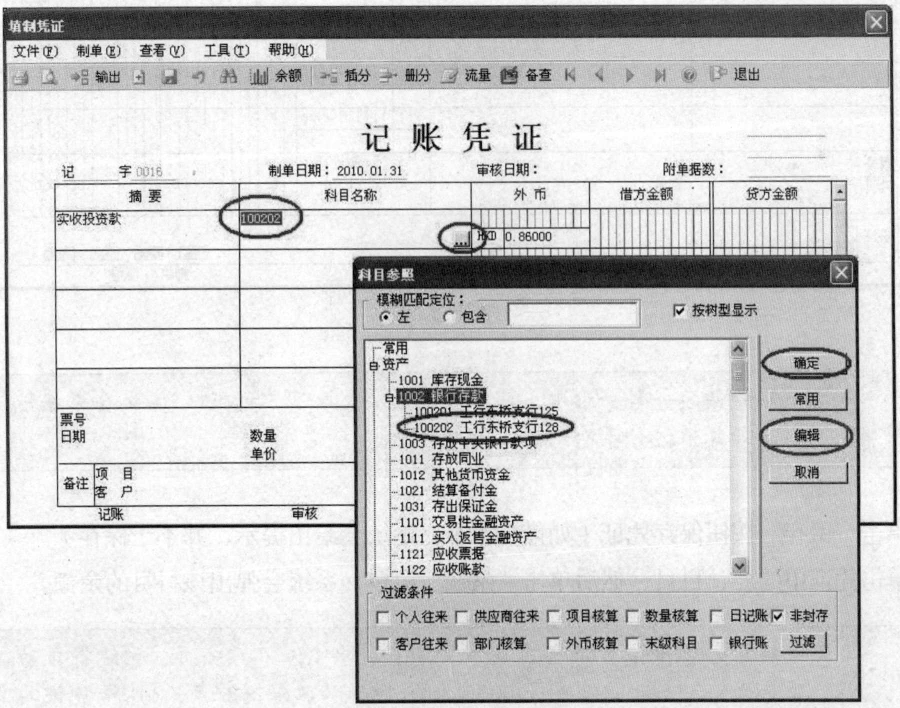

图 7-12

（6）在"外币"处录入 100 000 元港币，系统自动计算出"借方金额" 86 000 元。

输入金额处，红线后为小数位，红线前为整数位。金额不能为0。如果所录入的金额是负数（即红字）则在金额处按"-"，系统会显示金额为红字，但是打印该张凭证时，该金额前会打印出"-"字样。如果要调整金额方向（即借贷方调整），则在金额处单击空格键。

（7）第一条分录输入完后，按回车键，系统会自动将上一分录的摘要内容复制到下一分录的摘要栏中（可更改），然后开始下一分录的录入工作，在会计科目处录入"400101"，然后在"借方金额"栏中输入"86000"，如图7-13所示。

注 在凭证的最后一笔分录中，可在金额录入处按下"="键，系统会根据借贷平衡的原则，自动计算出该分录的结果，十分方便。

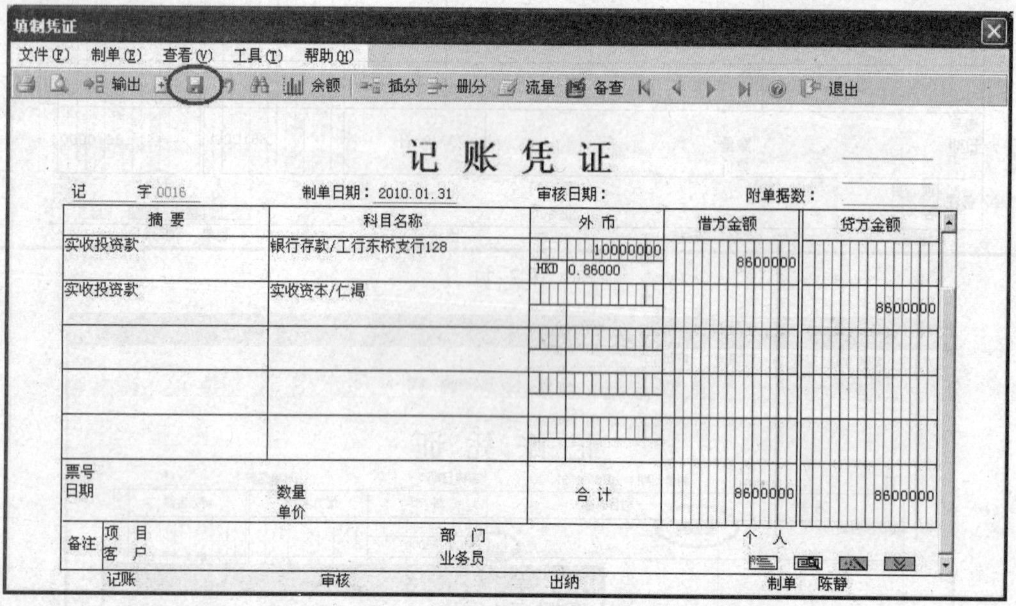

图7-13

注 在凭证的最后一笔分录中，可在金额录入处按下"="键，系统会根据借贷平衡的原则，自动计算出该分录的结果，十分方便。

（8）单击"保存"按钮保存凭证（如借贷不平，系统会给出提示，并不予保存）。

（9）单击凭证中的会计科目，然后单击"余额"菜单，系统会弹出该科目的余额。

提示 系统规定每页凭证可以有五笔分录，若某号凭证不只一页，系统将自动在凭证号后标上几分之一，如收-0001号0002/0003表示为收款凭证第0001号凭证共有三张分单，当前光标所在分录在第二张分单上。

参照实验资料新增凭证，如图7-14所示。

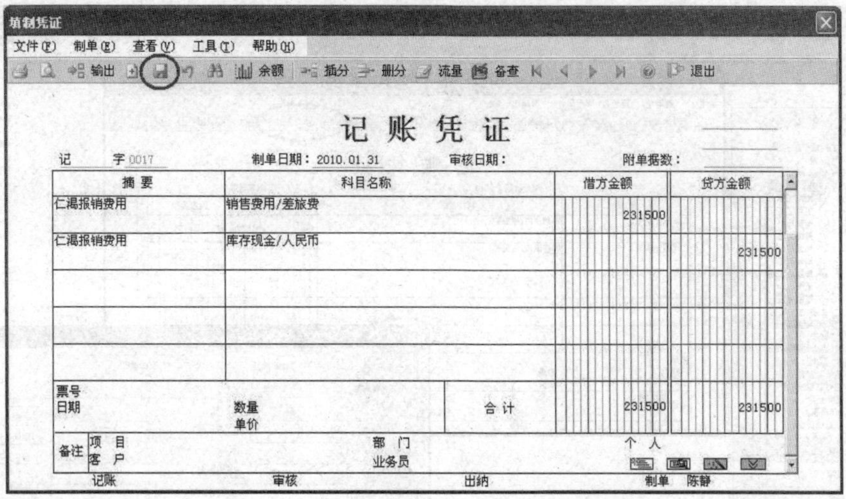

图 7-14

7.3.3 凭证修改

会计知识：错误凭证的处理

　　填制记账凭证时若发生错误，应当重新填制。已登记入账（即该凭证已记账，记账请参阅本章中的凭证记账）的记账凭证在当年内发现填写错误时，可以用红字填写一张与原内容相同的记账凭证，在摘要栏注明"注销某月某日某号凭证"字样，同时再用蓝字重新填制一张正确的记账凭证，注明"订正某月某日某号凭证"字样。如果会计科目没有错误，只是金额错误，也可以将正确数字与错误数字之间的差额另编一张调整的记账凭证。如果发现是以前年度记账凭证有错误，应当用蓝字填制一张正确的记账凭证。

提示　　　以上会计知识中所讲的对填制记账凭证时发生错误的处理方法，更多用于手工填制凭证时，现在可以完全借助用友软件进行凭证修改，如当年的凭证已记账、月末结账，均可以使用反结账、反记账，然后再取消凭证审核，对凭证进行修改。如果填制错误的凭证已经打印并装订起来了，则最好使用冲销凭证进行处理。

　　（1）展开"凭证"菜单，单击"填制凭证"选项，在"填制凭证"窗口中单击"上张"或"下张"按钮，找到所需要修改的凭证，单击"修改"执行修改工作。另外也可以打开"填制凭证"窗口中的"查询"功能，录入查询条件，如图 7-15 所示。录完查询条件后，单击"确定"按钮，系统列出所有符合条件的凭证记录，双击需要修改的凭证记录，之后进行修改。

　　（2）如果科目有辅助项，则需要双击"填制凭证"窗口下边的"备注"栏打开"辅助项"录入窗口。

　　（3）要增加分录，将光标放在需要增加的分录前，单击"增行"按钮。单击"放弃"按钮可放弃刚才所做的修改操作，单击"保存"按钮可以保存修改后的分录。

注　　　　已审核的凭证不能进行修改，取消审核之后方可进行修改。外部系统传过来的凭证不能在总账系统中修改，只能在生成该凭证的系统中进行修改，然后再传递到总账系统中。

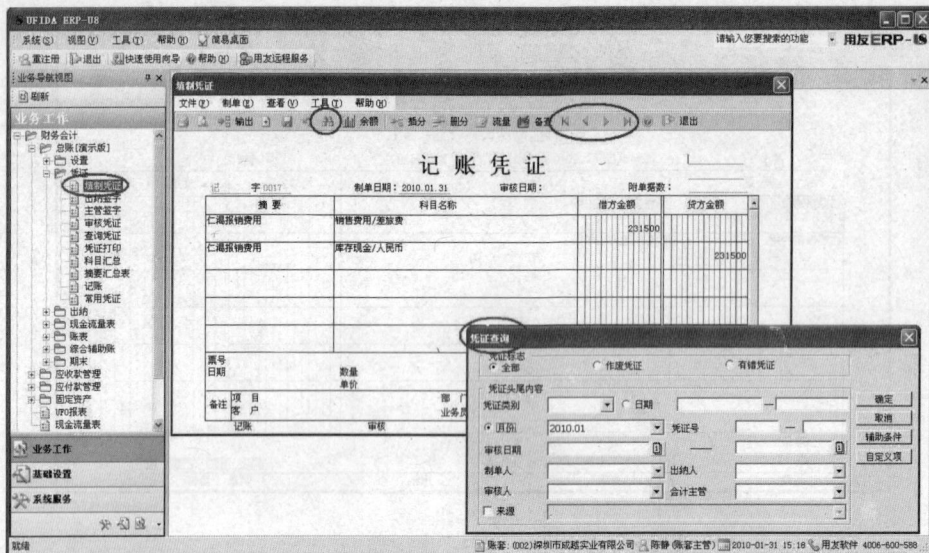

图 7-15

7.3.4　冲销凭证

如果凭证填制错误，为了保留该记录，而不对其进行修改或删除（凭证已记账或会计月度已结账，就可能出现这种情况），则可使用冲销凭证，即做一张与该张凭证一模一样的红字凭证。

（1）打开"填制凭证"窗口中"制单"菜单，选择"冲销凭证"命令，系统弹出"冲销凭证"窗口，如图 7-16 所示。

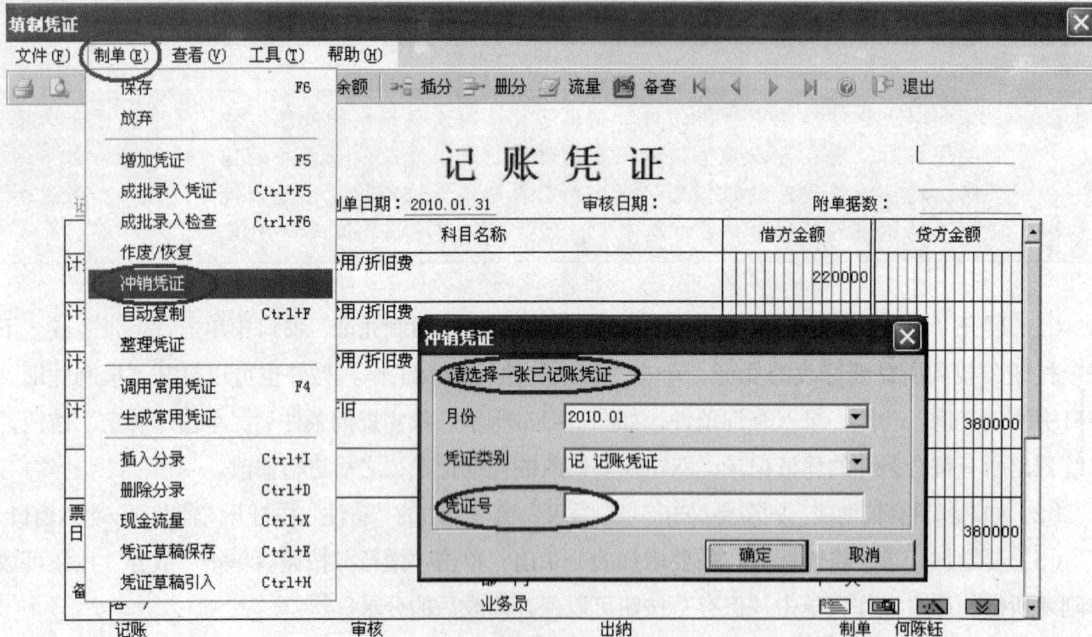

图 7-16

（2）系统提示选择一张需要进行冲销的已记账凭证，过滤条件输入完后，单击"确定"按钮，即可完成指定凭证的冲销工作。

注	只有已记账的凭证才能被冲销，未记账的凭证如果错误，一般使用凭证修改。
	凭证冲销是自动生成一张与原凭证借贷都相同的红色凭证，所以冲销之后还需要做一张正确的凭证。

7.3.5 删除凭证

凭证不再需要时，如凭证所记录的业务取消或者凭证填制错误，可将其删除。

（1）打开"填制凭证"窗口，查询凭证以找到要删除的凭证双击将其打开。

（2）单击"制单"菜单下的"作废/恢复"命令，如图 7-17 所示。

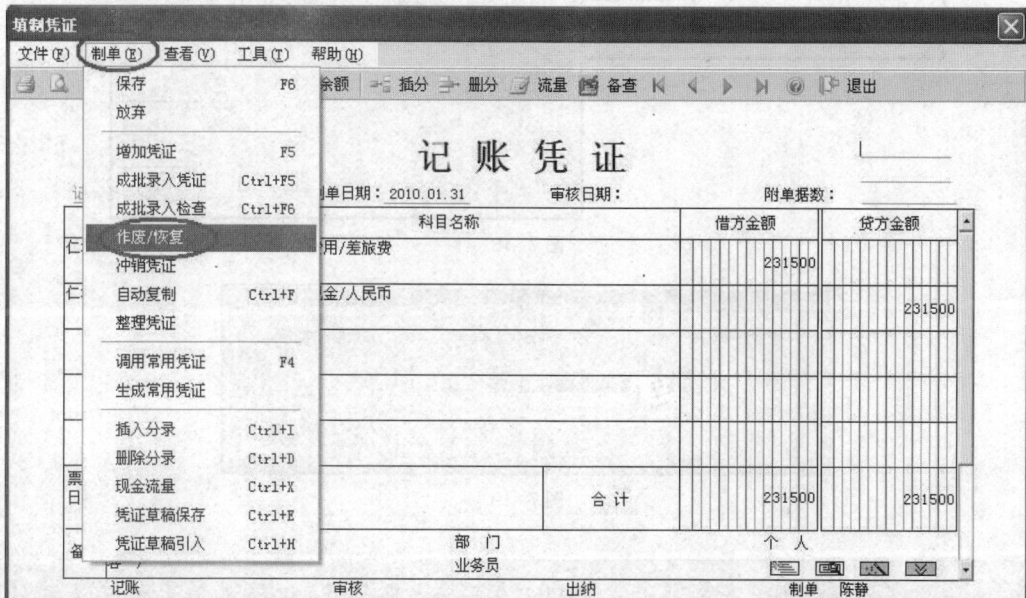

图 7-17

该凭证被标上"作废"字样，原凭证中的数据内容不变，但不能修改，不能审核。

注	作废凭证需参与记账，否则无法结账。作废保证不做数据处理，相当于空白凭证，在做账簿查询时，不显示该张凭证的数据，但仍然占有该张凭证号。

（3）在已有"作废"字样的凭证上，再次单击"作废/恢复"命令，可以取消对该张凭证的作废操作，使其回到正常凭证状态，这类似于从 Windows 的回收站中将删除的文件还原。

（4）单击"制单"菜单下的"整理凭证"命令，系统提示选择需整理凭证的期间（以月份为选择），如图 7-18 所示。

（5）选择好凭证期间后，单击"确定"按钮，系统弹出"作废凭证列表"，该表中列出来在该凭证期间中有"作废"字样的凭证，在此可选择需要删除的作废凭证，然后单击"确定"按钮，系统提示对未记账凭证是否重新编号，并且可以选择重新编号时的方式，如图 7-19 所示，单击"是"按钮则整理，单击"否"按钮则不整理。

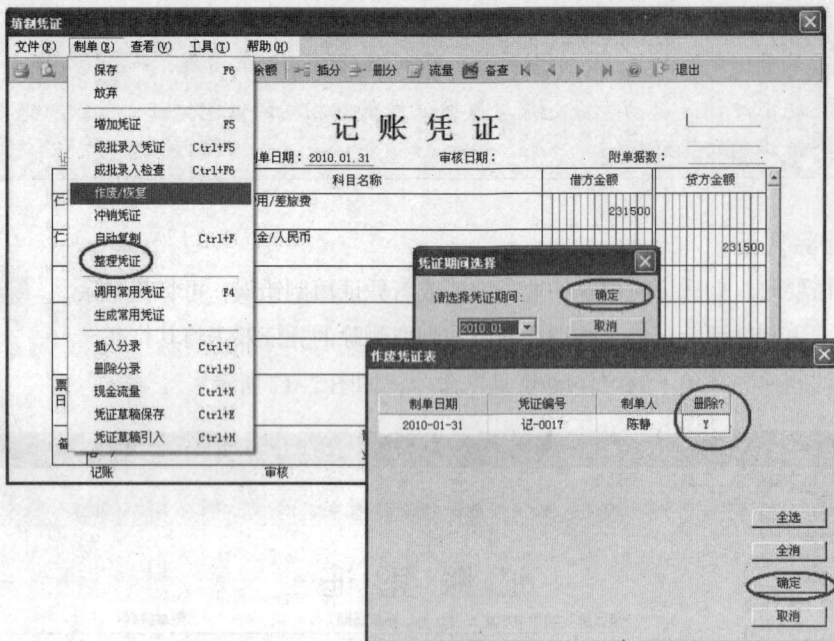

图 7-18

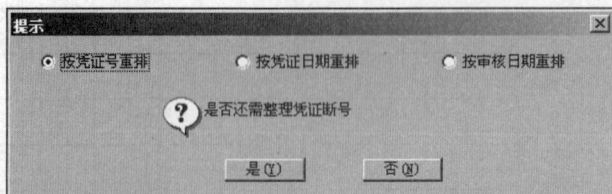

图 7-19

提示　　　　凭证整理时，如有凭证（如 003 号凭证）被删除，则该凭证号（003）会自动为断号，如果选择了重新整理断号，则系统将后面的凭证号全部往前移动（将 004 号凭证的凭证号更改为 003 号凭证）。如果在整理凭证之前，凭证已经打印出来，最好就不要再整理断号了，因为这样会造成系统中的凭证编号和已打印出来的凭证编号错位。

7.3.6　出纳签字

出纳人员管理着企业现金的收入与支出，为了加强对出纳凭证的管理，出纳人员可以通过出纳签字功能，对制单员填制的带有现金银行科目的凭证进行检查核对。核对的主要内容是出纳科目金额，对有错误或异议的凭证，应交填制人员修改，之后要再次核对。如果设置了出纳凭证必须由出纳签字，则未经过出纳签字的凭证不能进行审核。

提示　　　　实际工作中，也有将凭证打印出来，由出纳人员在打印出来的凭证上手工签字的情况，是手工签字还是在电脑中签字可根据实际情况而定。

　　　　在本章中的总账选项设置中可以设置是否需要在电脑中执行出纳签字。

（1）以出纳员"何玉琪"的身份注册进入系统中。

（2）打开总账系统，然后在总账系统窗口中打开"凭证"菜单，单击"出纳签字"选项，系统弹出"出纳签字"条件过滤窗口，如图 7-20 所示。

提示　　　　由于在本书的第 2 章中设置了操作员"CY009 何玉琪"有出纳权限，因此此时系统只会显示与该操作员权限相符的功能菜单，不具有操作权限的菜单都会屏蔽掉。

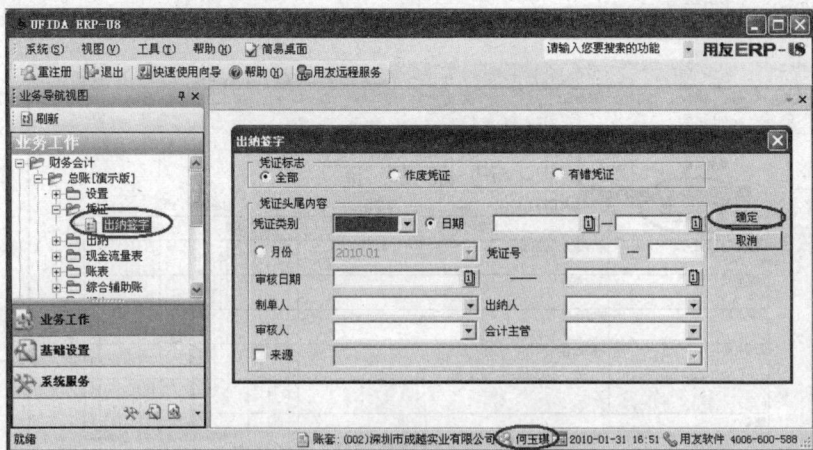

图 7-20

（3）输入凭证过滤条件（只有涉及现金、银行业务的凭证才会执行出纳签字操作），单击"确定"按钮，系统会列出符合条件的凭证记录，在所列出的记录中，双击"凭证"，系统打开该张凭证，出纳人员确认该张凭证没有问题后，单击"签字"按钮即可完成出纳签字操作，在该张凭证的出纳签字栏中会出现出纳员"何玉琪"的名字，如图 7-21 所示。

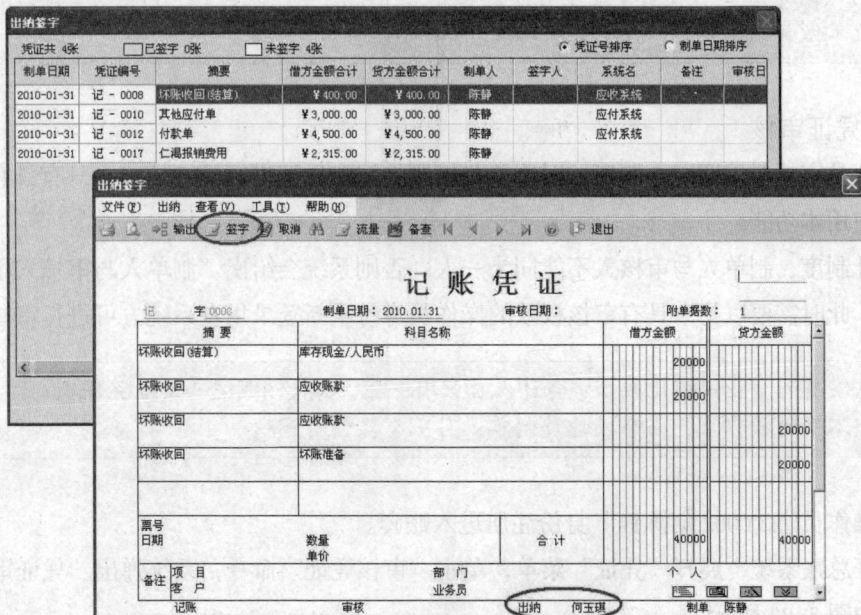

图 7-21

注	要对已签字的凭证取消签字,可单击"取消"按钮。凭证一经签字,就不能被修改、删除,只有取消签字后才可以进行修改或删除,取消签字只能由签字的出纳人员完成。

(4)对于大批的凭证需要出纳签字的情况,可在"出纳签字"窗口中打开"出纳"菜单,选择其下面的"成批出纳签字"功能。反之,也可以选择"成批取消签字"功能成批取消已完成出纳签字的凭证,如图7-22所示。

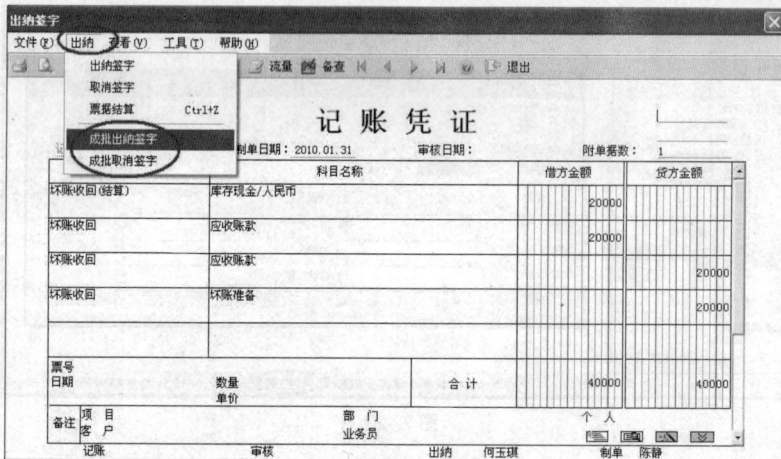

图 7-22

提示	在许多企业中为加强对会计人员制单的管理,常采用主管会计签字后凭证才有效的管理模式,因此用友V8.72系统中提供"主管签字"这种核算方式,即其他会计人员制作的凭证必须经主管签字后才能记账。主管签字方式与出纳签字方式操作一样,在此不做详细说明。

7.3.7 凭证审核

审核凭证是审核员按照财会制度,对制单员填制的记账凭证进行检查核对。只有具有审核权的操作员才能使用本功能。

按照会计制度,制单人与审核人不能同为一人,否则系统会给出"制单人与审核人不能同为一人"的提示,此时需要以另一具有审核权限的操作员身份重新登录用友系统方可进行审核。

提示	有的企业规模比较小,会计人员只有一位,但使用用友V8.72系统时,需要建立两个不同的操作员,一个操作员制单,另一个操作员审核。

(1)以操作员"CY002何陈钰"身份注册进入账套。

(2)打开总账系统,展开"凭证"菜单,单击"审核凭证"命令,系统弹出"凭证审核"条件过滤窗口,如图7-23所示。

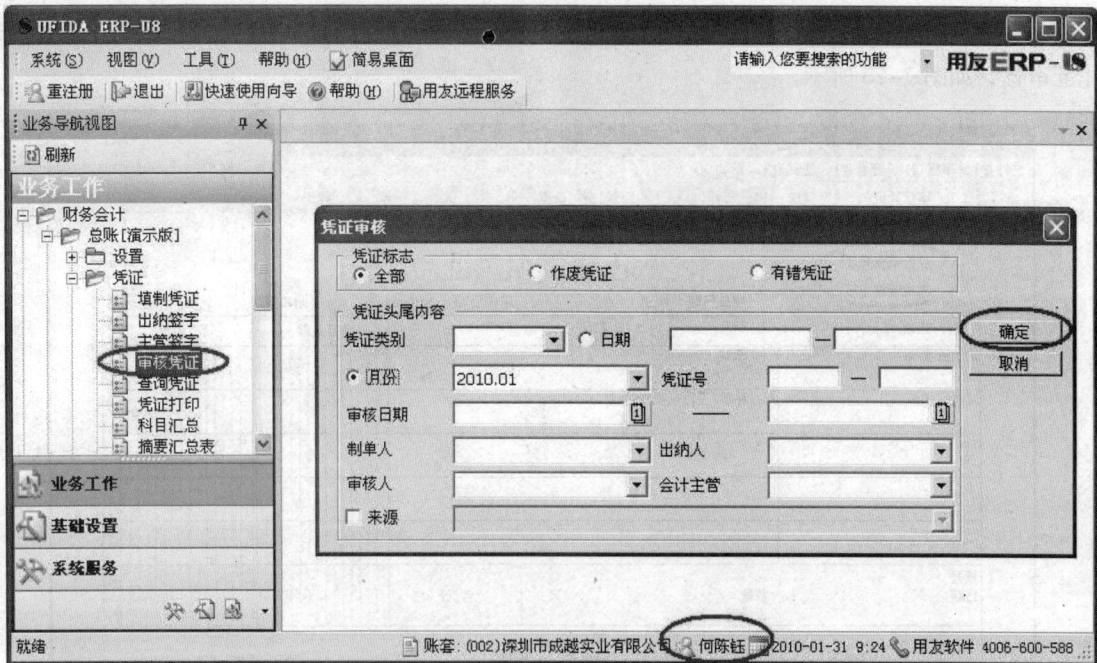

图 7-23

（3）输入过滤条件，单击"确定"按钮，系统列出所有符合条件的记录。

（4）双击需要审核的凭证，然后单击"审核"按钮，在凭证下方审核人一栏中会出现操作员"陈静"。单击"取消"按钮则会取消审核，如图 7-24 所示。

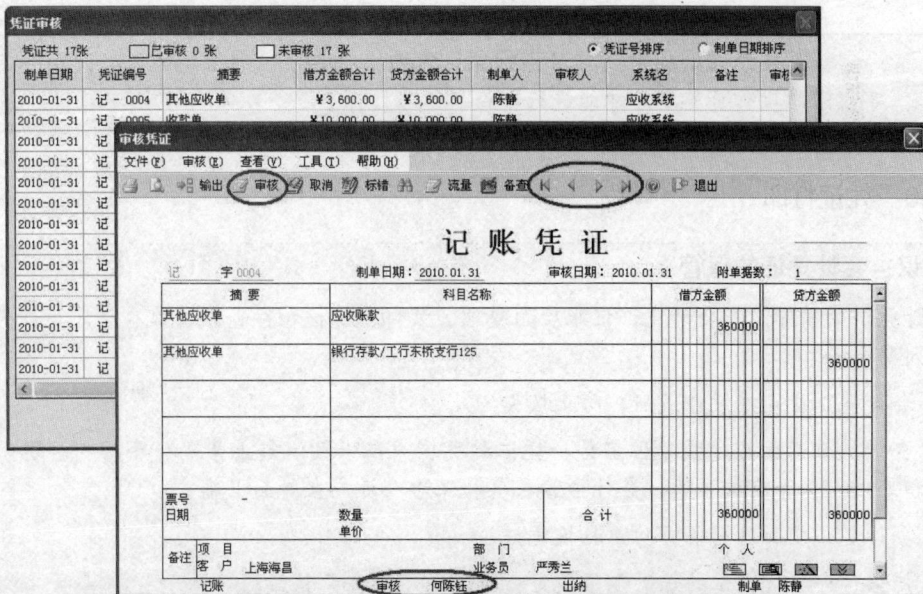

图 7-24

提示　　　单击"审核"按钮审核该张凭证后，系统会自动进入到下一张未审核的凭证窗口，所以单击"上一张"按钮定位键才能找到该张已审核的凭证。

（5）在"审核凭证"窗口中，也可以选择"审核"菜单中的"成批审核凭证"选项，进行成批凭证审核，如图7-25所示。

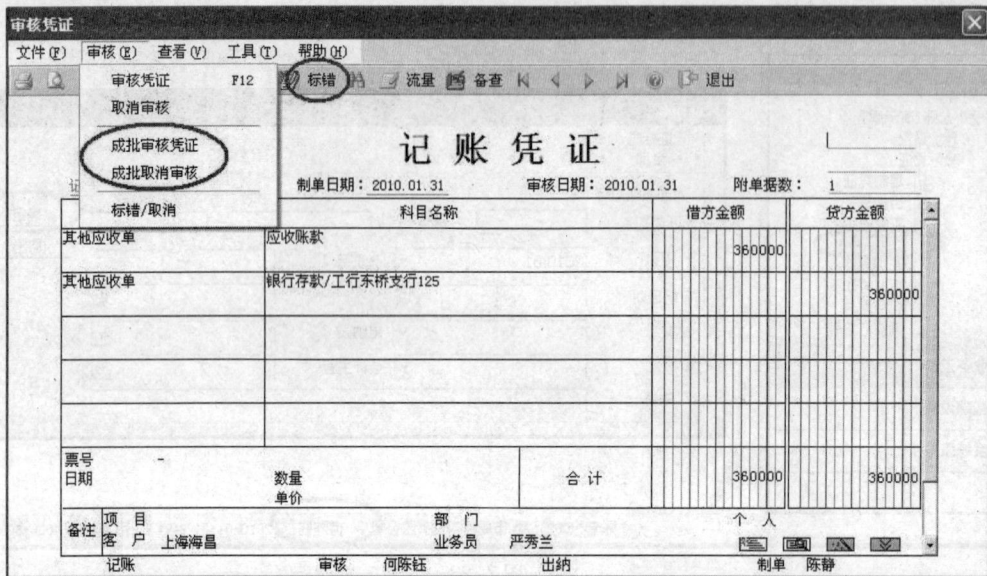

图 7-25

（6）如果审核时发现凭证有错，可单击"标错"按钮先进行标错，然后修改，再次单击"标错"按钮则取消该张凭证的标错。

凭证审核后不能修改与删除，只有取消审核后才可以。

注	如果在总账选项中设置了出纳凭证需由出纳签字，则出纳凭证必须由具有出纳签字权限的操作员签字后才能进行审核。

7.3.8 凭证打印

会计知识：会计凭证的保管

会计凭证的保管是指会计凭证记账后的整理、装订、归档和存查等工作。会计凭证的保管主要有下列要求。

1. 会计凭证应定期装订成册，防止散失。

2. 会计凭证封面应注明单位名称、凭证种类、凭证张数、起止号码、年度、月份、会计主管人员和装订人员等有关事项，会计主管人员和保管人员应在封面上签章。

3. 会计凭证应加贴封条，防止抽换凭证。

4. 严格遵守会计凭证的保管期限规定，期满前不得任意销毁。

如核算单位已经进行了手工甩账操作，完全使用用友软件进行日常的会计处理工作，则需要将系统中的凭证打印出来，然后在凭证后面贴上原始单据，装订成册，保留记录，这是财务制度的要求。

（1）选择总账窗口中"凭证"菜单下的"打印凭证"选项，系统弹出"凭证打印"窗口，如图7-26所示。

图 7-26

（2）在此输入需打印的凭证范围、格式和条件，然后单击"打印"按钮开始打印。也可以单击"打印设置"按钮进行打印方面的设置，如纸张大小、类型等。

7.3.9 凭证记账

记账是将已审核之后的凭证记录到具有账户基本结构的账簿中去，也称为登账或过账，是财务业务中重要的一环。记账凭证审核签字后，即可用来登记总账、明细账、日记账、部门账、往来账、项目账以及备查账等。记账采用向导方式，记账过程更加明确。

会计知识：会计账簿

通过填制和审核记账凭证，可以核算和监督企业每天经济业务的发生和完成情况，但是随着凭证的增加，资料众多，不能对某一时期内发生的相同类别的经济业务进行集中的记载和反映，所以就需要使用记账处理。

会计账簿就是指由一定格式账页组成的，将经过审核的记账凭证，全面、系统和连续地记录各项经济业务的簿籍。

1. 记账

（1）以操作员"陈静"的身份登录用友，选择"凭证"菜单下的"记账"选项，系统弹出"记账"窗口，如图7-27所示。

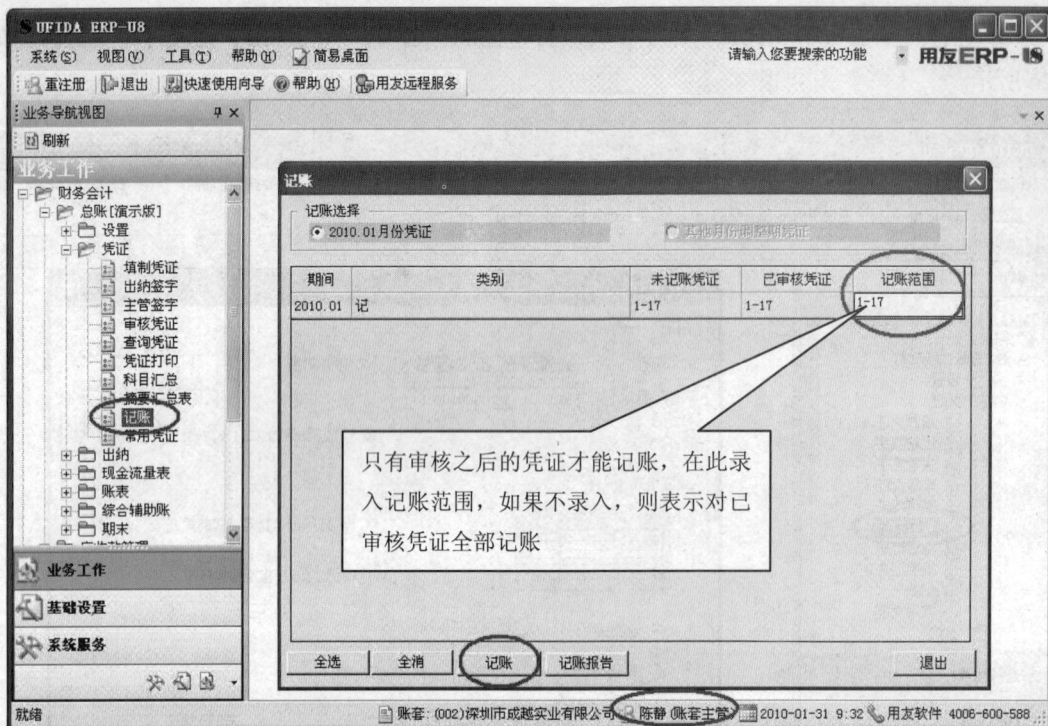

图 7-27

系统默认进入"1.选择本次记账范围"处理，在"选择本次记账范围"栏中输入记账的凭证范围，范围之间可用"-"或","隔开。

> **提示**　绿色表示上月未结账，白色表示已审核凭证，只有白色的才是可以输入的记账范围。没有填制期初余额、填制了期初余额而试算不平衡，或者上月的凭证有未记账等情况时，本月的凭证都不可记账，系统提示为"无可记账凭证"；作废凭证不需要审核，可以直接记账。

（2）单击"记账"按钮，系统给出"期初试算平衡表"，如图 7-28 所示。

（3）单击"确定"按钮，系统开始记账，如图 7-29 所示，最后系统显示"记账完毕"。

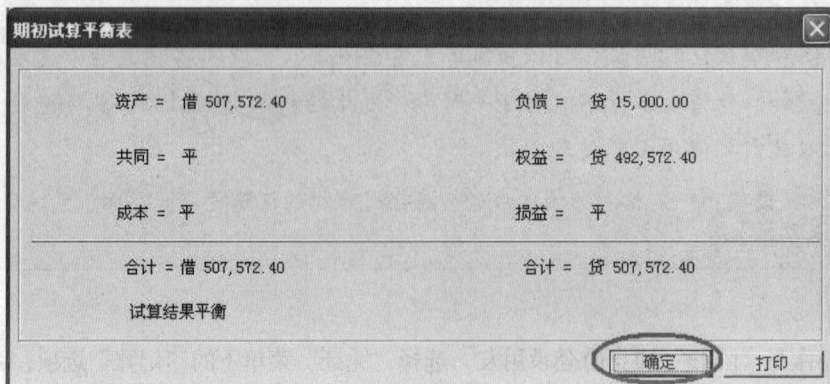

图 7-28

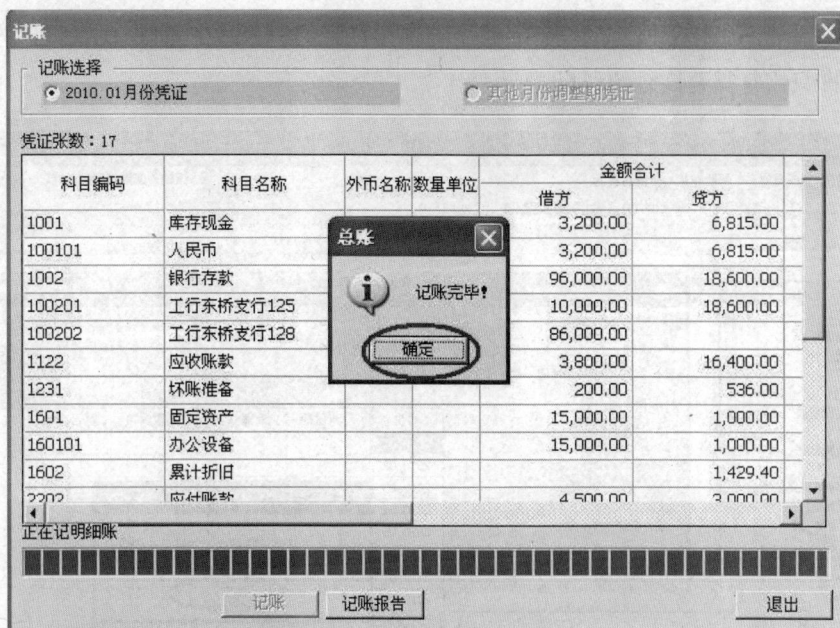

图 7-29

2. 恢复记账前状态

如果由于某种需要，需要取消记账，如要修改凭证，由于经过记账的凭证不能取消审核（凭证
不能取消审核，自然也不能对其进行删除和修改），所以在实际工作中，有可能会遇到取消记账的
情况（即恢复记账前状态），用友软件提供"恢复记账前状态"选项。

（1）展开"期末"菜单，单击"对账"选项，系统弹出"对账"窗口，在此按 Ctrl+H 组合键，
系统弹出"恢复记账前状态功能已被激活"提示信息，单击"确定"按钮，此时在"凭证"菜单下
也同时出现了一个新的菜单"恢复记账前状态"（在对账状态下，如果再按 Ctrl+H 组合键，或者退
出用友系统后再进入，该菜单都会隐藏），如图 7-30 所示。

（2）打开"凭证"菜单，单击"恢复记账前状态"选项，系统弹出"恢复记账前状态"窗口，
如图 7-31 所示。

（3）选择所需要的恢复方式，单击"确定"按钮，出现提示"恢复记账完毕！"，单击"确定"
按钮退出。

- 恢复最近一次记账前状态：一般用于记账时系统造成的数据错误的恢复。
- 恢复上个月初状态：恢复到上个月初未记账时的状态。

选择是否恢复往来两清标志和选择恢复两清标志的月份，系统根据选择在恢复时，清除恢复月
份的两清标志。

可以根据需要不必恢复所有的会计科目，将需要恢复的科目从"不恢复的科目"选入"待恢复的科目"，即只恢复需要恢复的科目。

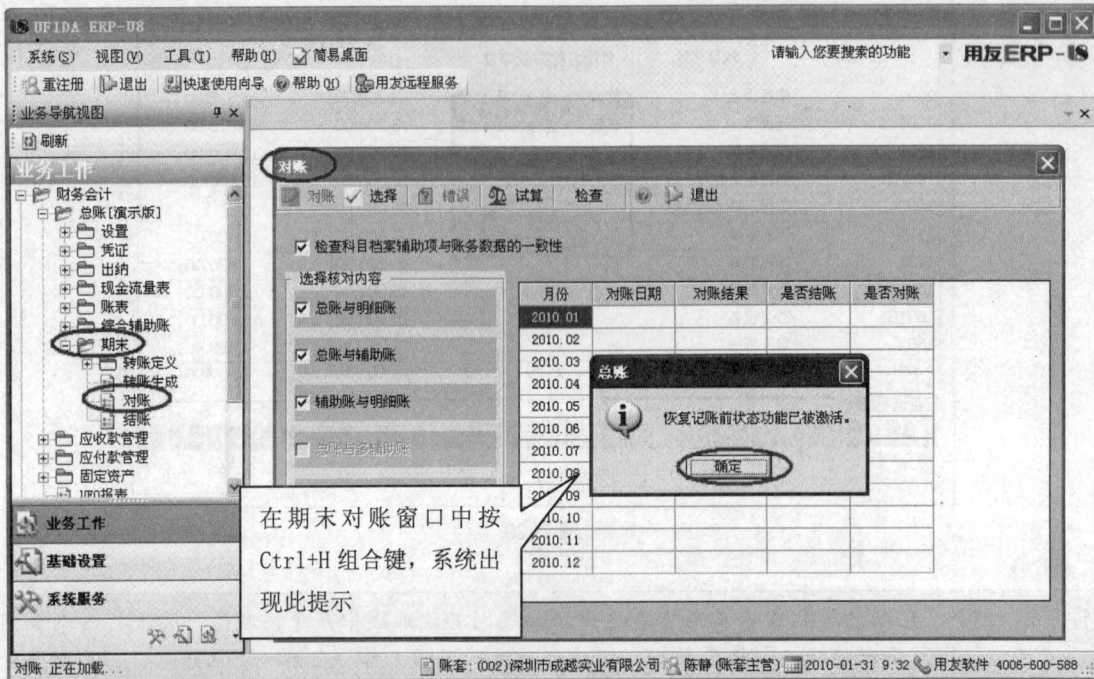

图 7-30

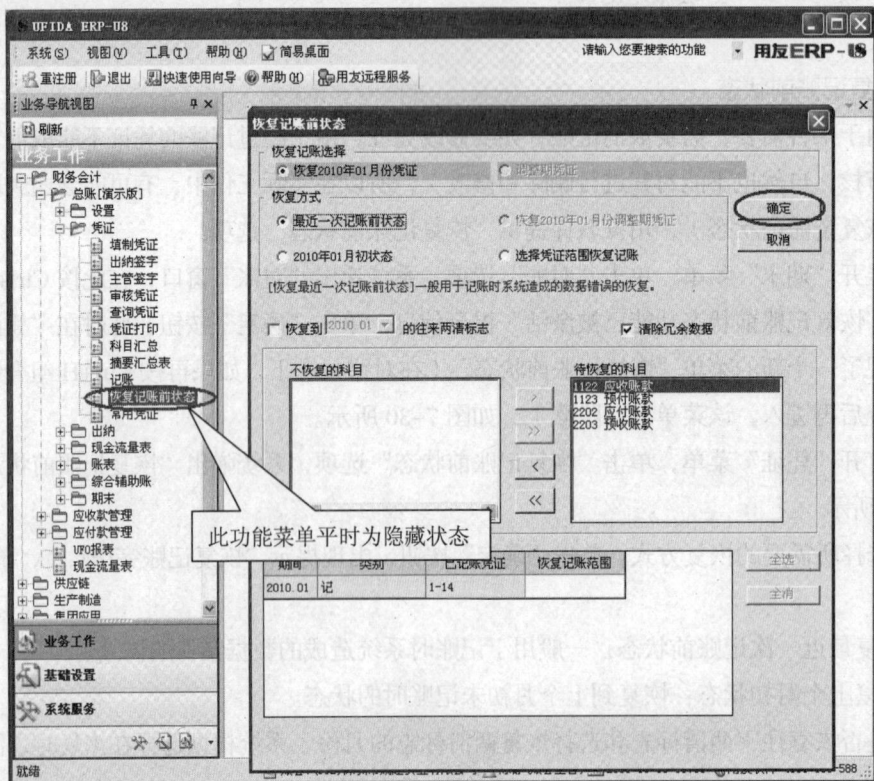

图 7-31

| 注 | 当退出用友软件再次登录时，"恢复记账前状态"功能会被自动隐藏；已结账的月份数据不能取消记账，但是可以使用取消结账功能，之后再取消记账。 |

实验三 | 总账月末业务处理及报表查询

实验准备

在本章实验二的基础上，2010 年 1 月 31 日以"陈静"身份注册登录 002 账套，打开"UFIDA-ERP"操作平台。

实验要求

学会总账系统期末转账，月末结账、账表查询等业务。

实验资料

- 2010 年 1 月 31 日，以"何陈钰"身份进行期末"期间损益结转"操作，生成的凭证，再以"陈静"身份审核和过账该凭证。
- 2010 年 1 月 31 日，以"何陈钰"身份处理对应结转，将生产成本下的科目余额转至本年利润中，生成凭证，再以"陈静"身份审核和过账该凭证。

实验指导

7.4 | 总账系统账表查询

制单、审核和记账（如果在查询或打印时选择未记账功能也可）之后，系统就可以生成正式的会计账簿，可以进行查询、统计和打印等操作。

7.4.1 科目汇总表

（1）打开"凭证"下的"科目汇总"命令，系统弹出"科目汇总"条件录入窗口，如图 7-32 所示。

（2）录入科目汇总条件，然后单击"汇总"按钮，系统列出汇总结果，如图 7-33 所示。

7.4.2 出纳账查询

出纳账查询包括日记账、银行日记账和资金日报的查询，以此来对现金、银行业务进行了解、分析，为企业负责人提供及时准确的信息。

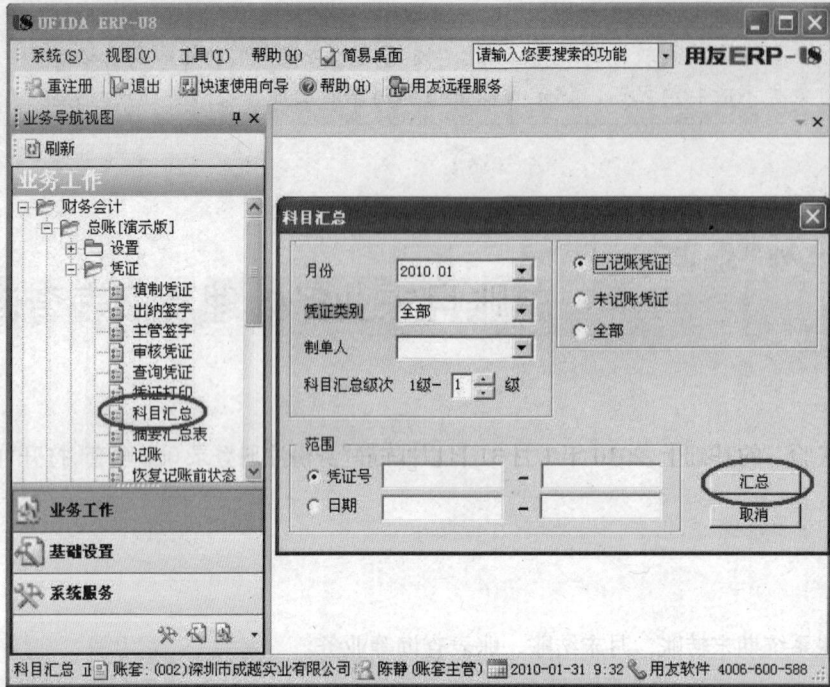

图 7-32

图 7-33

1. 现金日记账

本功能用于查询现金日记账（即查询指定日所发生的现金业务），现金科目必须在进行会计科目设置时预先指定。

（1）打开"出纳"菜单，单击"现金日记账"选项，系统弹出"现金日记账查询条件"窗口，如图 7-34 所示。

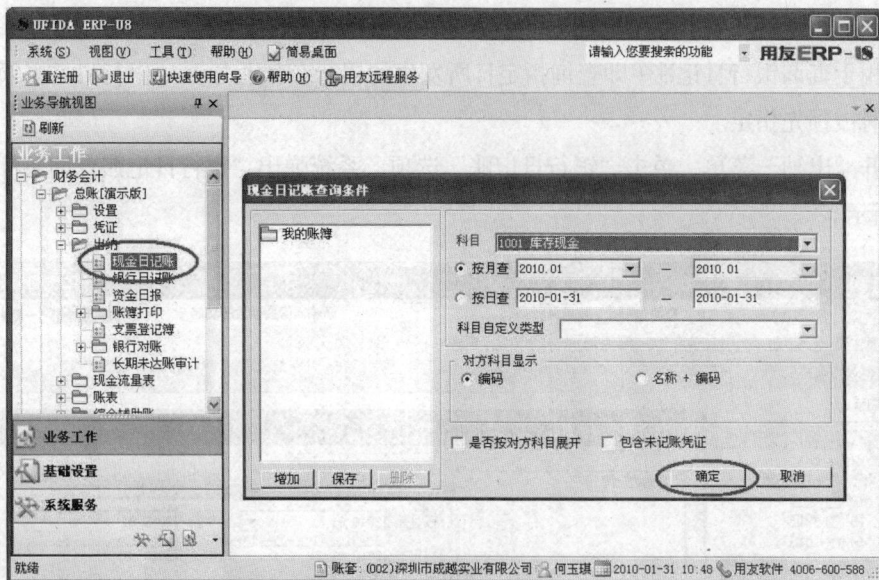

图 7-34

（2）输入查询条件，然后单击"确定"按钮，系统会列出所有符合条件的记录，如图 7-35 所示。双击具体的记录或选定好记录后单击"凭证"菜单，都可以打开产生该记录的来源凭证。

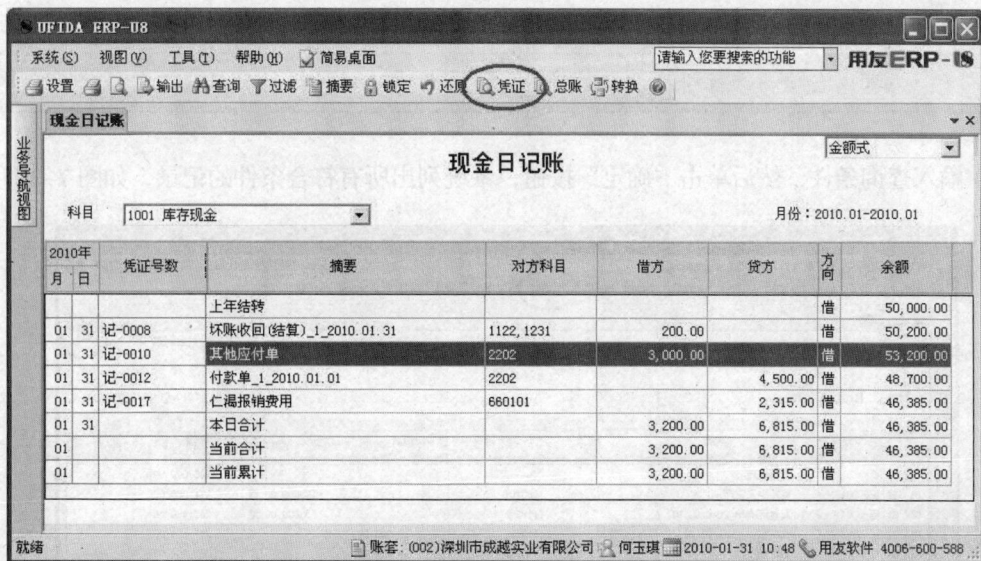

图 7-35

2. 银行日记账

本功能用于查询银行日记账（即查询指定日所发生的银行存款业务），银行科目必须在进行会计科目设置时被预先指定。

（1）展开"出纳"菜单，单击"银行日记账"选项，系统弹出"银行日记账查询条件"窗口，如图 7-36 所示。

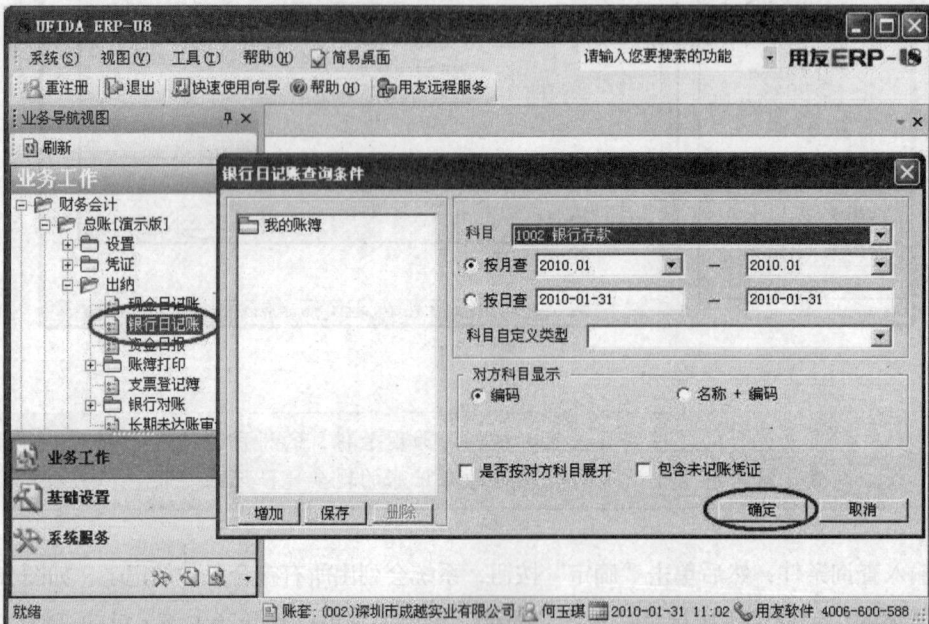

图 7-36

| 说明 | 可以查询在进行科目设置时将科目设置为需要记入银行日记账的科目。 |

（2）输入查询条件，然后单击"确定"按钮，系统列出所有符合条件的记录，如图 7-37 所示。

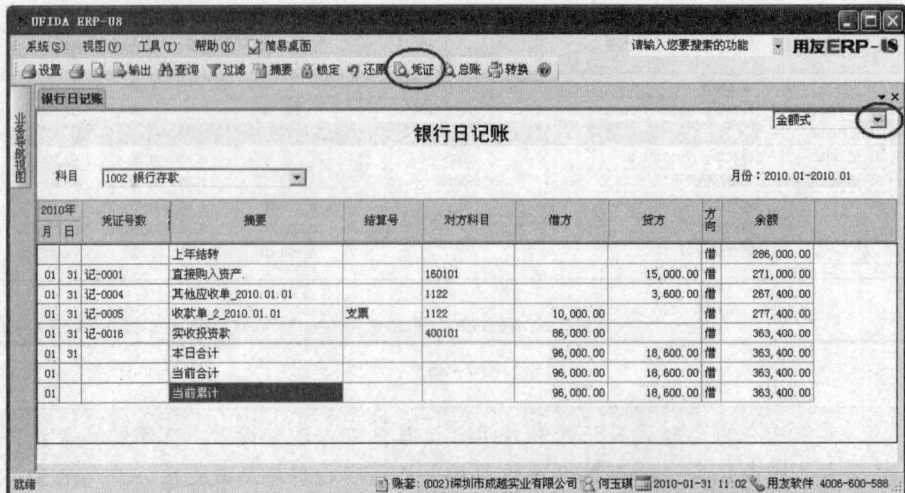

图 7-37

7.4.3 总账查询

科目账查询包括总账、余额表、明细账、序时账、多栏账、综合多栏账、日记账和日报表的查询。

（1）打开"账表"下的"科目账"项，任选科目账进行查询，下面以科目总账查询为例。

（2）单击"总账"选项，系统弹出"总账查询条件"窗口，如图 7-38 所示。

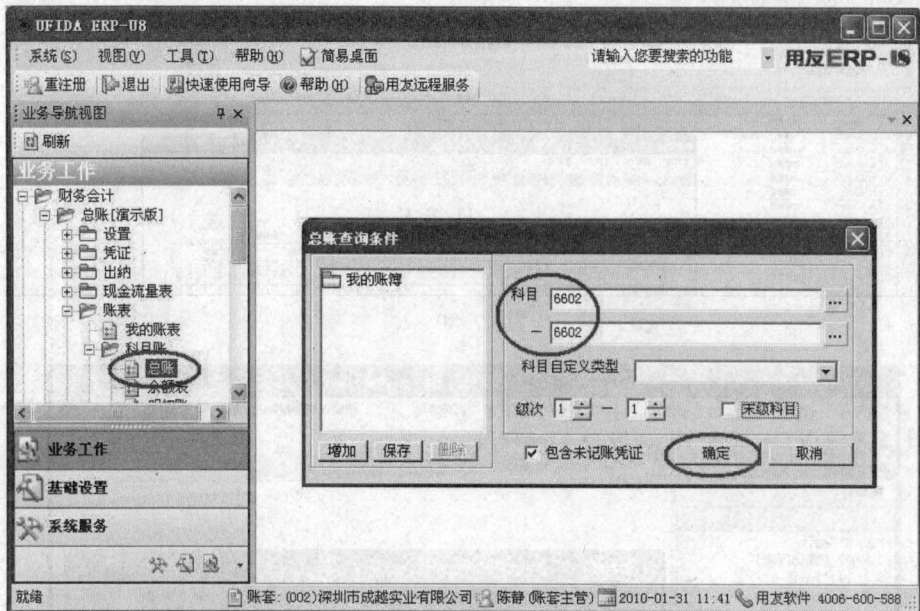

图 7-38

（3）在科目一栏中输入所需要查询的科目，也可单击"浏览"按钮在科目浏览窗口中进行选择，勾选"包含未记账凭证"选项。

> **提示**　　如果经常需要查询一个固定的科目，而且包含相同的查询条件，那么每次进行查询时都需要输入相同的内容，则很繁琐，这种情况下，可单击"保存"按钮，系统弹出"我的账簿"窗口，给需要查询的内容取一个标识名，然后单击"确定"按钮，系统会将刚才输入的条件保存起来，以后打开"总账查询"功能，单击所查询内容的标识名，系统会将标识名所代表的条件内容自动带入。

（4）查询条件输入完成后，单击"确定"按钮，系统会将符合条件的记录列出来。

（5）双击总账查询窗口的记录，系统会直接联查到该记录的明细账，在明细账窗口直接双击指定记录，可联查到该记录的原始凭证，如图 7-39 所示。

7.4.4 多栏账查询

多栏账是总账系统中一个很重要的功能，用户可以使用本功能设计自己企业需要的多栏明细账，按明细科目保存为不同的多栏账名称，在以后的查询中只需要选择多栏明细账直接查询即可。方便快捷，自由灵活，可按明细科目自由设置不同样式的多栏账。

（1）单击"多栏账"选项，系统弹出"多栏账"选择查询窗口，如图 7-40 所示。

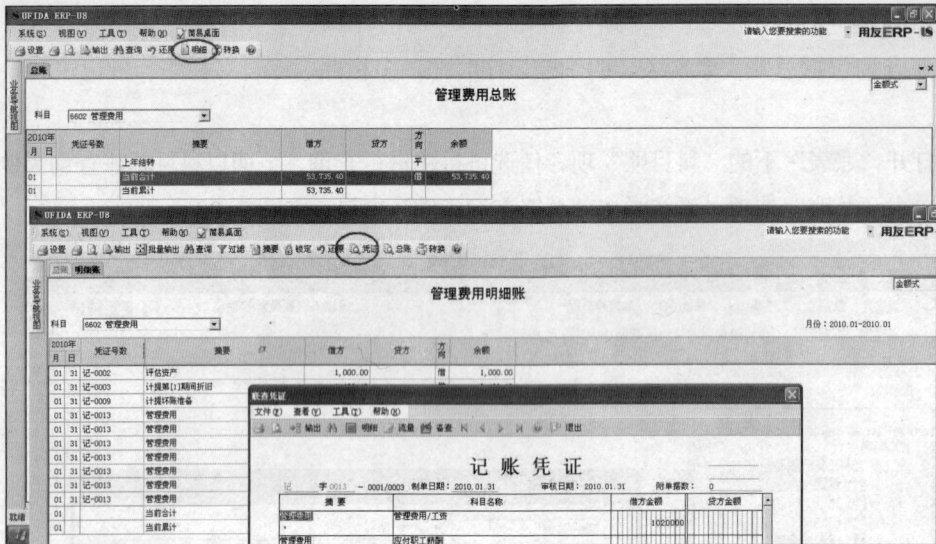

图 7-39

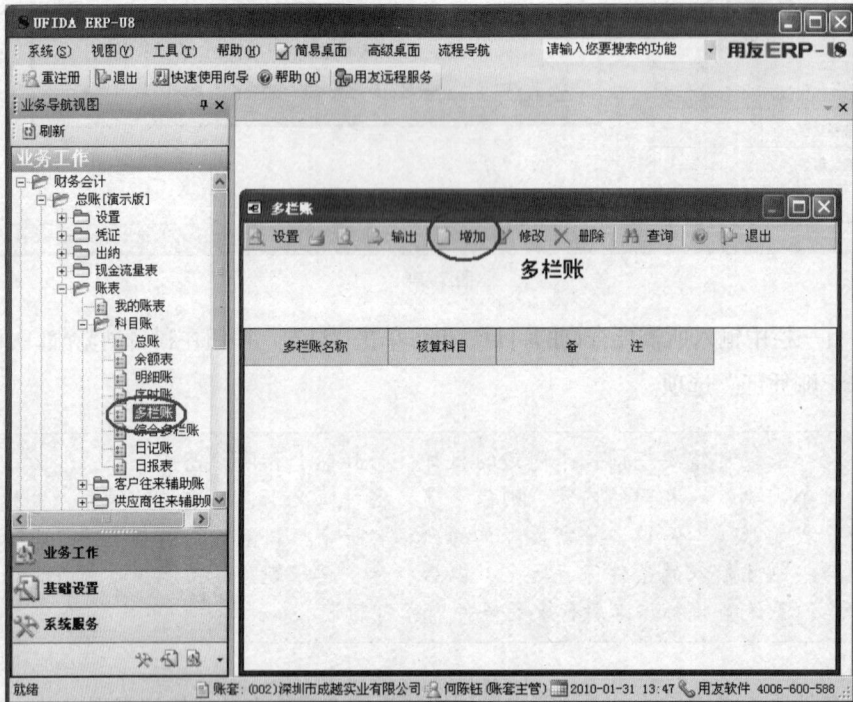

图 7-40

（2）由于是第一次进行多栏账查询，所以需要定义多栏账查询格式。单击"增加"按钮，系统弹出多栏账定义窗口，如图 7-41 所示。

（3）选择核算科目、栏目定义（建议先进行自动编制再进行手动调整，可提高录入效率），然后单击"确定"按钮返回到多栏账查询窗口，如图 7-42 所示。

（4）双击需要查询的多栏账，系统弹出多栏账查询窗口，录入查询条件，单击"确定"按钮，系统列出查询结果，如图 7-43 所示。

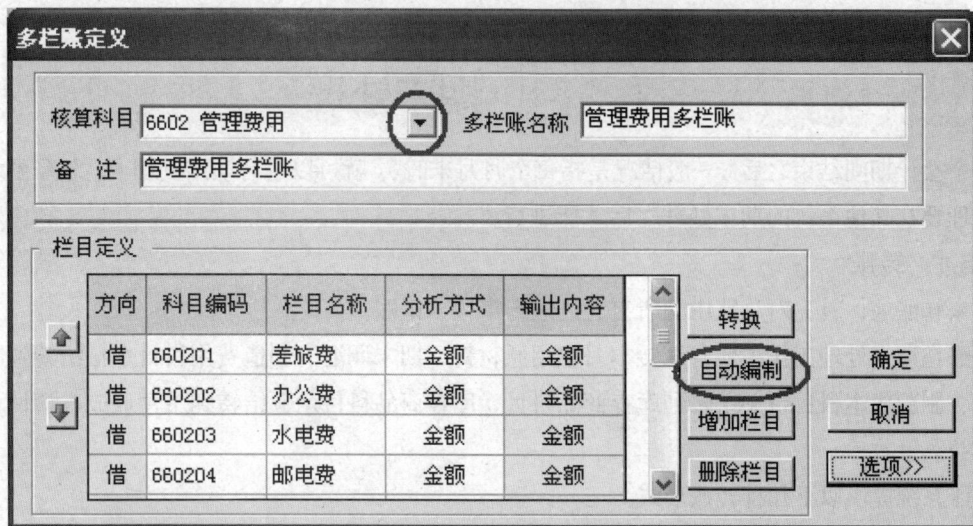

图 7-41

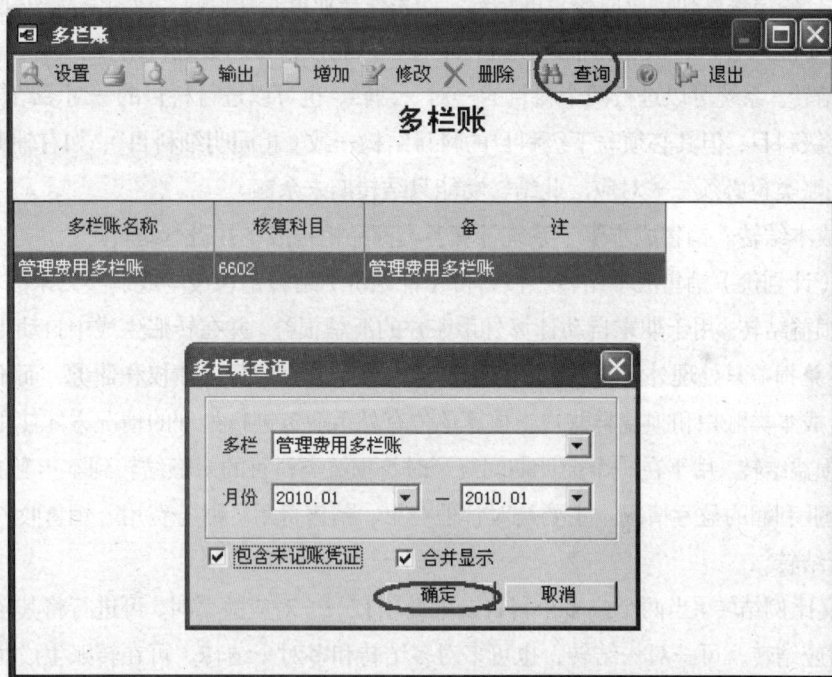

图 7-42

多栏账													

多栏 管理费用多栏账

2010年		凭证号数	摘要	借方	贷方	方向	余额	借方							
月	日							房租	水电费	差旅费	办公费	工资	折旧费	其他	坏账损失
01	31	记-0002	评估资产	1,000.00		借	1,000.00							1,000.00	
01	31	记-0003	计提第[1]期间折旧	1,429.40		借	2,429.40						1,429.40		
01	31	记-0009	计提坏账准备	336.00		借	2,765.40								336.00
01	31	记-0013	管理费用	50,970.00		借	53,735.40					50,970.00			
01			当前合计	53,735.40		借	53,735.40					50,970.00	1,429.40	1,000.00	336.00
01			当前累计	53,735.40		借	53,735.40					50,970.00	1,429.40	1,000.00	336.00

图 7-43

7.5 | 期末处理

一个会计期间结束之后（一般情况是指每个月月末时），就可以进行期末处理了，总账系统中的期末处理要在其他系统的期末处理之后才能进行。

7.5.1　转账

期末转账前，首先对总账中的所有凭证进行审核、记账。

总账在期末处理工作主要有结转本月领用原材料、期末调汇、制造费用科目余额结转到制造成本科目、制造成本科目余额结转到库存商品科目、库存商品科目余额结转到主营业成本科目和期末结转损益。

总账系统提供以下几种转账形式。

- 自定义结转。用来完成费用分配、费用分摊、税金计算、提取各项费用、部门核算、项目核算、个人核算、客户核算和供应商核算的结转。如果往来业务是在应收、应付系统中处理的，那么，在总账系统中不能按客户、供应商辅助项进行结转，只能按科目总数进行结转。

- 对应结转。系统可以进行两个科目的一对一结转，也可以进行科目的一对多结转。对应结转的科目可为上级科目，但其必须与下级科目的科目结构一致（相同明细科目），如有辅助核算，则两个科目的辅助账类也必须一一对应。此结转功能只结转期末余额。

- 销售成本结转。销售成本等于系统计算各类商品销售成本并进行结转。

- 售价（计划价）销售成本结转。按售价（计划价）结转销售成本或调整月末成本。

- 汇兑损益结转。用于期末自动计算外币账户的汇总损益，并在转账生成中自动生成汇总损益转账凭证。汇兑损益只处理外汇存款户、外币现金、外币结算的各项债权和债务，而不包括所有者权益类账户、成本类账户和损益类账户。核算单位有外币业务进行处理的情况方才使用此项。

- 期间损益结转。用于在一个会计期间终了时将损益类科目的余额结转到本年利润科目中，从而及时反映企业利润的盈亏情况。主要是对管理费用、销售费用、财务费用、销售收入、营业外收支等科目进行结转。

- 自定义比例结转。当两个或多个科目及辅助项有一一对应关系时，可进行将其余额按一定比例系数进行对应结转，可一对一结转，也可多对多结转和多对一结转。可在转账生成时显示生成的转账明细数据表，用户根据明细表可定义结转的金额和比率。本功能只结转期末余额。

- 费用摊销和预提。实现分期等额摊销待摊费用和计提预提费用。费用摊销可针对已经计入待摊费用的数据进行分期摊销，按一定的结转比例或金额转入费用类科目。费用预提可按一定的结转比例或金额计提预提费用。可一对一结转，也可一对多结转。

（1）打开"期末"目录下的"转账定义"项，如图 7-44 所示。

（2）在其子菜单项中选择具体的转账定义，然后定义转账分录。

（3）在定义完转账凭证后，每月月末只需执行"转账生成"功能即可快速生成转账凭证。在此生成的转账凭证将自动追加到未记账凭证中。

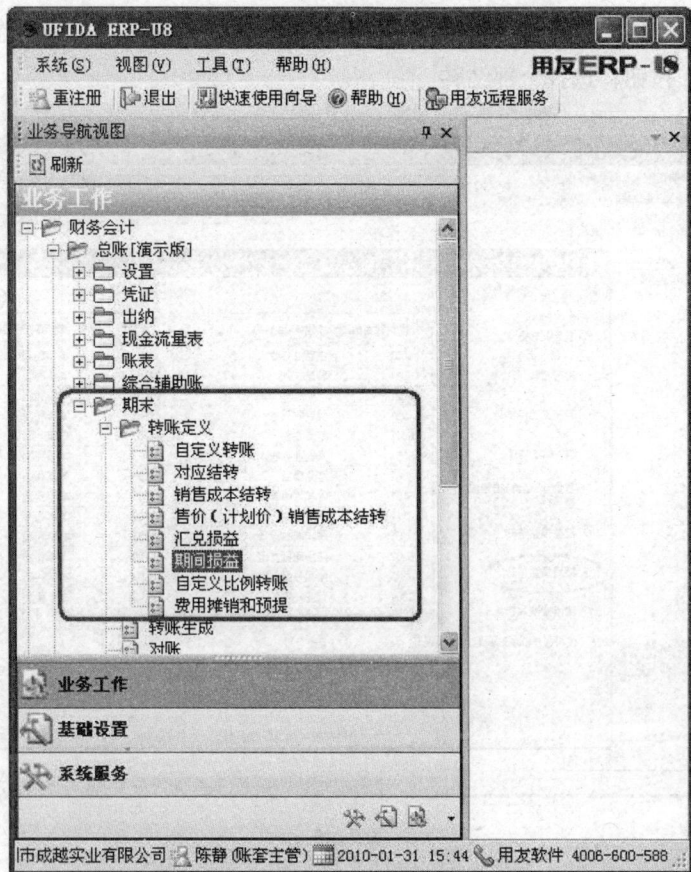

图 7-44

以下以设置期间损益结转为例。

（1）选择"期间损益"命令，系统弹出"期间损益结转设置"窗口，如图 7-45 所示，凭证类别选择"记账凭证"，本年利润科目选择"4103"，单击"确定"按钮保存设置。

图 7-45

（2）选择"转账生成"命令，系统弹出"转账生成"窗口，选择"期间损益结转"，如图 7-46 所示，单击"全选"按钮，选择全部结转。

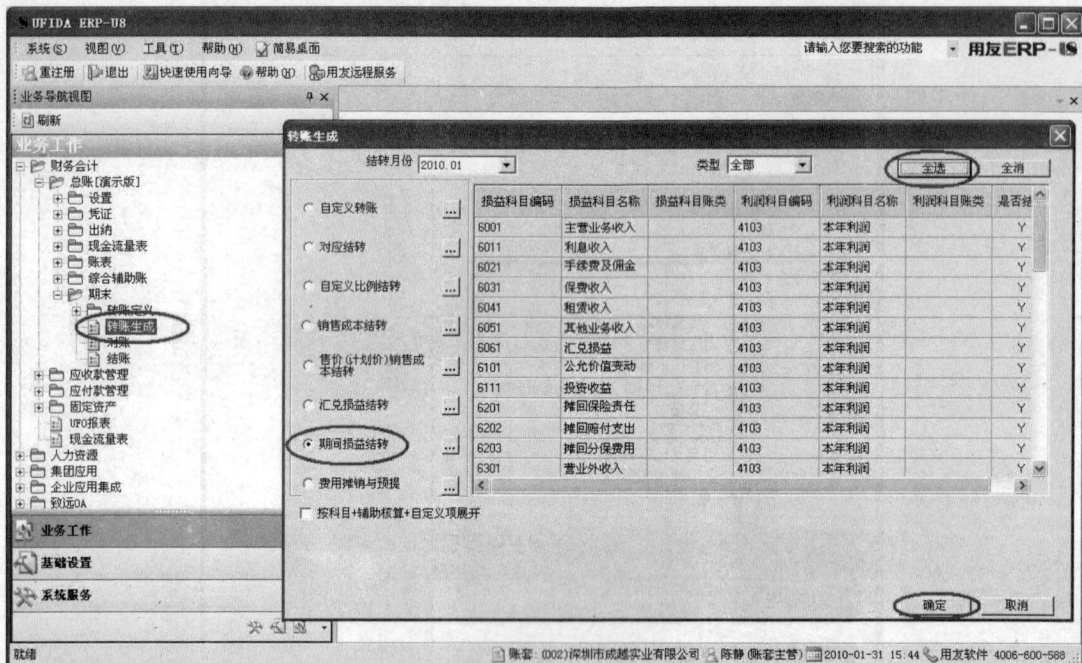

图 7-46

（3）单击"确定"按钮系统生成转账凭证，如图 7-47 所示，单击"保存"按钮凭证保存。

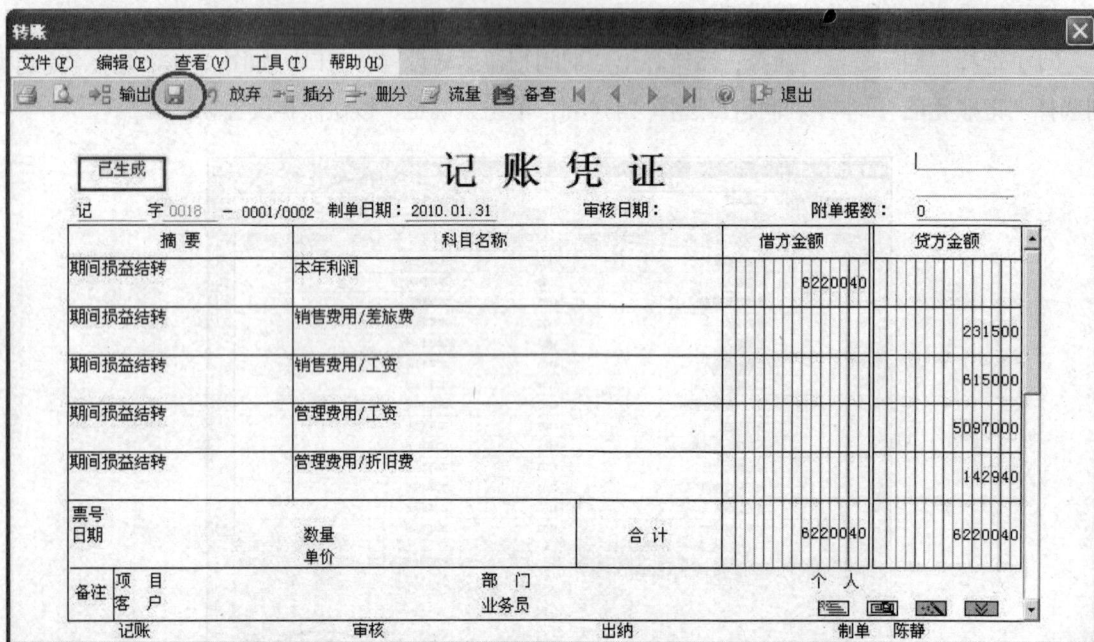

图 7-47

提示　　　　月末转账凭证生成之后，再对其审核、记账。如果在转账定义之后，又新增加了损益类科目，则需要重新进行转账定义，否则新增加的损益类科目不会自动放在已经定义好的转账设置中。

设置对应结转，将生产成本下的科目余额转至本年利润中，设置如图 7-48 所示。

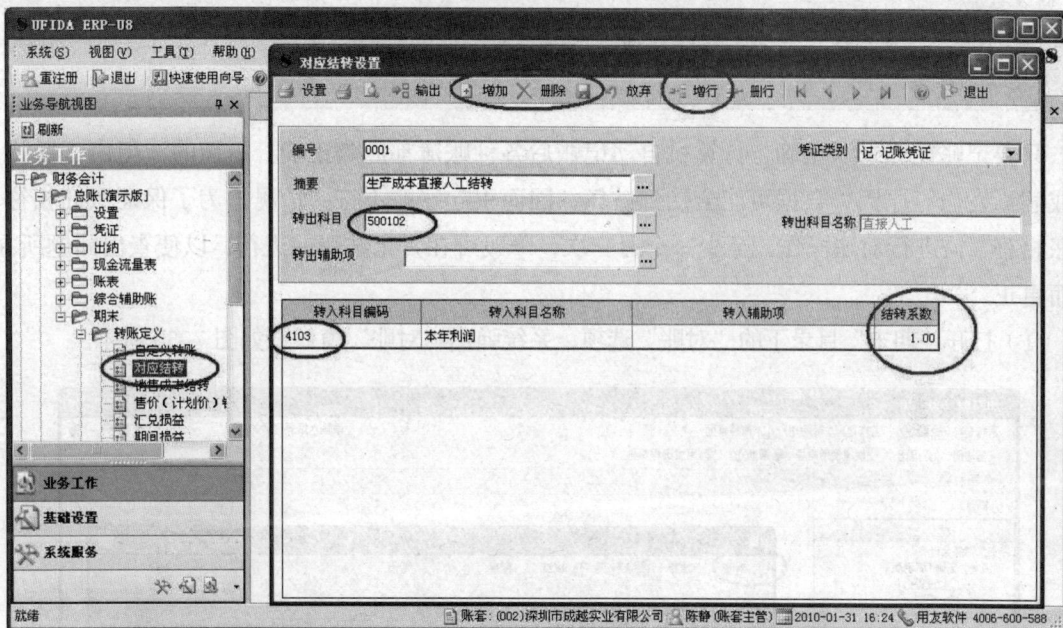

图 7-48

对应结转生成的记账凭证如图 7-49 所示，对所生成的记账凭证进行审核、记账。

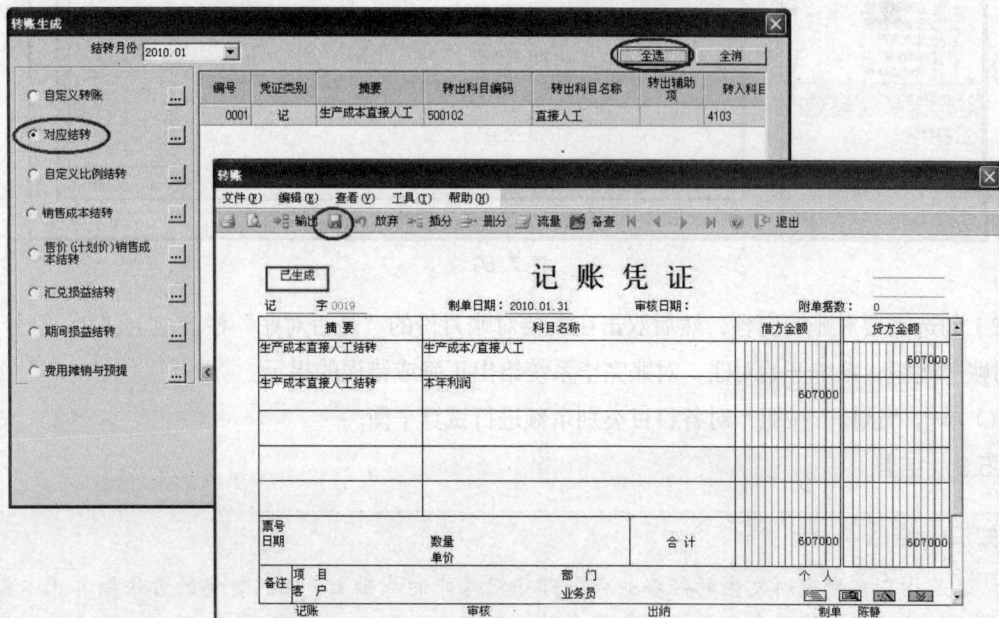

图 7-49

7.5.2 对账

会计知识：对账

对账是为了保证会计账簿记录的会计资料的真实、完整、准确，而进行的有关账目核对工作。由于在记账过程中可能出现的人为差错等原因，所以需要定期将会计账簿记录的内容与单位实际的库存实物、货币资金等进行相互核对，以保证会计账簿记录的准确无误。根据《会计法》的规定，账目核对应做到账证核对、账账核对、账实核对、账表核对，从而使账证相符、账账相符、账实相符、账表相符。

只要记账凭证录入正确，计算机自动记账后各种账簿都应是正确、平衡的。但由于操作失误或病毒发作等原因，数据可能会受到破坏，因而引起账账不符的情况。为了保证账证相符、账账相符，需进行对账操作，至少一个月一次，一般可在月末结账前进行，以便查出问题所在，进而更正。

（1）打开"期末"目录下的"对账"选项，系统弹出"对账"窗口，如图7-50所示。

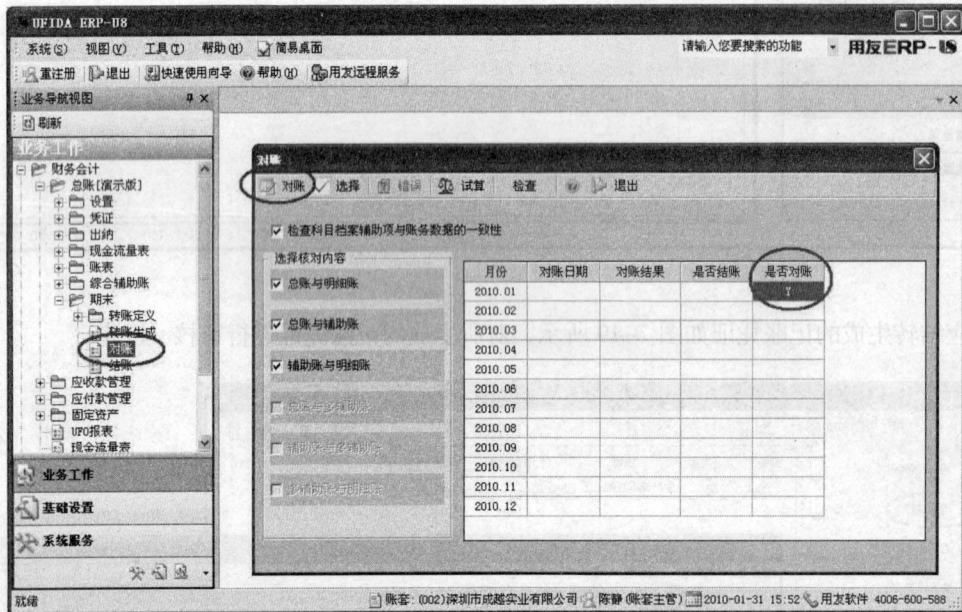

图7-50

（2）勾选需要对账的内容，然后双击在需要对账月份的"是否对账"栏，做上"Y"符号，单击"对账"按钮，系统开始对账，对账完毕系统给出正确或错误的提示。

（3）单击"试算"按钮，对各科目类别余额进行试算平衡。

7.5.3 结账

会计知识：结账

结账是指在本期内所发生的经济业务全部登记入账的基础上，按照规定的方法结算出本期发生额合计和余额，并将其余额结转下期或者转入新账。

　　手工会计处理中有结账的过程，在计算机会计处理中也有这一过程，以符合会计制度的要求。结账只能每月进行一次。

　　（1）展开"期末"目录下的"结账"选项，系统弹出"结账"窗口，如图 7-51 所示。

　　（2）依据系统提示，单击"下一步"按钮一步一步地进行月末结账工作。

注	
	（1）在结账时，在"1：开始结账"中，选择要取消结账的月份，按 Ctrl+Shift+F6 组合键即可进行反结账。
	（2）上月未结账，则本月不能记账，但可以填制、复核凭证。
	（3）如本月还有未记账凭证时，则本月不能结账。
	（4）已结账月份不能再填制凭证。
	（5）结账只能由有结账权的人进行。
	（6）若总账与明细账对账不符，则不能结账。
	（7）反结账操作只能由账套主管执行。

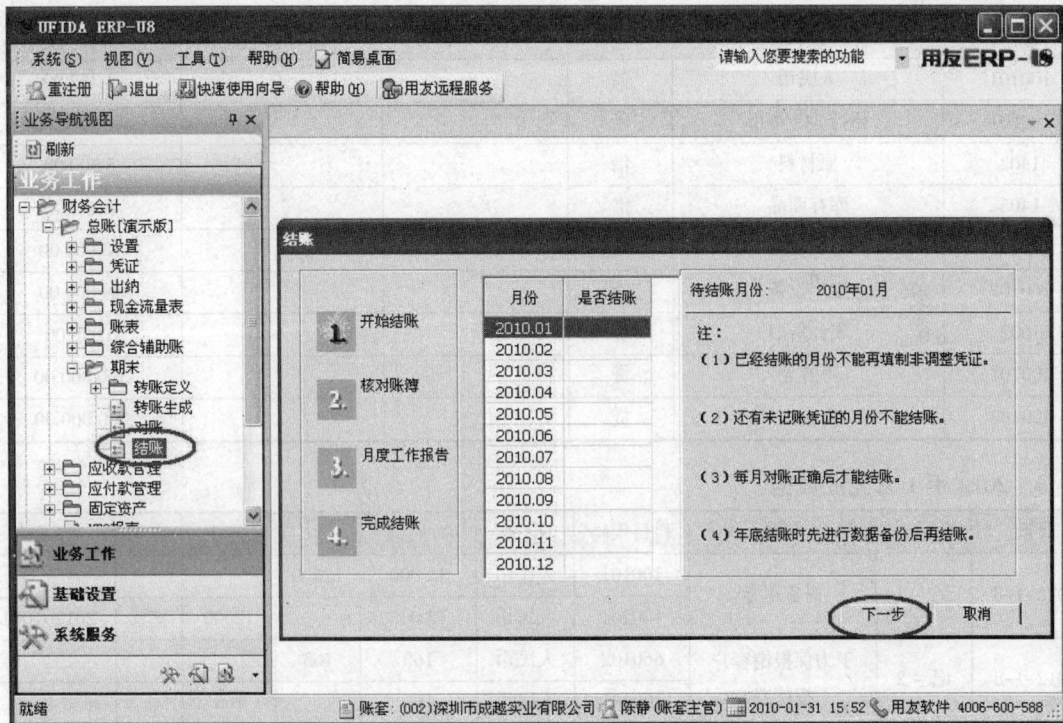

图 7-51

提示	
	如果在结账之后，发现需要修改记账凭证，操作顺序是"取消结账"、"取消记账"、"取消凭证审核"。如果需要修改已结账之前好几个月的凭证，则需要逐次按月取消结账。

课后练习 总账系统

1. 会计科目"1122"应收账款期初数据

客 户	日 期	应收账款	预收账款	期初余额
上海常星礼品公司	2011-12-31	12 000.00		12 000.00
广州鸿运文具店	2011-12-31	3 600.00		3 600.00
深圳长友网络公司	2011-12-31	6 500.00		6 500.00

2. 会计科目"2202"应付账款期初数据

供 应 商	日 期	应付账款	预付账款	期初余额
广州浩友塑胶制品厂	2011-12-31	8 300.00		8 300.00
广州书名文具厂	2011-12-31	2 600.00		2 600.00

3. 会计科目期初数据

科目代码	科目名称	方 向	本年累计借方	本年累计贷方	期初余额
100101	人民币	借			3 357.00
100201	招行319本币	借			41 5473.00
1403	原材料	借			5 800.00
1405	库存商品	借			3 200.00
160101	办公设备	借			18 000.00
160102	生产设备	借			49 000.00
1602	累计折旧	贷			6 030.00
400101	王齐龙	贷			300 000.00
400102	何小川	贷			200 000.00

4. 2012年1月凭证数据

日期	凭证号	摘要	科目代码	币别	原币金额	借方	贷方	方式	结算号
2012-1-8	记-1	提备用金	100101	人民币	12 000	12000			
			100201	人民币	12 000		12000	支票	201201001
2012-1-8	记-2	王力保报销客户招待费	660102	人民币	165	165			
			100101	人民币	165		165		
2012-1-10	记-3	谢至星报销购买办公用品费用	660203	人民币	1 623	1623			
			100101	人民币	1 623		1623		
2012-1-11	记-4	李丽购买账簿费用	660203	人民币	185	185			
			100101	人民币	185		185		
2012-1-11	记-5	何小川追加投资-美元	100202	美元	100 000	630000		电汇	201201002
			400102	人民币	630 000		630000		

日期	凭证号	摘要	科目代码	币别	原币金额	借方	贷方	方式	结算号
2012-1-13	记-6	何总招待相关单位餐费	660202	人民币	968	968			
			100101	人民币	968		968		
2012-1-16	记-7	何总报销差旅费	660201	人民币	2 130	2130			
			100101	人民币	2 130		2130		
2012-1-19	记-8	购买黄页	660203	人民币	380	380			
			100101	人民币	380		380		
2012-1-20	记-9	购买 SL123 专利	1701	人民币	200 000	200000			
			100201	人民币	200 000		200000	支票	201201003
2012-1-23	记-10	支付 1 月物业清洁费	660206	人民币	1 200	1200			
			100201	人民币	1 200		1200	支票	201201004
2012-1-24	记-11	支付房租水电费	510101	人民币	13 520	13520			
			660203	人民币	5 860	5860			
			100201	人民币	19 380		19380	支票	201201005

5. 审核凭证

6. 凭证记账

7. 月末损益结转生成凭证，对生成的转账凭证进行审核、记账

第8章 | UFO 报表

概述

用友 UFO 报表是一个开放式的报表编制系统，可以在报表数据的基础上生成其他相关图表以满足需求。另外，UFO 报表中还有已编制好的报表模板，核算单位可以利用这些模板快速生成资产负债表、损益表等。

UFO 报表与其他模块都有着相应的数据接口，可以通过公式取数。UFO 报表是在各模块的基础上提取数据进行操作的，所以把 UFO 报表放在本书的最后一章来讲解。

由于资产负债表和损益表是财务管理中很重要的两个报表，因此建议用户购买 UFO 报表系统。UFO 报表可直接使用，而不必先启用其他功能系统（如总账）。

UFO 报表主要功能如下：

- 报表格式设计（表尺寸、单元格属性和关键字设置等）
- 报表公式编辑和数据处理
- 报表管理（追加表页、表页排序和表页查找等）
- 图表功能（即将报表数据转化为图表形式）
- 报表模板应用

教学建议

建议本章讲授 2 课时，上机实验 2 课时。

实验一 | 报表设计

实验要求

学会 UFO 的公式设置、格式设置、图表处理等功能。

实验指导

8.1 | 报表格式设计

设计报表指对报表的外观格式进行设计，包括调整单元格的大小、线条属性和单元格的显示属性，如何组合单元格以及设置关键字等。

以本书第 2 章中的图 2-15 所示的方式，进入 "UFIDA-ERP" 操作平台后，在 "业务" 选项卡中单击 "财务会计" 选项，然后双击 "UFO 报表" 命令，如图 8-1 所示，则打开了 UFO 报表系统。

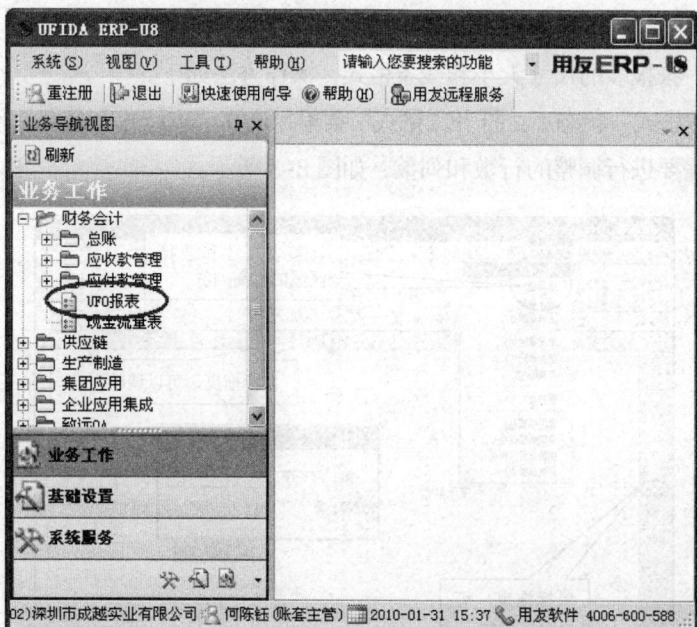

图 8-1

在报表窗口中，打开"文件"菜单，单击"新建"命令建一张空表，如图 8-2 所示。也可以选择"打开"命令打开一张已设计好的报表。

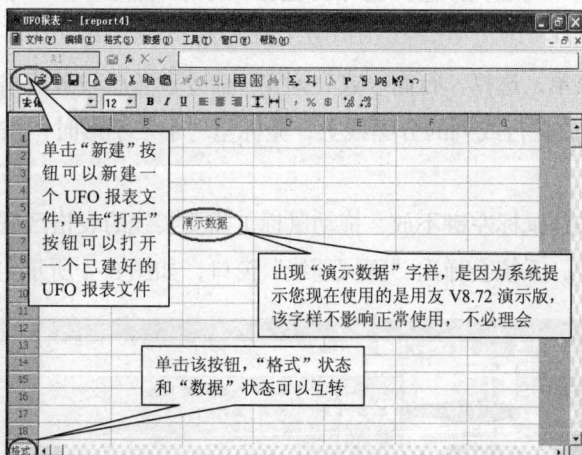

图 8-2

注	空表外观类似于 Excel 文件格式，其操作方式也与 Excel 类似，"演示数据"字样表明现在使用的是用友演示版。

一张 UFO 报表具有"格式"和"数据"两种状态，表的左下角有标识，单击"状态"标识可以进行"格式/数据"状态互换。在"格式"状态下，可以设计报表的格式和取数公式，但不能进行数据的录入或计算等操作；"数据"状态下可以看到报表的全部内容，包括格式和数据，但此时不能修改格式和取数公式。

- 调整表尺寸和线条

可以随意调整一张报表的尺寸大小和线条格式，操作方法如下。

（1）在报表的"格式"状态下，打开"格式"菜单，选择"表尺寸"命令，系统弹出"表尺寸"窗口，在此输入所需要进行调整的行数和列数，如图 8-3 所示。

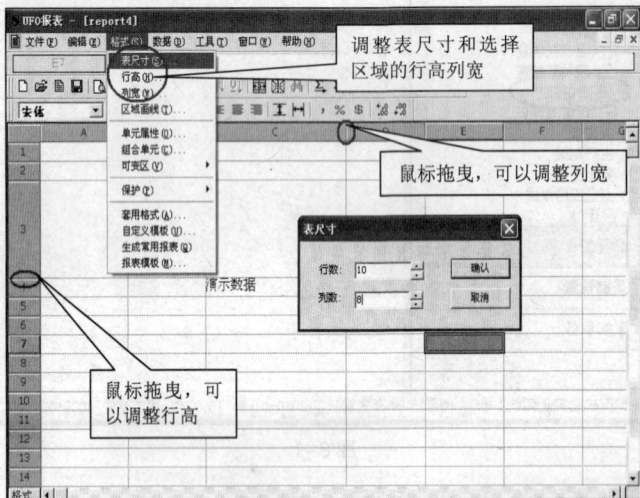

图 8-3

（2）设置完成后单击"确定"按钮。也可以通过"编辑"菜单下的"插入"或"追加"功能来增加行数、列数。

（3）打开"格式"菜单，选择"行高"或"列宽"命令调整所设置表格的整体行高或列宽（单位：mm）。也可将光标放在行或列的分隔线上，光标呈"十"字形时，按住鼠标左键拖曳来调整行高或列宽。

（4）用鼠标选定（按住鼠标左键不放，拖动鼠标）需要实线的表格区域，然后选择"格式"菜单下的"区域画线"命令，系统会弹出"区域画线"窗口，如图 8-4 所示。

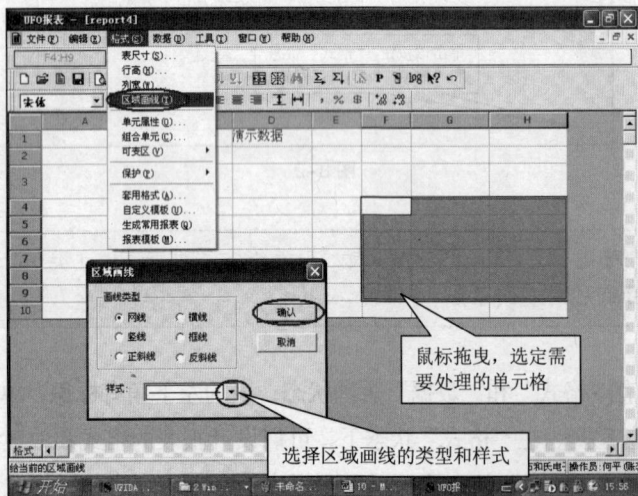

图 8-4

（5）选择画线类型、线条样式，然后单击"确定"按钮，即可以看到区域画线的结果。如图 8-5 所示。单击"打印预览"功能按钮可以看到打印出来的预览效果。

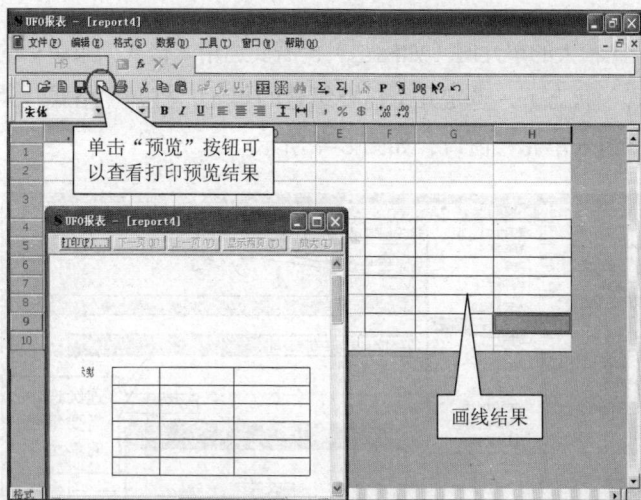

图 8-5

- 单元格属性

单元格属性用于设置每一单元格的类型、数字格式和边框线。

（1）在报表"格式"状态下选定单元格，然后打开"格式"菜单，单击"单元属性"命令（或者在选定的单元格上单击鼠标右键，在弹出的菜单上单击"单元格属性"命令），系统弹出"单元格属性"窗口，如图 8-6 所示。

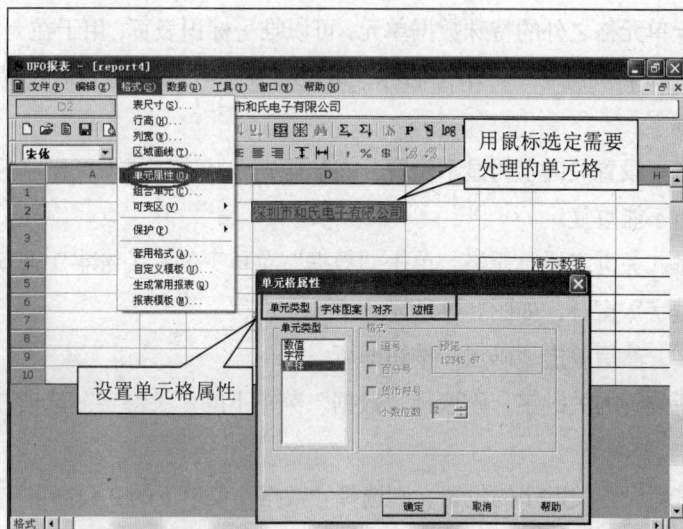

图 8-6

（2）在此窗口中，可以根据需要来对所选定单元格的"单元类型"（系统默认为是数值型）、"字体图案"、"对齐"和"边框"进行设置，最后单击"确定"按钮完成该设置。

• 组合单元

如果数据需要一个比较大的单元时（如标题），需要运用"格式"菜单下的"组合单元"命令。

（1）在报表"格式"状态下，选定几个需要组合的单元，打开"格式"菜单选择"组合单元"命令，系统将会弹出"组合单元"窗口，如图 8-7 所示。

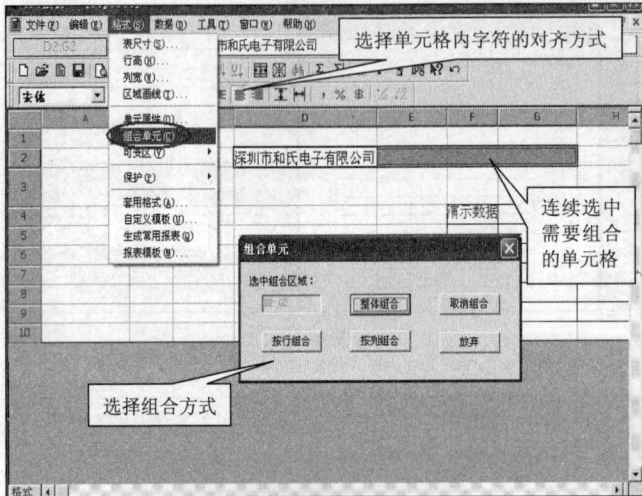

图 8-7

（2）在此选择组合单元的方式。单击"整体组合"按钮把选中区域整体设置为组合单元；单击"按行组合"按钮把选中的若干行设置为组合单元；单击"按列组合"按钮把选中的若干列设置为组合单元；单击"设置组合"按钮把选中区域设置为组合单元；单击"取消组合"按钮把选中组合单元恢复为区域。

• 关键字设置

关键字是游离于单元格之外的特殊数据单元，可以唯一标识表页，用于在大量表页中快速选择。

UFO 报表提供了 6 种关键字——单位名称、单位编号、年、季、月和日，另外为了满足需要，用户也可自定义关键字。

在"格式"状态下设置关键字的显示位置，在"数据"状态下录入关键字的值，每个报表可以定义多个关键字，但不能重复。

（1）选中需要输入关键字的单元格，单击"数据"菜单下的"关键字"选项，选择"设置"命令，弹出"设置关键字"窗口，如图 8-8 所示。

（2）选择关键字，然后单击"确定"按钮即可。

（3）如要取消所设置的关键字，则选择"数据"菜单下的"关键字"选项，选择"取消"按钮即可。

（4）如果需要重新设置关键字的位置，则选择"数据"菜单下的"关键字"选项，单击"偏移"命令，如图 8-9 所示。

提示	如只将"单位编号"作为关键字进行输入,那么只有"单位编号"选项是可编辑的,其他关键字不会出现在报表中。在此录入该关键字偏移的位置,正数或负数都可以,然后单击"确定"按钮即可进行调整。 关键字的位置只能左右偏移,不能上下偏移。

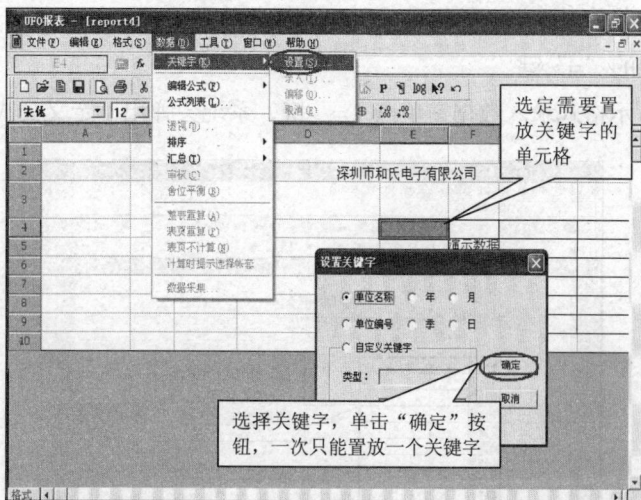

图 8-8

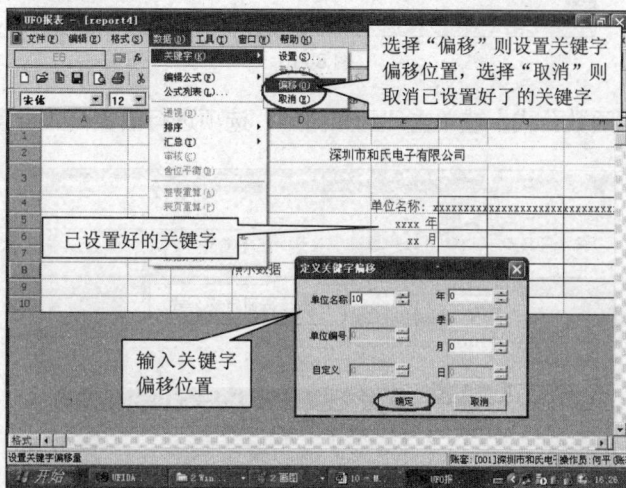

图 8-9

8.2 编辑报表公式及数据处理

企业常用的财务报表的数据来源于总账系统或报表系统本身,用友 UFO 报表中的公式可以从其他功能系统(如总账、应收管理和应付管理系统等)中取数。本小节将学习如何定义单元格内的取数公式,如何进行取数,如何保存设置好的报表。

- 定义单元公式

单元公式是报表取数的基础，定义单元公式就是定义如何从其他系统取数并计算的方式。

（1）选定单元格，之后可以手工输入单元公式，也可以利用函数向导来定义单元公式。

录入公式的3种方法如下：

① 单击工具栏中的 fx 按钮；

② 单击"数据"菜单，选择"编辑公式"，选择"单元公式"；

③ 直接按键盘上的"="键。

（2）按图8-10所示格式录入数据，单击"="键，系统会弹出"定义公式"窗口。

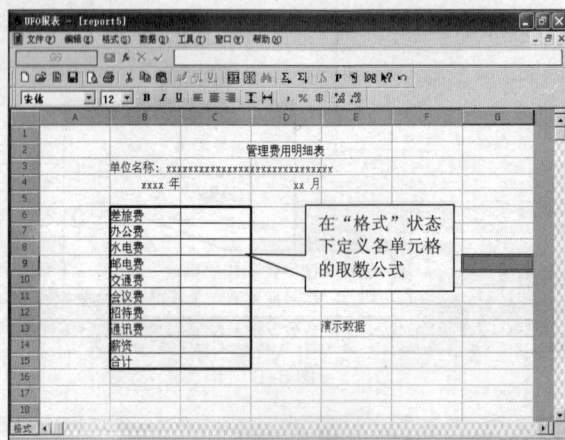

图 8-10

（3）在窗口中输入函数公式，或单击"函数向导"选项进行函数公式设置，如图8-11所示。

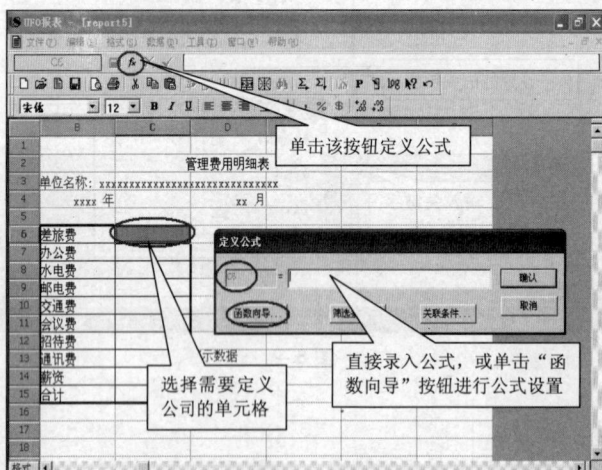

图 8-11

（4）选定"函数分类"中所需的函数类别，则右边的函数名会依所选择的函数类别而显示出相应的函数名，在此选定需要使用的函数名，如图8-12所示。

（5）然后单击"下一步"按钮，系统会提示所选择函数的格式，可在"函数录入"栏中直接依据所提示的内容进行录入，如图8-13所示。

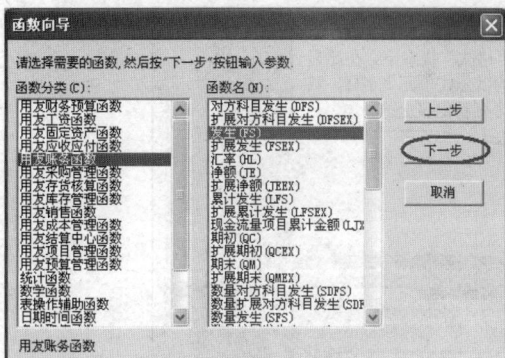

图 8-12

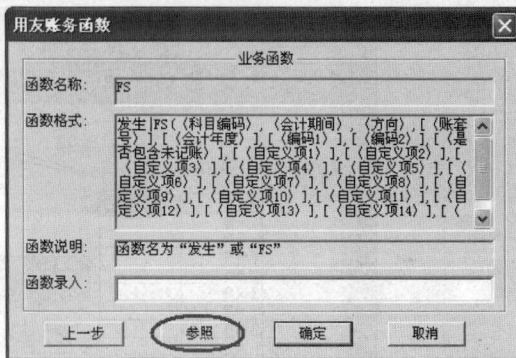

图 8-13

（6）可单击"参照"按钮（等待时间稍长），结果如图 8-14 所示，在系统提示下完成函数建立工作。

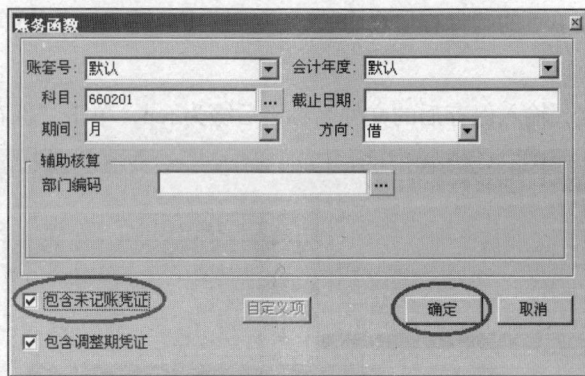

图 8-14

（7）输入账套号。如果选择"默认"，则以后在选择取数的账套时，需做账套初始化工作，否则系统不知道从哪个套账中取数；如直接选择账套号，则以后不用做初始化工作。选择会计年度、科目、期间、方向和辅助核算。

在此可勾选"包含未记账凭证"复选框，这样在所设置的公式取数范围中就包含了未记账凭证。操作员在凭证未做记账时就可以看到所有已填制凭证的最终结果。如此一来在做报表数据调整时就会很方便。

（8）设置完毕后单击"确定"按钮，系统自动将公式带回到"定义公式"窗口中。单击"确定"按钮系统将公式写入到单元格中，单元格中显示的不是函数内容，而是"公式单元"字样。双击单元格可以看到函数内容（可进行手工调整），如图 8-15 所示。

在此只设置了单元格 C6 的函数取数公式，用同样的原理可以设置其他单元格的取数公式。可以复制单元格 C6 的公式，然后修改 C7 到 C14 单元格公式内取数的会计科目。利用向导进行函数设置，只能做出一个函数，如果有一个单元格等于两个不同的函数取数值相加（减）得到，则需要手工更改单元格内的公式。单元格 C15 等于单元格 C6 到 C14 之和，公式设置为 PTOTAL（C6:C14）或 C6+C7+C8+C9+C10+C11+C12+C13+C14 都可以。

- 保存报表格式

定义完公式之后，需将报表的格式保存起来，以在日后的工作中随时调用，而不必重新设置。

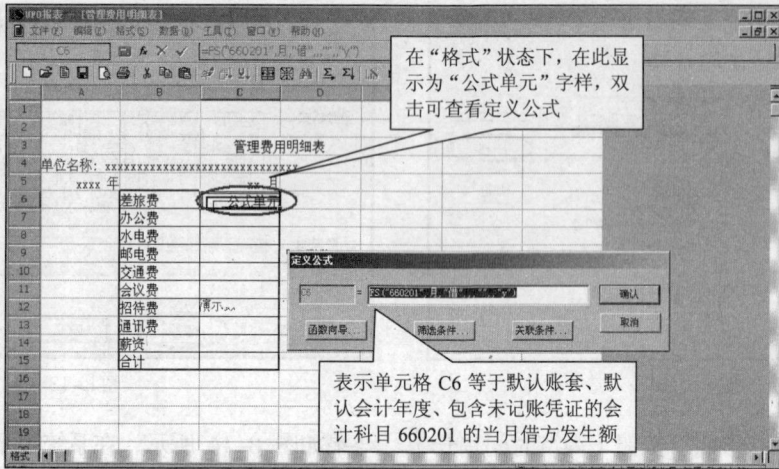

图 8-15

（1）单击"文件"菜单下的"保存"命令（或直接按 F6 键），系统弹出"另存为"窗口，如图 8-16 所示。

（2）选择目的文件夹，输入保存后的文件名称，后缀为 rep，单击"保存"按钮完成保存工作。

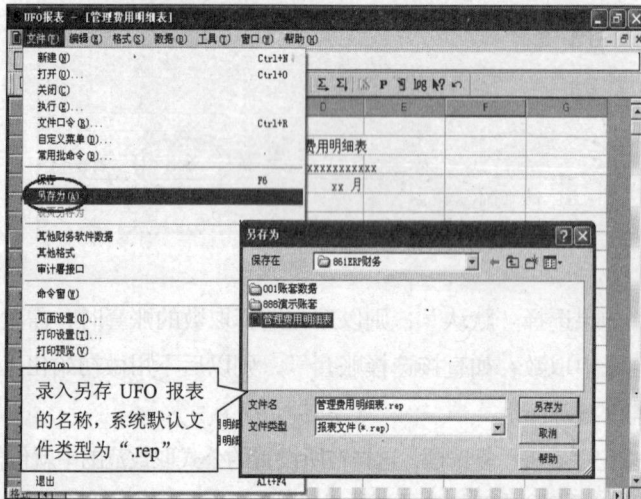

图 8-16

- 报表数据处理

报表的数据处理是指将已设置格式的报表文件，在"数据"状态下生成报表数据、审核报表数据和舍位平衡等操作。

（1）打开"文件"菜单下的"打开"命令，打开一个已设置好格式的报表文件，如图 8-17 所示。

（2）单击左下角的"格式"按钮，如图 8-18 所示。

（3）将报表转换为"数据"状态，如图 8-19 所示。

说明	系统自动将当前表页设为第 1 页，可以单击"编辑"菜单下的"追加"子菜单，选择"表页"命令，系统弹出"追加表页"窗口，在此窗口中填入所需要追加的表页数，单击"确认"按钮完成表页追加操作，每一张表页可根据关键字的数值单独取数。

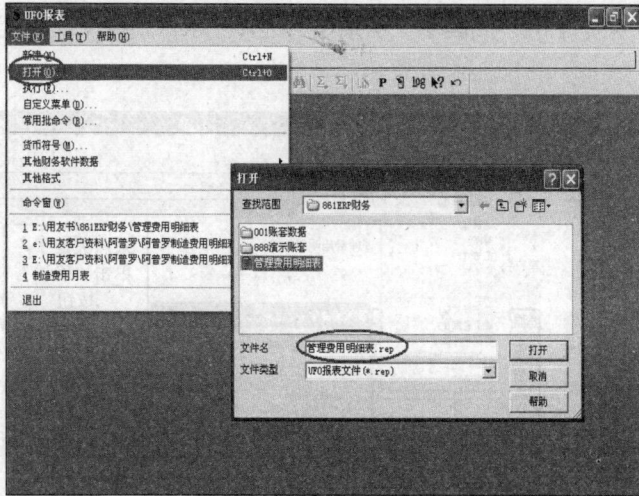

图 8-17

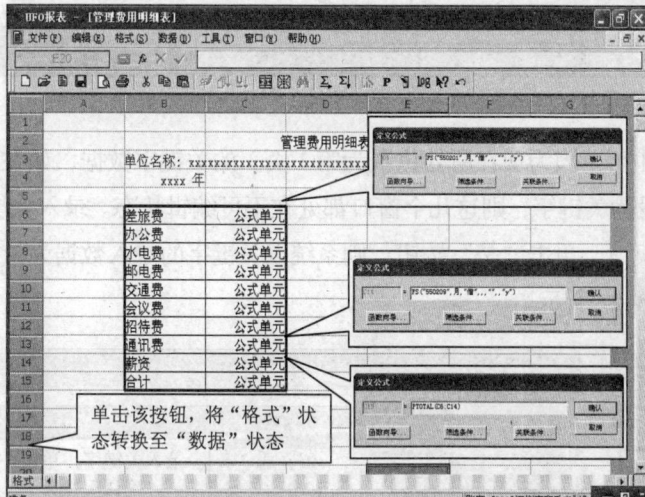

单击该按钮，将"格式"状态转换至"数据"状态

图 8-18

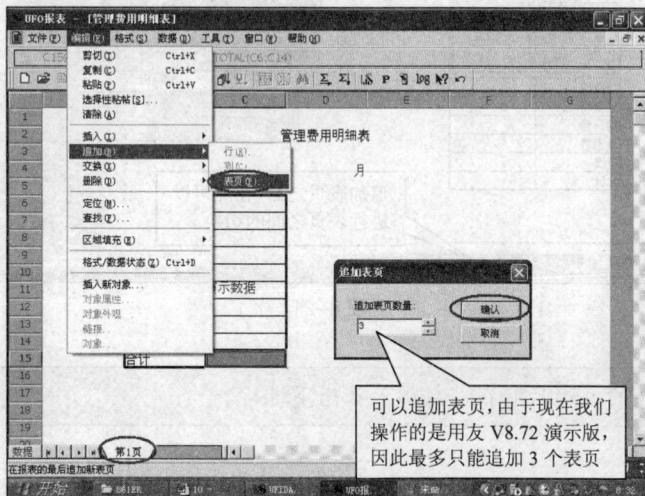

可以追加表页，由于现在我们操作的是用友 V8.72 演示版，因此最多只能追加 3 个表页

图 8-19

（4）单击"数据"菜单下的"关键字"子菜单，选择"录入"命令，系统弹出"录入关键字"窗口，如图8-20所示。

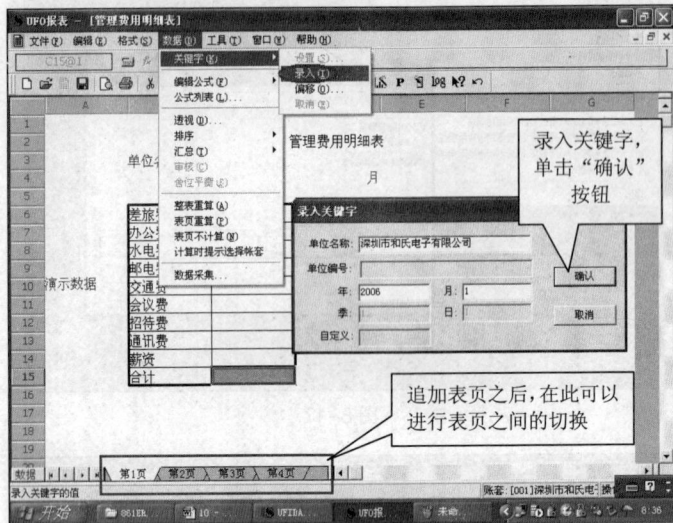

图 8-20

（5）在此录入第1页（因为现在所处位置为第1页）的关键字数据，如在关键字设置时没有将月、季、日和自定义设为关键字，则这几个窗口都处在不可编辑状态。录入完毕单击"确认"按钮，系统提示"重算第一页"，单击"是"按钮，则系统以关键字的录入数据为依据开始计算，最终结果（时间略长）如图8-21所示。

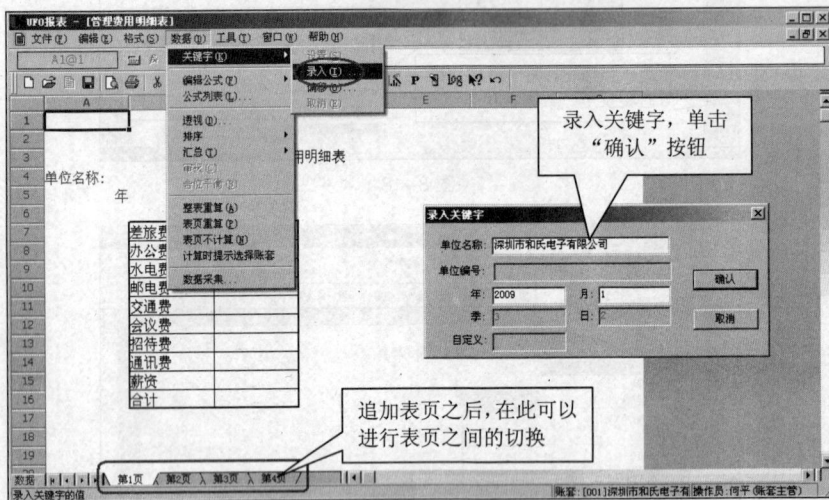

图 8-21

提示　关键字的录入只能在"数据"状态下进行。

（6）计算结果出来后，在该表页的左下角出现"计算完毕"字样，如果发现数据有误，可回到"格式"状态，检查函数公式，修改后再进入"数据"状态，进行整表重算工作。

关键字是对每一张表页进行的特定标识，每张表在"格式"状态下都设置了关键字的位置，但是在"数据"状态下每一张表页还需要录入关键字来标识该张表页。

（7）单击"数据"菜单下的"整表重算"命令，则本表中所有的表页都重新进行计算。如果单击"表页重算"命令，则系统只重新计算当前表页的内容。单击"表页不计算"命令，则当前表页被锁定，无论任何情况下，表页中的单元公式都不再重新计算。单击"计算时提示选择账套"命令，则每次进行表页计算时，系统会自动弹出"注册"窗口，提示操作员重新选择需要进行计算的账套等，如图 8-22 所示。

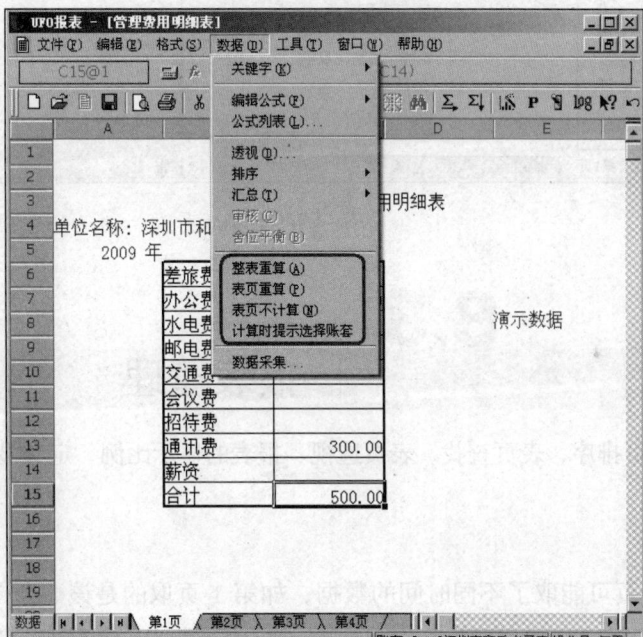

图 8-22

（8）数据中如果出现"######"这样的字符，表示单元格太窄，将单元格增宽即可显示正常数据（用鼠标直接拉宽单元格即可），如图 8-23 所示。

（9）选定一个有数据的单元格，单击鼠标右键，在弹出菜单中选择"联查明细账"命令，就可以联查到该单元格中数据来源的明细账，然后在明细账中联查到凭证，并可以查到生成该凭证的原始单据。

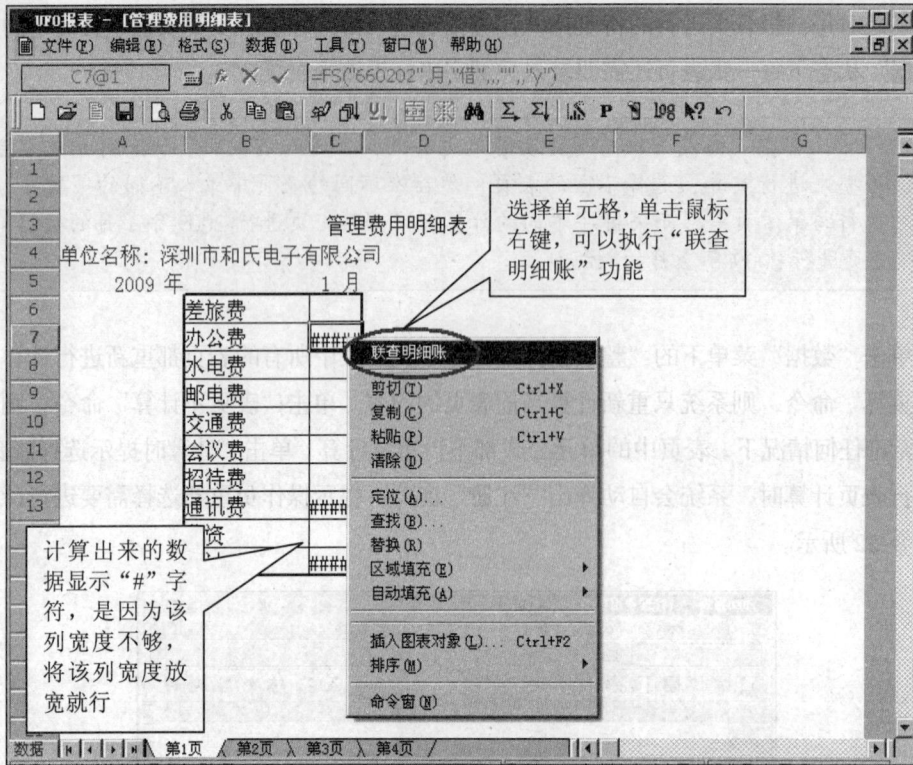

图 8-23

8.3

报表管理

报表管理包括表页排序、表页查找、表页透视、报表的显示比例、定义显示风格和设置打印分页等。

- 表页排序

报表中不同的表页可能取了不同时间的数据，如第 1 页取的是该账套 1 月的数据，第 2 页取的是该账套 2 月的数据，如果要进行表页排序，该怎么做呢？系统是根据关键字的数值进行排序的。

（1）在"数据"状态下打开"数据"菜单下的"排序"子菜单，然后选择"表页"命令，系统弹出"表页排序"窗口，录入原先设计好的关键字的排序原则，如图 8-24 所示。

（2）单击"确认"按钮后，系统会按照所给出来的条件（关键字递增或递减，如有表页与表页之间第一关键字相同的数据，则该相同表页之间会以第二关键字为标准）进行表页排序。

- 表页查找

一个报表文件中，如果表页太多，比如一个报表文件从账套取了连续几年的数据，一个月为一张表页，则查找某张表页就有些繁琐了，则可以使用表页查找功能。

（1）单击"编辑"菜单下的"查找"命令，系统弹出"查找"窗口，如图 8-25 所示。

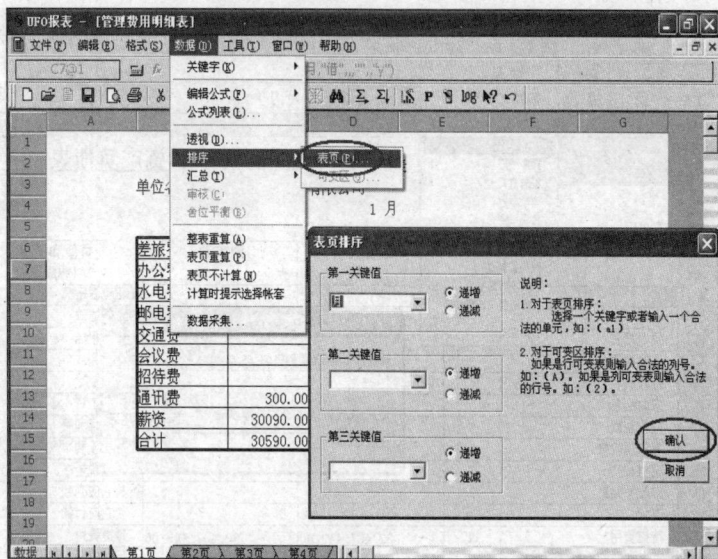

图 8-24

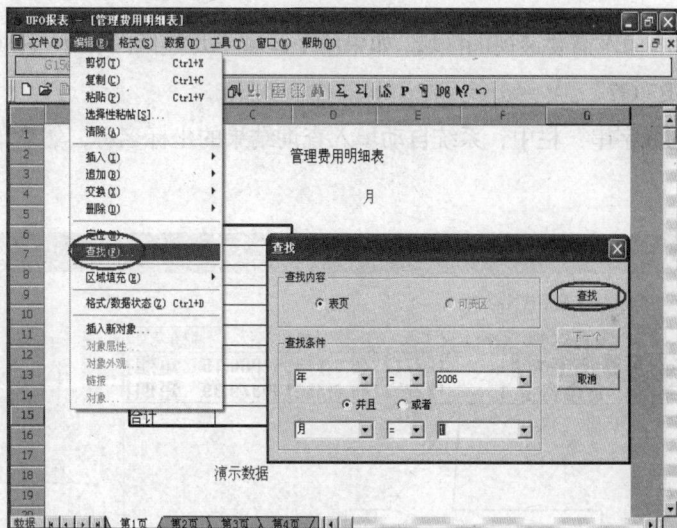

图 8-25

（2）输入查找条件，勾选"并且"或"或者"单选框来决定这两个条件的搭配关系是都需要符合，还是只需符合其中一个。

单击"查找"按钮，系统自动将符合条件的表页设定为当前页，单击"下一个"按钮，可自动依据现有条件查询下一个符合条件的表页。

● 表页透视

使用表页透视功能可以将多张表页指定的区域同时显示在一个平面上，这样不需要一张一张地翻动不同的表页。这个功能一般用作将不同表页同一单元格的内容放在一起进行比较分析。

（1）首先选择要开始透视的第一张表页的页标，将其作为当前页，系统从该页开始向其后的表页透视。

（2）单击"数据"菜单下的"透视"命令，系统弹出"多区域透视"窗口，如图 8-26 所示。

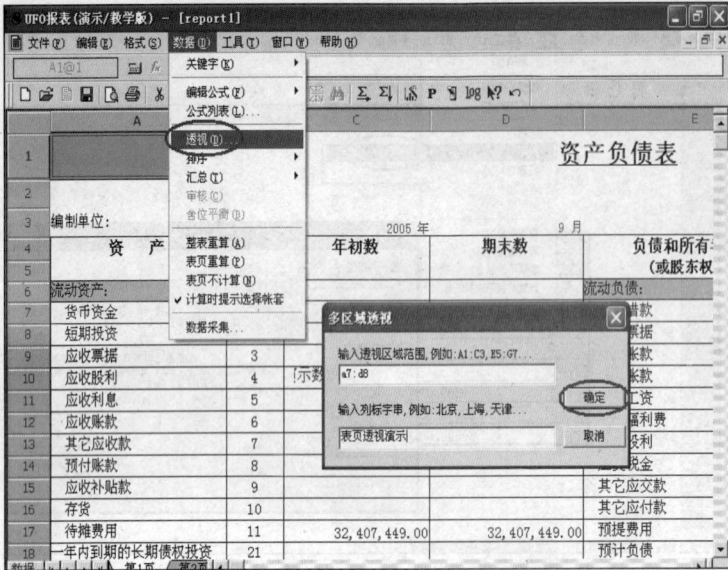

图 8-26

（3）在区域范围内输入需要透视的区域，如果两个区域不是连续的，则在区域与区域之间用","分开，如"A1:C3，E5:G7"。

（4）在"输入列标字串"栏中，系统自动填入查询结果的坐标名称，然后单击"确定"按钮，如图 8-27 所示。

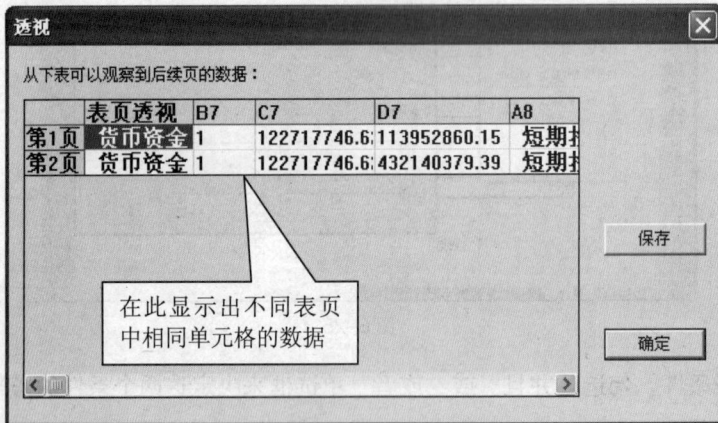

图 8-27

（5）输入的列标名称已取代了坐标名称，如输入的列标名称数不及列标数，则系统后面的列标名称仍然用坐标代替。

（6）最后单击"保存"按钮，将该结果保存起来，单击"确定"按钮直接退出该结果窗口。

* 显示比例和显示风格

打开"工具"菜单，单击"显示比例"命令，系统弹出"显示比例"窗口，如图 8-28 所示。输入显示比例（范围限制 30%～900%），单击"确认"按钮即可。选择"显示风格"可以设置是否显示行、列表，是否定义单元类型、颜色和网格颜色。

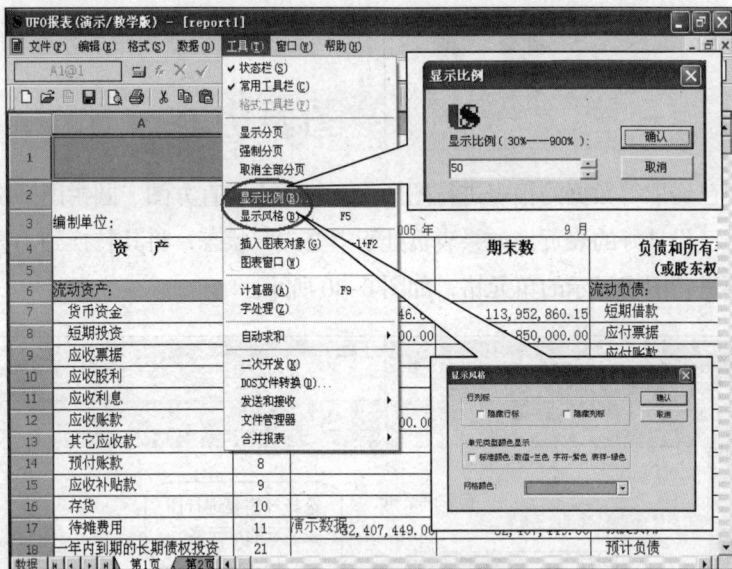

图 8-28

- 设置打印分页

可在需要打印分页的地方设置强制分页。

（1）单击需要分页的单元格，然后单击"工具"菜单下的"强制分页"命令，系统在所选单元格处显示强制分页标记，如图 8-29 所示。

（2）如果要取消分页，则将光标定位在该分页单元格，然后单击"工具"菜单下的"取消分页"命令即可。单击"取消全部分页"功能也可以取消所有分页设置。

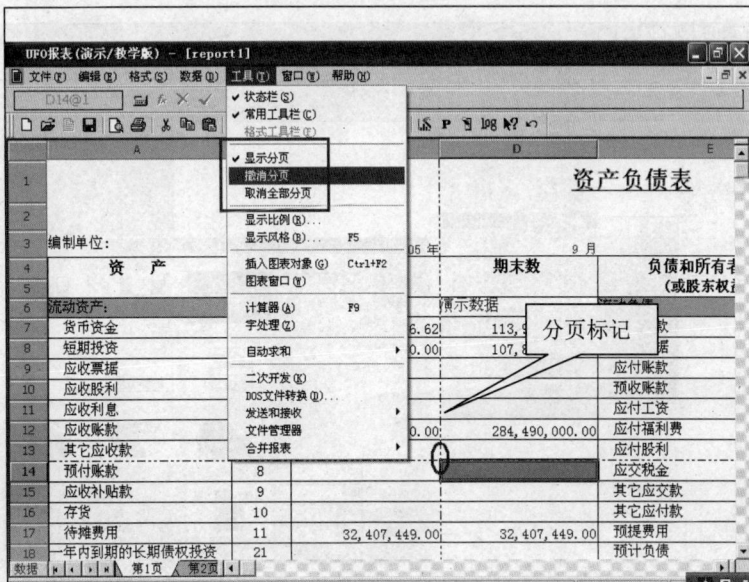

图 8-29

8.4

图表功能

图表功能可对已经取得数据的报表进行图形化，包括生成直方图、圆饼图、折线图和面积图。

（1）打开一个已设计好的表页，如果表页处于"格式"状态，将其转换到"数据"状态。

（2）选定需要进行图表显示的单元格，如图 8-30 所示。

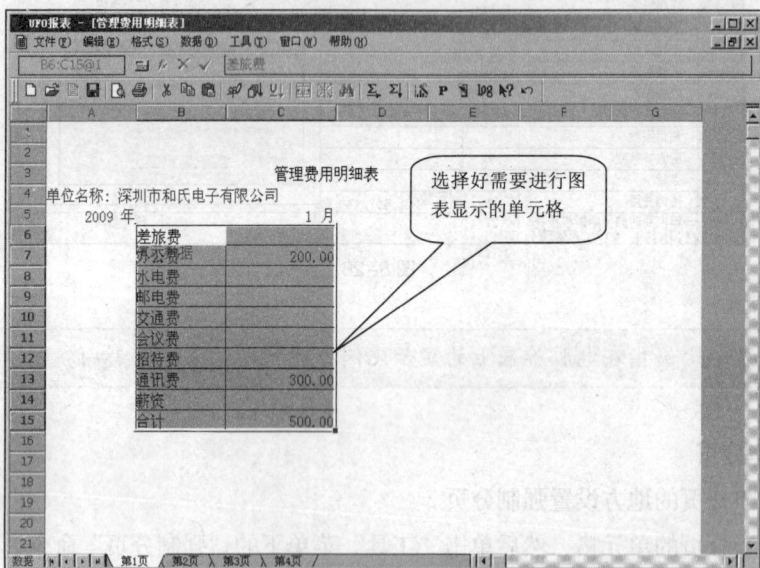

图 8-30

（3）单击"工具"菜单下的"插入图表对象"命令，系统弹出"区域作图"窗口，如图 8-31 所示。

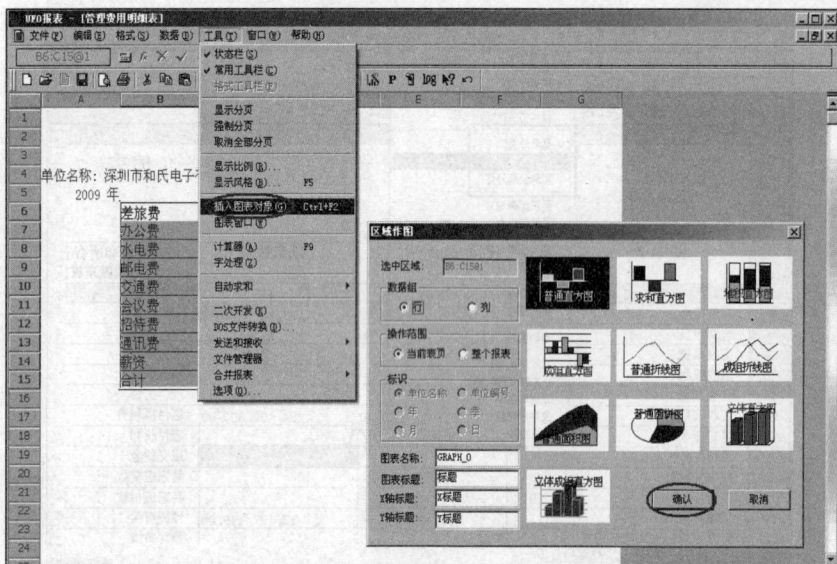

图 8-31

（4）在"数据组"中选择"行"，则原先数据组区域中的行则为图表的斜轴（x 轴），"列"为 y 轴。

● 操作范围：选择"当前表页"表示利用当前表页中的数据作图，"整个报表"表示利用所有表页中的数据作图。

● 标识：当选"当前表页"作图时，"标识"变灰不能编辑。

● 图表名称：输入图表名后不能修改。

● 图表格式：系统提供 10 种图表格式，可任选一种。

（5）最后单击"确认"按钮，结果如图 8-32 所示。

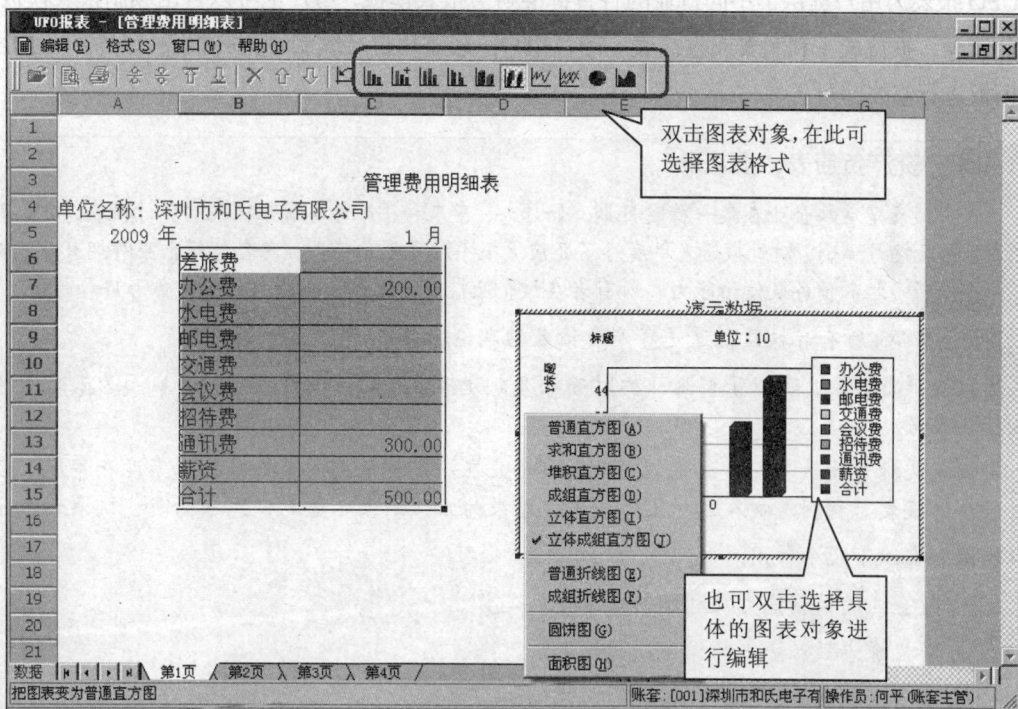

图 8-32

（6）可以用鼠标拉动图表的边框线对图表的大小和位置进行调整。可以双击选定该图表，然后单击鼠标右键，在弹出的快捷菜单中重新选择该图表的格式。双击 x 轴或者 y 轴，系统会出现"编辑标题"窗口，在此可修改标题。直接单击表页上面的"图表格式"进行当前图表格式的更改。

提示	当单元格内的数据变动后，图表的内容也会相应地做出变动。

（7）可在同一个报表内插入不同的图表对象，这些图表对象有时可能会相互重叠，除了拉动改变其位置之外，还可以决定图表前后位置。选定需操作的图表，单击鼠标右键，选择"对象置前"命令或是"对象置后"命令，也可选择"对象打印"命令单独打印选定的图表，单击"清除"命令删除选定的图表。

实验二

报表模板应用

实验要求

学会调用 UFO 的模板处理资产负债表和利润表，学会自建报表模板。

实验指导

UFO 报表为用户提供了不同行业的各种标准财务报表模板，用户也可以自己编制报表模板，如资产负债表、损益表（利润表或收益表）等。用户一般不用自己编制相关的报表，只需调出所需的报表模板进行修改即可。

会计知识：资产负债表、损益表

资产负债表是反映企业在某一特定日期（如月末、季末和年末等）财务状况的会计报表，亦称财务状况表，该表按月编制，对外报送，年度终了还应编报年度资产负债表，内容包括企业所拥有或控制的资产、企业所负担的债务及偿债能力、所有者在该企业持有的权益和企业未来的财务形势和趋向。

资产=负债+所有者权益，这是资产负债表的理论依据。

通过资产负债表，可以了解企业的财务状况，分析企业的债务偿还能力，从而为未来的经济决策提供参考。

利润表又称为收益表或损益表。它是反映企业在一定会计期间（如月份、季度和年度）经营成果的会计报表。利润是收入减费用的结果，结果为正，则表示盈利；结果为负，则表示亏损。

利润表有以下几个作用。

1. 了解企业的获利能力及利润的未来发展趋势。

2. 了解投资者投入资本的保值增值情况。

3. 分析与预测企业的长期偿债能力。

4. 考核管理人员的业绩。

5. 合理地分配经营成果。

8.5

调用报表模板

（1）在"格式"状态下，单击"格式"菜单下的"报表模板"命令，系统弹出"报表模板"窗口，选择行业类型、所需的财务报表，然后单击"确认"按钮，如图 8-33 所示，系统提示"模板格式将覆盖本表格式！是否继续？"。

（2）单击"是"按钮，原来表页的内容将全部丢失（此操作需慎重），表格式被新的财务报表所覆盖，如图 8-34 所示。

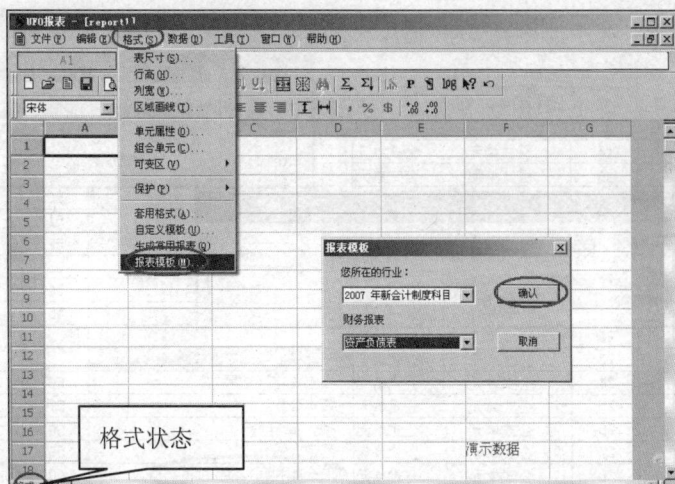

图 8-33

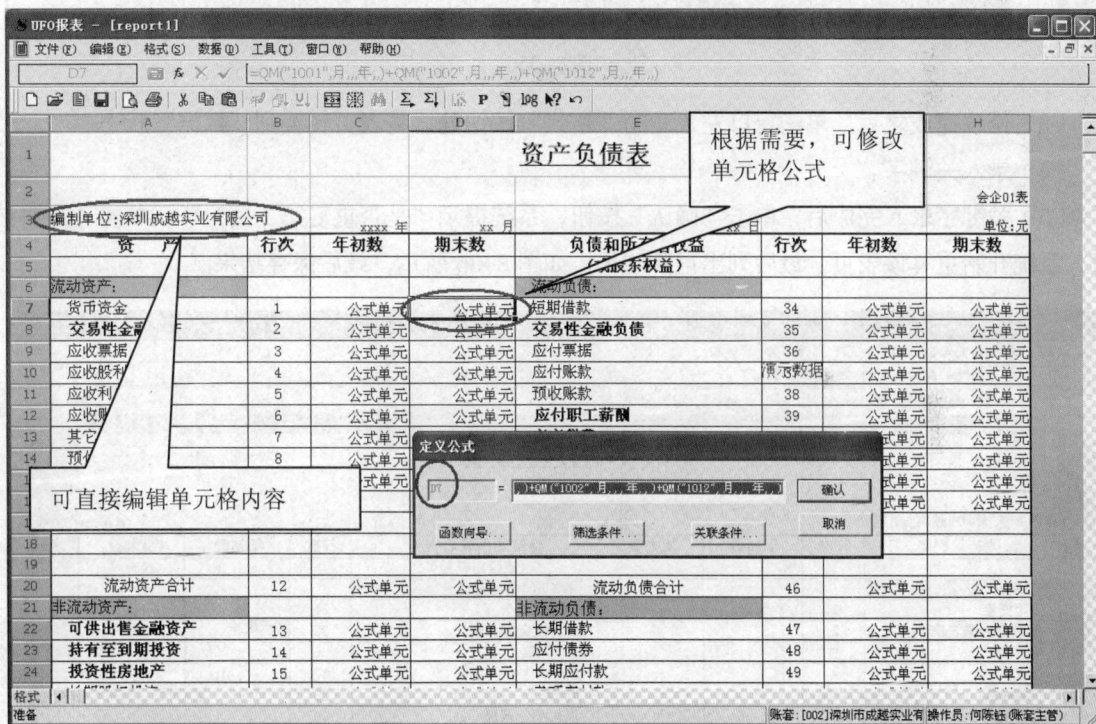

图 8-34

注　　　　如果在建账时所选择的是"2007 年新会计制度科目",则在此应选择"2007 年新会计制度科目",否则取数会不正确,修改模板内的取数公式之后才能正确取数。

提示　　　　选择"2007 年新会计制度科目"的资产负债表模板时,在"未分配利润"处需增加"本年利润"的取数公式(需修改公式),如图 8-35 所示。

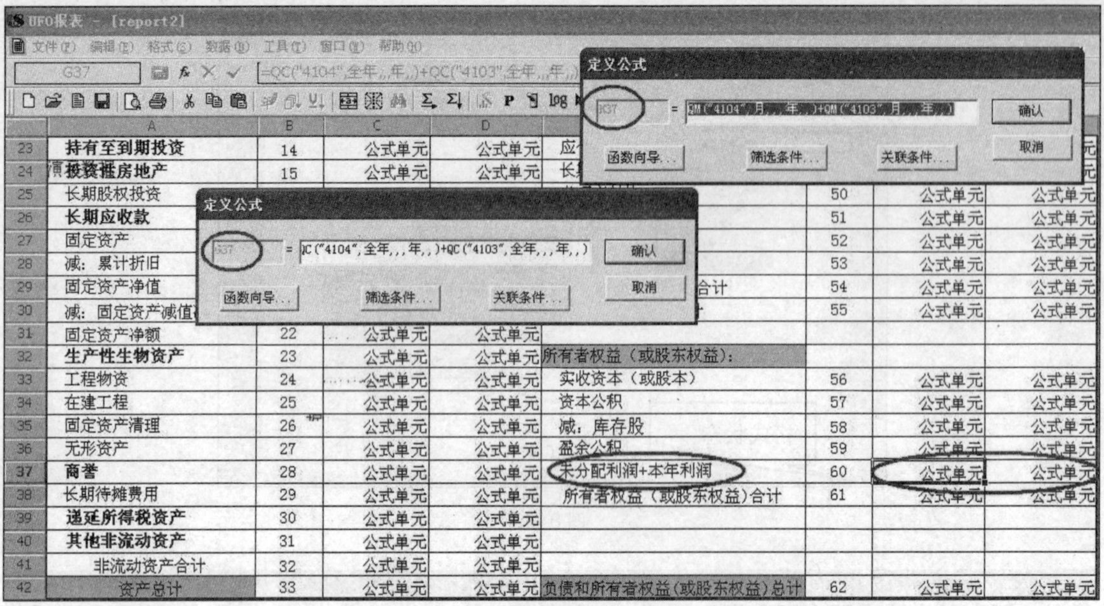

图 8-35

（3）修改完成之后，单击窗口左下角的"格式"按钮处，将表页转换到"数据"状态。

（4）录入关键字。

（5）关键字录入完成后，单击"确认"按钮，系统提示"是否重复第1页？"，单击"是"按钮，系统开始重算该表页，最后列出重算结果，如图 8-36 所示，最后保存结果。

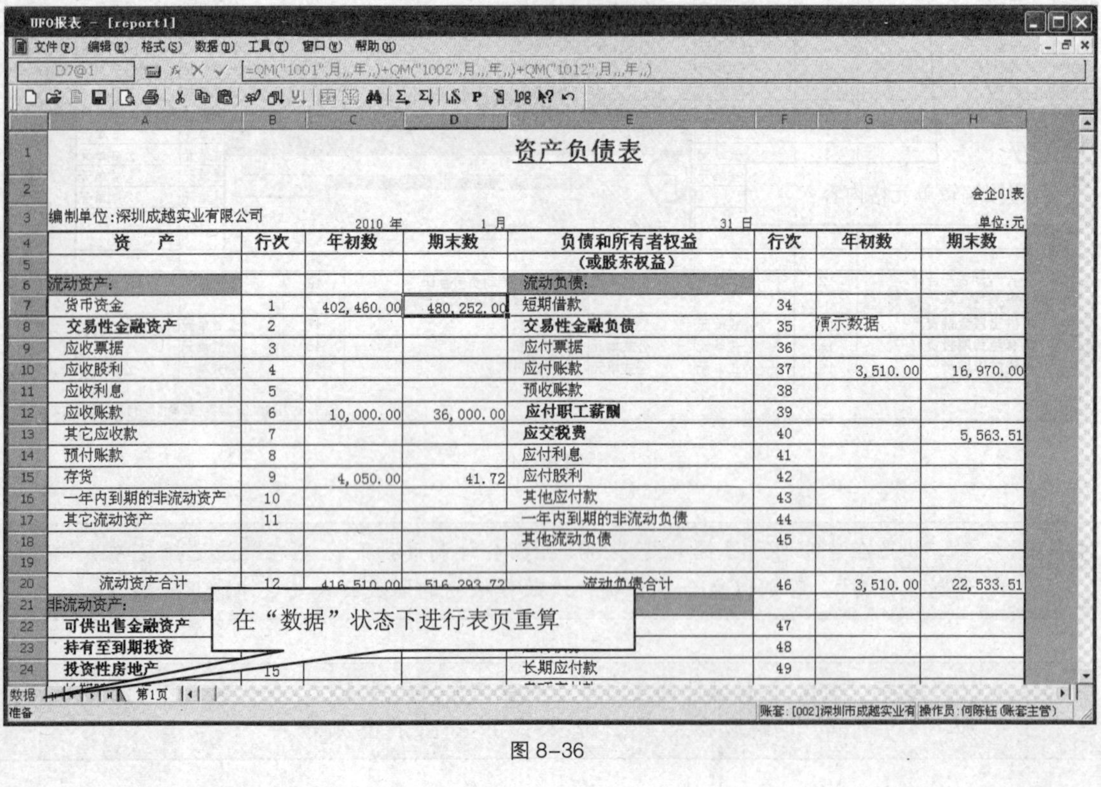

图 8-36

提示	用友系统报表模板还提供利润表等模板供用户使用，具体调用方式与资产负债表模板调用方式相同，在此不做详细讲解。

8.6 自定义模板

用户可以根据自己需要自定义模板。首先打开一个已经设置好的报表格式，然后开始自定义模板。

（1）在"格式"状态下，单击"格式"菜单下的"自定义模板"命令，系统弹出"自定义模板"窗口，如图 8-37 所示。

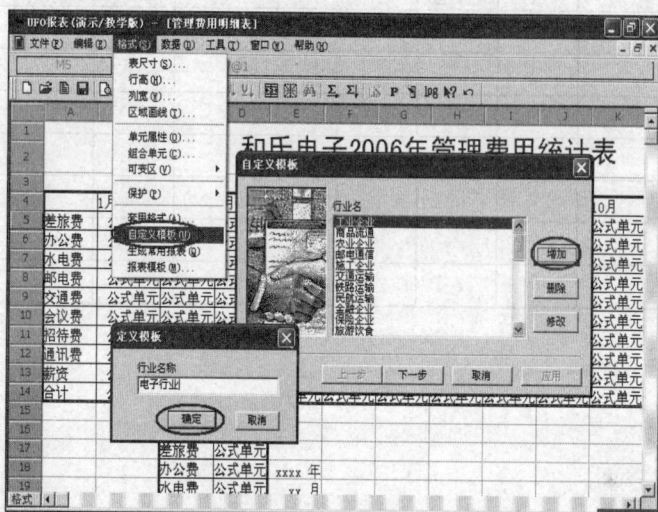

图 8-37

（2）在"自定义模板"窗口中，选择行业名称。也可单击"增加"按钮，以增加新的行业名称。

（3）单击"下一步"按钮，进入到"模板名称"设置中，选择其中一个名称，如果单击"增加"按钮，则增加新的模板名，如图 8-38 所示。

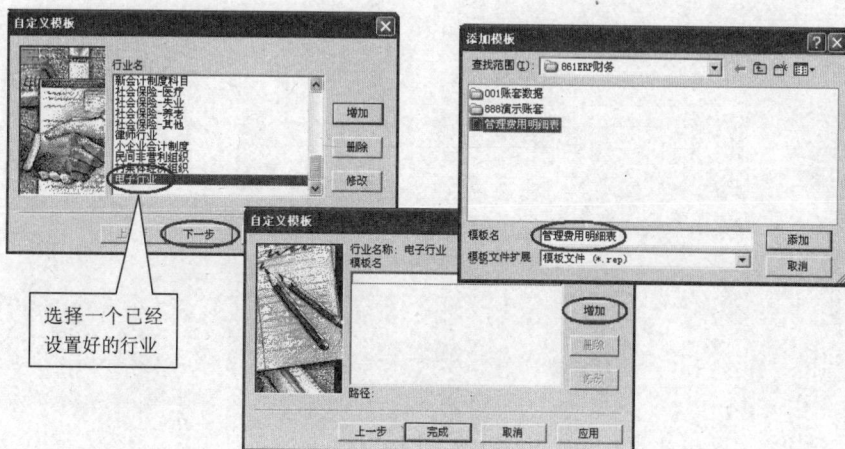

图 8-38

（4）系统要求选择一个原来设置好的报表（后缀名为 . rep）。单击"添加"按钮，系统退回到"自定义模板"窗口，单击"完成"按钮，则刚才自定义的模板会被保存起来。以后要使用该模板，则可单击"格式"菜单下的"报表模板"命令，然后选定自定义的模板即可。

课后练习

建立"管理费用情况表"自定义报表，并设置公式。

项 目	1 月	2 月	3 月	4 月	5 月	6 月	7 月	8 月	9 月	10 月	11 月	12 月
差旅费												
业务招待费												
办公费												
管理员工资												
折旧费												
其他												
坏账损失												